精彩相伴 品汇咸亨

深度学习背景下具有珠海范式的初中语文精品课设计与实践

储强胜◎主编
张　芬　王　焕◎副主编

中国文联出版社

图书在版编目（CIP）数据

精彩相伴　品汇咸亨：深度学习背景下具有珠海范式的初中语文精品课设计与实践 / 储强胜主编. — 北京：中国文联出版社，2022.1

ISBN 978-7-5190-4758-0

Ⅰ. ①精… Ⅱ. ①储… Ⅲ. ①中学语文课—教学设计—初中 Ⅳ. ①G633.302

中国版本图书馆CIP数据核字（2022）第274448号

编　　者　储强胜
责任编辑　刘　旭
责任校对　刘秋燕
装帧设计　刘贝贝　李　娜

出版发行　中国文联出版社有限公司
社　　址　北京市朝阳区农展馆南里10号　　邮编　100125
电　　话　010-85923025（发行部）　010-85923091（总编室）
经　　销　全国新华书店等
印　　刷　北京米乐印刷有限公司

开　　本　710毫米×1000毫米　　1/16
印　　张　15.75
字　　数　254千字
版　　次　2022年1月第1版第1次印刷
定　　价　45.00元

编 委 会

前 言

2021年3月，《珠海市“明珠课堂”改革实施规划方案》正式提出，“明珠课堂”的提出，源于时代大势要求，源于人民对教育的美好期待，源于珠海文化根脉，源于区域课改实践。

与此同时，根据粤教教研〔2021〕3号文件《广东省教育厅关于公布2021年广东省基础教育教研基地项目名单的通知》，经过自主申报、地市教育局审核推荐、专家评审、公示等程序，珠海市初中语文学科被评定为“广东省基础教育初中语文学科教研基地（2021—2024年）”。“明珠课堂”成为开展广东省初中语文学科教研基地（珠海）项目研究的一个强有力的抓手。

北京大学中文系教授钱理群先生曾说：“语文教育改革的成败，很大程度上依赖于语文老师的文化、精神素质和主动精神。”“明珠课堂”的主要路径恰恰是导悟用改、融通中外、师生出彩。其主要实施策略是导悟用改的支架策略、有限讲授的调适策略、自主建构的活动策略、小组合作的共学策略、交流展示的表达策略、深度学习的改进策略。

为了保障项目的扎实推进，广东省初中语文学科教研（珠海）基地形成了一个核心、二级联动、三项并举、四个工作室、五所实验学校的研究架构。珠海市初中语文教研员储强胜老师首先在“百场教育大讲堂”做了《珠海市“明珠课堂”（初中语文）教学改革示范课例解读》的讲座，重点就“明珠课堂”教学设计特征的三个角度、五个关注点进行了阐释、解读，并把统编初中语文教材精品课程资源建设与实施作为珠海市初中语文教研三年行动计划的其中一个项目。随后，珠海市文园中学的张芬、陈璐，珠海市第五中学的孙北平、张茹菀，珠海市第九中学的郭晓东，珠海市斗门区城东中学的何少娟，珠海市梅华中学的李征，珠海市斗门区实验中学的蔡飞飞等多所学校的多位老师把“明珠课堂”课堂教学范式付诸教学实践。这些率先“试水”的老师们按照导悟用改的基本路径，结合大数据、大单元、大情境等，通过作业前置和学习任务单的方式，以导引学；通过知识树等思维可视化呈现，以悟促学；通过精准的练习和训练、体验，以用提学；通过持续的评价和调整，以改激学。充分利用珠海作为现代化国际化新特区的优势，融通国内外先进的教育理念、智慧、方式和资源，让师生绽放出了光彩，让我们看到了珠海市初中语文教育改革的一抹亮色。

中小学语文教科书（统编本）总主编温儒敏在《语文讲习录》中说，“备课要有全局意识，不能备一课是一课，也不能临时抱佛脚，克隆现成的教案了事，一定要研究教材，梳理其‘隐在’的知识体系，比较自然而又扎实地体现在自己的教学中”。这一点，在多位老师的设计中都能看到。比如，珠海市第五中学的孙北平、张茹菀设计的《综合性活动·我的语文生活——奇妙的对联》：通过科组的讨论、思维的碰撞，两位老师对对联的认知更加深入，对课堂路径把握得更加恰当、精准。两位老师充分相信学生，通过“对比挑战赛”和“知识我在行”的形式，用朗读、点拨、讨论、欣赏、练习等多种互动方式来调动学生的学习兴趣，提升思维层次，拓展人文底蕴，最后达到初步学会欣赏对联、拟写对联的要求，培养驾驭语言文字的能力，教学行为很好地落实了学科素养。这是“明珠课堂”的魅力所在，也是广东省初中语文学科教研基地（珠海）项目实施的一个有益尝试，更是使用新教材的大胆探索。

起步阶段，这些教学设计难免存在一些缺憾，但是每一个设计都是设计者或设计团队对单元目标、课文目标、课时目标、语文要素、人文素养的一次梳理与整合，最终将深度学习的五个特征——联想与结构、活动与体验、本质与变式、迁移与运用、价值与评价——完整融合在一堂课中，师生都得到了提升，“明珠课堂”范式被越来越多的教师接受。正如教育部基础教育课程教材发展中心副主任刘月霞所说，“用纯粹之心做专业之事，专业地做事”，这正是珠海初中语文人在做的事，我们的一些尝试如果能对广大初中语文教育界同人产生一些有益的启发，将是我们莫大的荣幸。

为了让这些课例更成体系，我们根据统编初中语文教材的编排顺序，选取了七年级上册和下册部分教材的教学设计，以供同行借鉴。感谢所有为此书的结集出版提供帮助、付出劳动的领导和老师们。

目 录

CONTENTS

统编教材初中语文七年级（下）第五单元

统编教材初中语文七年级（下）第六单元

《雨的四季》

珠海市斗门区城东中学　何少娟

一、多角度备课的思考

（一）单元教学目标

（1）感受课文中丰富多彩的景物之美，激发对大自然、对生活的热爱。

（2）掌握朗读的要领，重点学习重音和停连，通过朗读深入体会诗文的思想感情。

（3）揣摩课文语言，提高鉴赏能力，初步体会文学语言的表达手法。

（二）教读课文与自读课文的不同

刘湛秋的《雨的四季》安排在七年级上册第一单元的第3课，是一篇自读课文。关于教读课文和自读课文，“教参”上是这样阐释的：教读课文，由老师带着学生，运用一定的阅读策略或阅读方案，完成相应的阅读任务，达成相应的阅读目标，目的是学“法”；自读课文，学生运用在教读中获得的阅读经验，自主阅读，进一步强化阅读方法，沉淀为自主阅读的阅读能力。

所以我的教学设想是学法迁移，引导学生调用第一课《春》、第二课《济南的冬天》的阅读经验、学习方法开展《雨的四季》的自主学习。

（三）学情分析

孩子刚由小学转入初中阶段的语文学习，从老师的教法和学生自主学习的方法上都有很多的不适应。教师应着重于培养学生良好的阅读习惯，传授阅读方法和阅读策略，提升学生的自主阅读能力。

作为初中阶段语文学习的第一篇自读课文，我的设想是希望以这篇自读课文的学习为范例，引导学生探究自读课文的学习路径，初步构建起自读课文的学习支架，力求慢慢做到能举一反三，达到学一篇而知一类的学习效果。

（四）文本解读

本文是一篇优美的写景散文，作者用饱含感情、细腻生动的笔墨，把景物描写得格外美丽，分外灵动。文中的四季之雨，“容貌”有别，“性情”各异。作者用诗一般的语言，调动我们的各种感官，全面感受着四季之雨，让我们亲近雨、体会雨的不同情致与风韵。此外，课文的写法也值得探究，一是总—分—总的写法，首尾短，中部主体长，层次非常清晰清楚；二是细致的写景状物法，基本上都是描写，少有叙述，展示了一个个具体生动的物象；三是联想、想象的写法，主要用比喻句和拟人句表达；四是情感的抒发，主要用感叹词、感叹句表达。

（五）教学设想

综合以上各方面的思考，我的教学设想为：

1. 学习重点

（1）借助旁批和阅读提示，引导学生走进文本的深阅读。

（2）揣摩和品味语言，体会比喻和拟人等修辞手法的表达效果。

（3）发挥联想与想象，想象文中描绘的情景，感受雨的四季的不同情致和风韵。

（4）有感情地朗读课文，朗读出课文之美。

补充：朗读训练，要求做到在第一课《春》、第二课《济南的冬天》的训练基础上有所拔高。不仅做到发音正确，语流顺畅，把握重音和停连，运用朗读中的变化读出语言中的感情，还要求在此基础上引导学生进入课文的情景，体会各季节的雨的不同美感，读出作者透过文字背后所流露的情思。

2. 课时安排：2课时

第一课时学习内容：

（1）生字词的学习。

（2）结合旁批阅读课文，并思考“旁批”和“阅读提示”提出的问题，整体感知文章内容。

（3）品读精彩语段，结合旁批和阅读提示走进文本的深阅读，体会春雨之美、夏雨之美。

（4）朗读训练，把握好重音和停连，运用朗读中的变化读出语言中的感情，进入课文描绘的情景，读出春雨、夏雨的不同情致和风韵。

第二课时学习内容：

（1）运用学法迁移的学习方法体会秋雨、冬雨的不同情致和风韵。

（2）朗读训练：注意重音和停连，运用朗读中的变化读出语言中的感情，发挥联想与想象，进入课文的情景，读出秋雨、冬雨的不同情致和风韵。

（3）探究课文在观察、布局、设喻、遣词、造句等方面的独到之处，尝试在单元写作训练中学以致用。

3. 素养提升

雨的四季	**人文素养**	文中的四季之雨，“容貌”有别，“性情”各异。通过对文本的品读体会四季之雨的不同情致与风韵，获得美的享受
	语文素养	发挥联想与想象，想象文中描绘的情景，体会雨的不同情致与风韵
		揣摩和品味语言，体会比喻和拟人等修辞手法的表达效果
		朗读课文，把握好重音和停连，运用朗读中的变化读出语言中的感情，进入课文描绘的情景，朗读出四季雨景的美感
		学习作者在细致观察基础上展开联想与想象的风格，借鉴与运用于自己的写作

二、课文教学设计（2课时）

【教学过程】

第一课时

（一）学习目标

（1）揣摩和品味语言，体会比喻和拟人等修辞手法的表达效果。

（2）结合旁批和阅读提示品读春雨、夏雨之景，体会春雨、夏雨的不同情致与风韵。

（3）有感情地朗读课文，发挥联想与想象，进入课文的情景，读出春雨、夏雨之美。

（二）课前学习任务清单

（1）作者简介。

（2）给课后读读写写的生字词标注拼音并朗读3遍，做到字音准确，声音明亮。

（3）大声朗读课文，做到字音准确，语流顺畅，最好能读出重音和停连。

（4）结合旁批和课后的阅读提示阅读课文，整体感知课文的内容。

【资料链接】

作者简介：刘湛秋，1935年出生。安徽芜湖人。诗人，翻译家。1955年毕业于哈尔滨外语专科学校。历任工人，俄语翻译，《诗刊》编辑、副主编，编审。1957年开始发表作品。著有诗集《生命的欢乐》《无题抒情诗》《人·爱情·风景》，散文诗集《遥远的吉他》，论文集《抒情诗的旋律》等。部分作品译有多种外文版本。译著《普希金抒情诗选》《叶赛宁抒情诗选》。

【课堂教学实践】

导：开门见山，直接入题

同学们，今天我们来学习第3课刘湛秋的《雨的四季》。《雨的四季》是一篇自读课文，请同学翻开书本看看，编者给我们提供了什么呢？（旁批和阅读提示）

补充：课文随文设置了旁批，课后提供阅读提示。这是为了帮助同学们开展自主阅读、独立阅读提供的助学系统。旁批随文设置，主要是为同学们自主阅读时提供思考或点拨重点、疑难、精妙之处。阅读提示配合单元重点或选取文章的独到之处进行指导。

活动一：字词的学习

（1）读准字音。（形式：抽同学朗读“读读写写”的生字词。）

（2）理解词义。（出示重点词语的意思，让同学们说出词语，以“开火车”的形式进行。）

活动二：阅读、交流与探讨

文章开头开篇点题，领起下文。作者说：“我喜欢雨，无论什么季节的雨，我都喜欢。她给我的形象和记忆，永远是美的。”雨留给作者的形象和记忆是怎样的呢？她的美体现在哪里呢？下面就让我们带着这些疑问一起走进刘湛秋的《雨的四季》。

1. 整体感知文章内容

结合旁批阅读课文，并思考“旁批”和“阅读提示”提出的问题。

2. 品读精彩语段

探究话题一：春之雨的美体现在哪里？

（1）在文中（第2段）作者选取了哪些景物来写呢？

明确：树叶、花苞、树枝、小草、空气。

（2）这些景物经春雨洗淋后的情态是怎样的呢？

用原文的句子回答。

（3）透过对景物经春雨洗淋后的情态的描绘，你读到了春之雨美在哪呢？

明确：清新、润泽、甜美

（4）旁批2：作者没有直接描绘春雨，而是写万物经雨洗淋后的情态，这样写有什么好处？（对应段落第二段）

明确：作者没有直接描绘春雨，但通过对树叶、花苞、树枝、小草、空气在经春雨洗淋后的情态描绘，生动形象地展现出了清新、娇媚、动人、万物复苏的动人景象，表现了春雨的清新、润泽、甜美之美，作者对春意的喜爱和赞美之情溢于言表。

悟：活动与体验

探究话题二：如何让你的文章生动又传神呢？

明确：

（1）注意字词的锤炼。

（2）运用比喻、拟人的修辞手法能让你的描写更生动传神。

（3）有时不对描写的对象做正面描写，而从其他人物、事物的描绘、渲染中，烘托描写对象，也可获得独特的艺术效果。（侧面描写的艺术效果也很不错。）

用：本质与变式

3. 学法迁移

（用品读“春雨之美”的方法品读文章的第三段“夏雨之美”。）

探究话题三：夏雨之美。

（1）夏雨之美体现在哪里呢？（旁批3）

明确：热烈、粗犷、奔放，别有一番风情。

（2）你从文中的哪些地方可以体会到呢？

明确：花朵怒放着，树叶鼓着浆汁，数不清的杂草争先恐后地成长，暑气被一片绿的海绵吸收着。而荷叶铺满了河面，迫切地等待着雨点，和远方的蝉声，远处的蛙鸣一起奏起夏天的“雨的交响曲”。这画面是不是给人特别热烈、奔放的感觉呢？

突然来了一场急雨，没有任何征兆，而你没有带伞，来个光头浇，那感觉是不是特别奔放粗犷呢？

探究话题四：写法探究。

和“春雨之美”一样，第三段的“夏雨之美”的描写也特别富有画面感，特别地生动传神，同学们猜猜是什么原因呢？

明确：运用了拟人和比喻的修辞手法，还有用词十分准确传神，如：“怒放、鼓着、争先恐后、迫切地等待”等。生动形象地描绘出了在夏雨的“浇灌”下，大地热烈、粗犷、奔放的一片繁荣景象。

活动三：美文美读

以第二或第三段为朗读训练素材，要求做到发音正确，语流顺畅，注意重音和停连，运用朗读中的变化读出语言中的感情；并在此基础上，发挥联想与想象，想象文中描绘的情景，体会春雨、夏雨的不同情致和风韵，读出春雨、夏雨之美感。

小结：同学们，这节课我们跟随刘湛秋老师那饱含感情、细腻生动的笔墨感受了春雨之清新、润泽、甜美，夏雨之热烈、粗犷、奔放。下节课，我们继续跟随刘湛秋老师的笔触，探寻刘老师笔下秋冬之雨景的不同情致和风韵。

【布置作业】

（1）抄写生字词（每个一行）。

（2）任选3个或3个以上的生字词，写一段意思连贯、完整的话。

（3）复习生字词，准备明天听写。

（4）在文中找出自己喜欢的精彩段落，标出重音和停连，有感情地朗读，明天课堂上展示。

【板书设计】

雨的四季　刘湛秋

美丽 喜欢 ｛ 春雨：清新、娇媚、甜美
夏雨：热烈、粗犷、奔放

第二课时

【学习目标】

（1）运用学法迁移的学习方法体会秋雨、冬雨的不同情致和风韵。

（2）有感情地朗读课文，注意重音和停连，运用朗读中的变化读出语言中的感情，发挥联想与想象，进入课文的情景，读出秋雨、冬雨的不同情致和风韵。

（3）探究课文在观察、布局、设喻、遣词、造句等方面的独到之处，尝试在单元写作训练中学以致用。

【课堂教学实践】

导：开门见山，直接入题

上节课，我们跟随刘湛秋老师的笔触感受了春雨之清新、润泽、甜美，夏雨之热烈、粗犷、奔放。这节课，我们继续跟随刘湛秋老师那饱含感情、细腻生动的笔墨探寻秋冬之雨的不同情致和风韵。

悟：活动与体验

活动一：学习反馈

（1）听写生字词。

（2）展示和点评孩子们连词成话的优秀作业。

（3）朗读展示。

活动二：阅读、交流与分享

（运用学法迁移的学习方法，品读秋雨、冬雨之美。）

探究话题一：秋雨之美

（1）秋雨特别美。她美在哪呢？

明确：美在端庄又沉静，美在使人静谧、使人怀想、使人动情，她能纯净人们的灵魂。

（2）凄冷的秋雨为什么能“纯净”人们的灵魂呢？（旁批4）

明确：秋天是收获的季节。人们沉浸在收获的喜悦中，往往容易迷失自我，也就是被成功的喜悦冲昏了头脑。秋雨的静谧、凄冷，能使你燥热的心平静下来，去思索、沉思。所以说“凄冷的秋雨可以纯净人们的灵魂”。

探究话题二：冬雨之美

（1）在作者的笔下，冬雨之美体现在哪里呢？

明确：冬雨之美体现在它显出一种自然、平静，能给人一种特殊的温暖。

（2）这种“特殊的温暖”是一种怎样的感觉呢？（旁批5）

明确：喜悦，甜蜜，充满了希望！

（3）美文美读。

美文不厌百回读，请同学们发挥联想与想象，想象文中描绘的情景，有感情地朗读文章的第五、第六段。朗读时一定要注意重音和停连，运用朗读中的变化读出语言中的感情。

（同学们先自由朗读，然后请2个同学进行朗读展示，师生互评。）

探究话题三：写法探究

（1）上文写雨，多用“她”或“它”指称，为何到这一段改成“你”？（旁批6）

明确：用第二人称“你”会增加亲切感，拉近与读者的距离，更便于交流思想情感，便于抒情。表达的情感更亲切、浓烈、急切一些。用第三人称“她”或“它”，就显得更客观冷静，情感淡一些，有种疏离感。

补充：第一人称更具有真实感，叙述亲切自然，更便于作者直接表达自己的思想感情。同学们在写作时一定要根据自己表达的需要，正确选择人称。

（2）文章的开头：我喜欢雨，无论什么季节的雨，我都喜欢。她给我的形象和记忆，永远是美的。文章结尾：啊，总是美丽而使人爱恋的雨啊！这在结构上起到什么作用呢？

明确：首尾呼应。

（3）文章的结构是？

明确：总—分—总。

探究话题四：文章的题目是《雨的四季》，为何不以《四季的雨》为题？

明确：文章展现的是雨在春、夏、秋、冬不同季节中的不同形象和特点，写四季的雨景和人的感受。所以以《雨的四季》为题更贴合文章内容。

用：本质与变式

活动三：我的收获

（附：孩子们课堂交流的整理）

1. 阅读方法方面

（1）借助旁批和阅读提示学习自读课文。

（2）发挥联想和想象，体会文中描绘的情景，领略景物之美。

（3）阅读要注意品读文章的精彩用词，精彩语句，尤其是比喻句、拟人句。

（4）朗读要注意重音和停连，运用朗读中的变化读出语言中的感情，并在此基础上发挥联想与想象，进入课文的情境，这样才能通过朗读把握作者抒发的感情。

（5）要关注题目，通过对题目提问题可以帮助我们读懂文章。

2. 写作方面

（1）平时要注意多留心观察生活中的人、事、景，这样写的作文才会更生动有趣。

（2）文章中多用比喻句和拟人句，你的文章才会更生动传神。

（3）注意语言的锤炼。

（4）根据表达需要正确使用人称。

（5）学习借鉴课文的写法，如：首尾呼应，采用感叹句直抒胸臆，采用总—分—总的结构使中心明确，层次分明。

改：迁移与应用

学习作者在细致观察的基础上展开联想与想象，多角度描写雨后世界的方法进行片段写作训练。写作时要注意锤炼用词，多用比喻句、拟人句，让你的描写更生动传神。（课后完成）

附录：单元片段写作训练要求

9月由夏入秋，天气转凉，昼夜温差增大，自然景物、人们穿戴等方面也相应发生了许多变化。你注意到了吗？到生活中去细心观察、体验，选取一个场

景，写一段文字，描述这些变化，别忘了取一个别致的题目。（300字以上）

提示：

1. 关键是要善于发现，你观察、感受到的点点滴滴都可能成为写作的素材，不妨先都记下来，再做取舍。

2. 注意“9月”这个特定的时节，写出由夏入秋的各种变化。要写得具体明确，比如你的感受是“秋高气爽”，就要用特定的景物把这种感觉描绘出来。

3. 注意锤炼用词，多用比喻句、拟人句。

【板书设计】

雨的四季　刘湛秋

美丽喜欢 {
春雨：清新、娇媚、甜美
夏雨：热烈、粗犷、奔放
秋雨：沉静、端庄、深情
冬雨：自然、平静、纯洁
} 爱恋渴望

总—分—总

【教学反思，成效评价】

回顾《雨的四季》2个课时的教学，比照自己的教学设想和学习目标的达成程度，我觉得落实得比较好的地方有：一、紧扣教材提供的助学系统——旁批和阅读提示，组织孩子们开展课文的自主学习。二、揣摩和品味语言，体会比喻和拟人等修辞手法的表达效果。由于学生在学习第一课《春》、第二课《济南的冬天》时已掌握抓关键词和修辞手法赏析句子的阅读方法，所以孩子们在这一环节的开展十分顺畅，也达到了预期的学习效果。三、发挥联想与想象，想象文中描绘的情景，体会雨的不同情致与风韵。由于揣摩和品味文中的精彩语句这一环节做得比较好，所以达成的学习效果也很不错。美中不足的是朗读训练环节，学生对重音和停连的把控还不到位，老师在这方面的示范引领和指导也做得还不够好，所以学生朗读素养的提升没达到大部分同学实现较大提升的目标。另外时间的把控上还是不够好，两节课在最后环节都稍显匆忙。

学无止境，教无定法，尽管有遗憾，但我坚信只要一直在路上，总会遇见更好的自己！“路漫漫其修远兮，吾将上下而求索”！

【学习效果测评表】

《雨的四季》学习效果测评表

<table>
<tr><td colspan="3">雨的四季</td><td colspan="2">完成情况（请在符合的对应栏打“√”）</td></tr>
<tr><td>人文素养</td><td colspan="2">文中的四季之雨，“容貌”有别，“性情”各异。通过对文本的品读体会四季之雨的不同情致与风韵，获得美的享受！</td><td>否</td><td>是</td></tr>
<tr><td rowspan="8">语文要素</td><td rowspan="4">朗读</td><td>发音正确，大声朗读，语流顺畅</td><td></td><td></td></tr>
<tr><td>发音正确，大声朗读，语流顺畅，把握重音和停连，运用朗读中的变化读出语言中的感情</td><td></td><td></td></tr>
<tr><td>发音正确，大声朗读，语流顺畅，把握重音和停连，运用朗读中的变化读出语言中的感情；发挥联想与想象，进入课文的情景，体会各季节的雨的不同美感，读出作者透过文字背后所流露的情思</td><td></td><td></td></tr>
<tr><td>注意朗读的仪态，自然大方，不可屈身躬背</td><td></td><td></td></tr>
<tr><td>品味语言</td><td>能找出课文中的关键词语和关键句，体会其表达效果，尤其是比喻和拟人等修辞手法的表达效果</td><td></td><td></td></tr>
<tr><td>联想与想象</td><td>能发挥联想与想象，想象文中描绘的情景，感受雨的四季的不同情致和风韵</td><td></td><td></td></tr>
<tr><td>自主学习</td><td>能借助旁批和阅读提示，运用已获得的阅读经验，自主学习课文</td><td></td><td></td></tr>
<tr><td>写作</td><td>学习作者在细致观察基础上展开联想与想象的风格，借鉴与运用于自己的写作</td><td></td><td></td></tr>
</table>

第三单元

《从百草园到三味书屋》

珠海市第十三中学　王亚元

一、文本解读

本单元四篇课文都与“学习”这一主题有关，第9课《从百草园到三味书屋》回忆了鲁迅少年时在私塾跟随寿镜吾先生学习的故事；第10课《再塑生命的人》讲述了盲聋哑人海伦·凯勒在老师莎莉文的教育下学习单词，走出黑暗重获新生的故事；第11课《〈论语〉十二章》选自儒家经典《论语》，十二章内容大部分都在谈论修身和为学之道。本单元的语文训练重点有三方面：第一，学习默读，通过默读整体上感知、把握和理解全文；第二，结合标题、开头、结尾和关键语句，了解文章大意；第三，通过情感上的体验和精神上的启发，激发学生对学习生活的思考与热爱。

学习生活对于学生而言是最熟悉不过的了，通过体味他人的学习经历，可以获得不同的经验和感悟。《从百草园到三味书屋》是一篇回忆性散文，文章标题表明了地点的转移，鲁迅以温情的笔墨追忆了两段充满诗情画意的少年生活。百草园五彩斑斓的景色让人陶醉，美女蛇故事又为百草园增添了几分神秘感，冬日捕鸟是快乐而又终生难忘的经历，这是属于百草园的快乐生活。三味书屋看似很沉闷，但对于少年鲁迅来说，又是另外一种新奇的体验：这里的学习比较单调刻板，经常要读艰涩拗口的古文，玩耍也四处受限不自在，但是作者依然发现了很多乐趣，先生入迷读书时的忍俊不禁，后院喂蚂蚁的欢乐愉悦，描小说绣像的沉迷专注，作者的学业也在先生的严格要求下不断进步。

虽然有时空的距离，但是少年鲁迅的求学生活与现代学生的校园生活何其相似——苦乐掺杂，既苦涩又甜蜜，具有极强的画面感和代入感。作者的不简单之处，恰恰是能够在别人感受不到情趣的地方，感受到情趣，即便是在“只有一些野草”的百草园或者是“只要读书”的书塾里，都能找到独特的快乐，从平淡的生活中发现生活的乐趣和美，这是值得我们学习的地方，对学生而言我认为是关于成长的启示，也是关于审美的启示。

文章语言生动幽默，精彩段落引人入胜，值得反复朗读。第2段景物描写历来为人们所称道，作者从空间、色彩、感官等多个角度写景状物，手法巧妙堪称经典，因此揣摩写景手法之妙为本课的教学重点。另外，鲁迅弟弟周作人在《鲁迅的故家》一文中，也有对百草园的描述，可作为对比阅读，体会两人在写作手法及情趣上的不同。

本课教学安排3课时，第1课时积累字词，扫清阅读障碍，理清文章层次并概说主要内容，使学生对全文有整体的把握；第二课时重点研读第2段，揣摩手法之妙，领悟句式之美，读、析、写三结合；第三课时以话题为抓手，合作探究三味书屋读书生活的苦与乐，领悟“成长”的含义。也可以安排2课时，第一课时在整体感知的基础上，精读研析“百草园”的乐趣与写法；第二课时精读研析“三味书屋”的“严”与“趣”、“苦”与“乐”，把握文章主题，并体会文章叙事视角的转换。

二、单元内容解析

（一）课时安排

本单元四篇课文都与“学习”这一主题有关，教读课《从百草园到三味书屋》教学时长3课时，《〈论语〉十二章》教学时长2课时，自读课文《再塑生命的人》教学时长2课时。写作之“写人要抓住特点”是对前两个单元“热爱生活，热爱写作”和“学会记事”的延伸，需要2个课时。本单元名著导读之“《朝花夕拾》消除与经典的隔膜”，可以《从百草园到三味书屋》为引子，联系生活，引发共鸣，帮助学生消除与经典的隔膜，作为初中第一部经典名著，可以安排2课时。课外古诗诵读教学时长2课时，完成本单元教学任务共需用时13课时。

（二）单元内容结构图表

<table>
<tr><th rowspan="5">第三单元</th><th></th><th>讲读课</th><th>自读课</th><th>写作</th><th>名著导读</th></tr>
<tr><td rowspan="2">人文素养</td><td>《从百草园到三味书屋》：童年的美好与成长的意义</td><td rowspan="2">《再塑生命的人》：1. 对恩师的深爱与感激。
2. 自强不息的心路之旅</td><td rowspan="2">凸显特点，把人写“活”</td><td rowspan="2">1. 永恒的童真童趣。
2. 平静的叙述饱含真挚的深情</td></tr>
<tr><td>《〈论语〉十二章》：进德修业的儒家智慧</td></tr>
<tr><td rowspan="2">语文要素</td><td>《从百草园到三味书屋》：
1. 学习默读，抓住标题、开头、结尾和关键句，理解大意。
2. 品味传神语言描写</td><td rowspan="2">《再塑生命的人》：1. 继续学习默读，提高阅读速度。
2. 整体把握文章内容，感悟人物形象，理解作者思想感情</td><td rowspan="2">认真观察，通过外貌、语言、动作、心理描写，写出人物特点</td><td rowspan="2">学习默读，学会圈点勾画，在默读中厘清作者思路</td></tr>
<tr><td>《〈论语〉十二章》：
1. 熟悉文言文，掌握一些句式和重点词语。
2. 正确理解章节内容，学以致用</td></tr>
</table>

三、课文教学设计（3课时）

【课文教学内容及解析】

（一）内容

本篇课文内容结构图（思维导图）

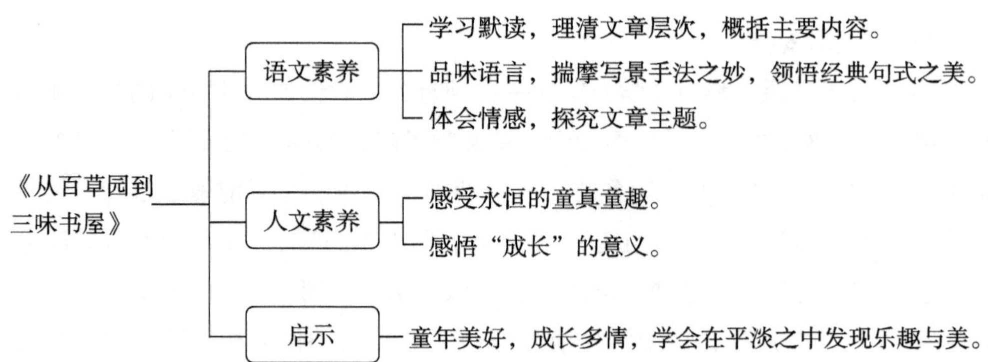

本文是对少年成长故事的一段回忆。鲁迅以温情的笔墨描写了诗情画意般的少年生活，充满了童真童趣。文章标题表明了地点的转移，两部分内容前后连接，表现了一个儿童的成长过程。文章语言生动幽默，描写十分生动传神。结尾部分回忆的甜蜜和现实的苦涩形成了含蓄的呼应。本课教学安排3课时，第一课时积累字词，扫清阅读障碍，理清文章层次并概说主要内容，使学生对全文有整体的把握；第二课时重点研读第2段，揣摩手法之妙，领悟句式之美，读、析、写三结合；第3课时以话题为抓手，合作探究三味书屋读书生活的苦与乐，领悟“成长”的含义。

（二）内容解析

在一、二单元注重朗读教学的基础上，本单元所选的现代文篇幅比较长，文字优美，线索清晰，适合默读教学的要求。本单元的语文训练重点有三方面：第一，学习默读，通过默读整体上感知、把握和理解全文；第二，结合标题、开头、结尾和关键语句，了解文章大意；第三，通过情感上的体验和精神上的启发，激发对学习生活的思考与热爱。因此，围绕这些单元目标，本节课在语文要素上主要体现了概括内容、品味语言、体会情感三个方面。人文素养方面主要是感受永恒的童真童趣和“成长”的意义，从而获得童年美好、成长多情、学会在平淡中发现乐趣与美的启示。

【课文学习目标及解析】

（一）学习目标

（1）学习默读，理清文章层次，概括主要内容。

（2）研读经典段落，揣摩写景手法之妙，领悟经典句式之美。

（3）体会作者读书生活的苦与乐，感悟“成长”的意义。

（二）目标解析

达成上述目标的效果是：

（1）学习默读，养成一气呵成读完全文的习惯，整体感知文章的基本内容。

（2）精读第2段，品味生动传神的语言描写。

（3）结合自己的生活体验，体会童年生活的美好和学习生活的乐趣。

（三）素养目标

内容方面	行为方面		核心素养		
	1	2	1	2	3
导	从童年生活的美好和相似性引起学生的兴趣，从而进行导入，让学生通过查找资料的方式进行自主预习，再结合导入部分老师在课堂上分享的资料链接	学生踊跃发言，其他同学予以补充	语言建构与运用		审美鉴赏与创造
悟	引导学生概括内容，把握情感，主题归纳	快问快答，自主回答。 小组合作解决问题	语言建构与运用	思维发展与提升	审美鉴赏与创造
用	知识迁移，对同等类型的文章进行事件梳理，情感把握和主题探究	学生举手，畅所欲言	语言建构与运用	思维发展与提升	审美鉴赏与创造
改	学以致用，老师讲解，师生反思，及时纠正	及时纠错，查漏补缺	语言建构与运用	思维发展与提升	审美鉴赏与创造

【教学重点、难点】

1. 重点

（1）理清文章层次，概括主要内容。

（2）精读第2段，品味生动传神的语言描写，揣摩写景手法之妙。

2. 难点

（1）体会作者读书生活的苦与乐，感悟“成长”的意义。

（2）理解文章的主题。

【教学问题诊断分析】

问题1：学生初次进行默读训练，将“默读”等同于“不出声读”，对默读具体要求不明确。

应对策略：介绍默读的类型、方法、技巧，出示评价默读效果的标准，同时要引导学生明白，带着任务或者问题的默读，才是有效的读书。

问题2：课文部分内容，例如写三味书屋的部分，距离学生现在的生活比较远，有的细节或生僻字理解起来有困难，讲解过细或过于零碎。

应对策略：适当补充相关资料，让学生大致了解那时的私塾生活即可，不要深究。或者让学生自主交流、补充，加深理解。遇到生僻字，可用猜读法阅读，或暂时跳过，留待以后学习积累。

【教学过程】

第一课时

（一）学习目标

（1）了解鲁迅生平，积累常用字词。

（2）学习默读，理清文章层次，概括主要内容。

（二）课前学习任务单

（1）同学们提前查找资料，了解鲁迅生平和时代背景。

（2）结合课本注释读一读课文，留意文章标题、开头、结尾和关键语句，把文章划分一下层次。

（3）概括一下作者先后回忆了哪些事件？

（三）教学准备

1. 作者简介

鲁迅（1881—1936），原名周树人，浙江绍兴人，以笔名“鲁迅”闻名于世，20世纪中国重要作家，中国现代文学开山巨匠。在他55年的人生中，创作的作品体裁涉及小说、杂文、散文、诗歌等，主要作品集有散文集《朝花夕拾》，散文诗集《野草》，小说集《呐喊》《彷徨》《故事新编》，杂文集《华盖集》《南腔北调集》等。本文选自《朝花夕拾》，是鲁迅唯一一部回忆性散文集。“朝花夕拾”的含义：早上开的花，到傍晚才去采摘，比喻青少年时代的生活情景到晚年回忆，含蓄而有诗意。

2. 写作背景

《从百草园到三味书屋》写于1926年，这是鲁迅人生中充满变动，心情“空洞、芜杂”的一年。所以“想在纷扰中寻出一点闲静来”的鲁迅把目光投向了旧事，希望借旧事的回忆来排解苦闷，寻求慰藉。这些回忆性散文以“旧事重提”为总名陆续发表，结集时改名为《朝花夕拾》。

3. 资料链接

（1）百草园，是浙江绍兴新台门周家的一个菜园，在鲁迅故居后面，占地近2000平方米，原来是新台门周家的智、仁两大房族所共有。各个家族在这个园里都种有一些瓜菜，有的地块秋后还被用来做晒场，但因园子大而显得有些荒凉。这个荒芜的园子，不仅瓦砾成堆，杂草丛生，而且有树木、蔓藤和飞鸟虫兽，是孩子们游玩的好地方。鲁迅儿时和他的小伙伴们就经常来此玩耍嬉戏。后来随着周家的败落，百草园连同房产都卖给了邻居朱阆仙。

（2）三味书屋，是晚清绍兴府城内著名私塾，也是鲁迅12岁至17岁求学的地方。三味书屋是三开间的小花厅，本是寿家的书房，与周家隔河相望。塾师寿镜吾，是一个学问渊博的教书先生，他品行端正，性格耿直，教书认真，一生厌恶功名，自考中秀才后便不再应试，终身以坐馆授徒为业，在三味书屋坐馆教书达60年。关于"三味"的含义有多种说法。寿镜吾次子寿洙邻曾解释说："'三味'是以三种味道来形象地比喻读诗书、诸子百家等古籍的滋味。"寿镜吾之孙寿宇在所著文章中讲道："我不止一次地从我祖父寿镜吾的口中，听到解释三味书屋的含义。祖父对'三味书屋'含义的解释是'布衣暖，菜根香，诗书滋味长'。"此外，有人认为是借用了佛教语言，"三味"即"三昧"，原指诵读佛经、领悟经义的三重境界。众说纷纭，不一而足。

课上提问，鼓励学生积极回答问题，并适当引导，避免脱离课堂片面陈述历史。对学生回答的问题进行总结，展示PPT，加深印象。

（四）课堂教学实践

导：联想与结构

同学们，你的童年有哪些难忘的人和事？（学生举手发言）

童年是美好的，被誉为"民族魂"的鲁迅先生在他45岁时回忆了他的童年，让我们走进课文，看看小时候的鲁迅玩些什么，学些什么，想些什么，和你有相似的地方吗？

预习检测：

1. 给加点字注音

幻灯片出示：

窜（　　）　拗（　　）　确凿（　　）　菜畦（　　）　桑葚（　　）
轻捷（　　）　蟋蟀（　　）　倜傥（　　）　脑髓（　　）　书塾（　　）

蝉蜕（　　）

抽查两个小组各一位同学到黑板给词语注音，订正无误后，学生朗读巩固。

2. 根据意思写出课文中的词语

幻灯片出示：

（1）__________：确实。

（2）__________：极高的天空。

（3）__________：洒脱，不拘束。

（4）__________：旧时对同学的称呼，指在同一所学校里就读的人。

（5）__________：少有人来。

（6）__________：形容人声喧闹，像水在鼎中沸腾一样。

3. 补释“相宜”一词的含义

“相宜”一词在课文中出现两次，分别是“拍雪（将自己的全形印在雪上）人和塑雪罗汉需要人们鉴赏，这是荒园，人迹罕至，所以不相宜，只好来捕鸟”和“先生读书入神的时候，于我们是很相宜的”。注解中没有释义，学生也较容易忽视对这个词的理解与运用，有必要说明强调。

幻灯片出示：

相宜：合适、适宜。古诗中常见，如（北宋）苏轼《饮湖上初晴后语》：“水光潋滟晴方好，山色空蒙雨亦奇。欲把西湖比西子，淡妆浓抹总相宜。”现代汉语也运用广泛，例如“在那个场合你说这样的话是不相宜的”。

整体感知：

限时六分钟，一气呵成默读全文，思考根据标题文章分为几层，分别找出文中对应起止语句及中间的过渡段。

出示默读要求：不指读、不动唇、不分心、不回读，遇到不理解的生字词做好记号。

明确：文章以第9段为过渡段分为两层，第一层1段至8段对应题目中的“百草园”，第二层10段至24段对应题目中的“三味书屋”，层次布局分明有致。

悟：活动与体验

（1）速读课文第1至8段，用一个词语总括作者对百草园的评价。

明确：第1段末一句“但那时却是我的乐园”一句中的“乐园”是童年的“我”对百草园的爱称，也是对百草园的评价，百草园是童年鲁迅心灵的家园。

（2）用自己的话概括说一说百草园之“乐”体现在哪些方面？

明确：

① 百草园之“乐”体现在园子里有生机勃勃、“无限趣味”的景物；

② 百草园之“乐”体现在长妈妈讲述神秘的美女蛇故事；

③ 百草园之“乐”体现在冬天雪地用竹筛捕鸟的乐趣。

（3）默读第10至24段，小组合作，分别从“我”以及先生两个角度，用简洁的语言概括三味书屋生活的主要事件。

幻灯片出示：

“我”	先生
观察三味书屋的陈设及行礼	和蔼答礼
请教先生“怪哉”虫典故	怒对质疑
习字、对课渐有长进	先严后松教“我”读书
到三味书屋后园玩耍	喝令学生回屋读书
画小说绣像颇有成绩	大声读书以至入神

（4）朗读第9段过渡段，作者连用三个“也许是因为……”猜测性排比句，体现出怎样的思想感情？同学们由小学升初中时，有没有与鲁迅相似的心情？

明确：三个排比句把作者的情急、惶恐、悔恨、不解等心思写得十分传神，体现出的是作者对百草园的留恋不舍之情。学生结合自己的生活经验来揣摩作者告别百草园走进三味书屋时的心情。作者从儿童到私塾就学的一段生活经历，大致相当于现在的小学升初中，作者的心情能引起学生的共鸣。

用：本质与变式

根据要求任选一题作答：

题目1——如果鲁迅邀请你去百草园做客，你会选择什么时间去？结合课文内容说一说理由。

题目2——如果你有机会去课文中的“三味书屋”读书，你愿意去吗？结合课文内容说一说依据。

明确：

（1）示例一：我选择冬天去百草园捕鸟，因为我没有经历过下雪天，而且捕鸟的过程特别有趣，要有诀窍和耐心，如果真的能够捕到鸟，那一定非常有成就感。示例二：我选择夏天去百草园，因为那时我可以在皂荚树下听蝉乘凉，可以吃到酸酸甜甜的覆盆子，还可以听长妈妈讲神秘的美女蛇的故事。

（2）示例一：我愿意去，因为那里也有的玩，而且先生读书入神的时候把头"拗过去，拗过去"，很有趣，而且先生对待学生不严厉。示例二：我不愿意去，因为那里的学习非常死板，只要读书，不能质疑，扼杀学生的求知欲。

改：迁移与应用

课文中的"长妈妈"在鲁迅的另一篇散文《阿长与〈山海经〉》中有比较详细的介绍，请大家默读其中的节选文段，回答问题。

然而我有一时也对她发生过空前的敬意。她常常对我讲"长毛"。她之所谓"长毛"者，不但洪秀全军，似乎连后来一切土匪强盗都在内，但除却革命党，因为那时还没有。她说得长毛非常可怕，他们的话就听不懂。她说先前长毛进城的时候，我家全都逃到海边去了，只留一个门房和年老的煮饭老妈子看家。后来长毛果然进门来了，那老妈子便叫他们"大王"，——据说对长毛就应该这样叫，——诉说自己的饥饿。长毛笑道："那么，这东西就给你吃了吧！"将一个圆圆的东西掷了过来，还带着一条小辫子，正是那门房的头。煮饭老妈子从此就骇破了胆，后来一提起，还是立刻面如土色，自己轻轻地拍着胸脯道："阿呀，骇死我了，骇死我了……"

我那时似乎倒并不怕，因为我觉得这些事和我毫不相干的，我不是一个门房。但她大概也即觉到了，说道："像你似的小孩子，长毛也要掳的，掳去做小长毛。还有好看的姑娘，也要掳。"

"那么，你是不要紧的。"我以为她一定最安全了，既不做门房，又不是小孩子，也生得不好看，况且颈子上还有许多灸疮疤。

"那里的话？！"她严肃地说。"我们就没有用么？我们也要被掳去。城外有兵来攻的时候，长毛就叫我们脱下裤子，一排一排地站在城墙上，外面的大炮就放不出来；再要放，就炸了！"

这实在是出于我意想之外的，不能不惊异。我一向只以为她满肚子是麻烦的礼节罢了，却不料她还有这样伟大的神力。从此对于她就有了特别的敬意。

问题1：用简洁的语言概括这段选文的主要内容。

明确：长妈妈给"我"讲长毛的故事。

问题2：长妈妈给鲁迅讲的美女蛇故事和选文中的故事有共同点吗？你认为长妈妈是个怎样的妇女？

明确：这两个故事一个是纯虚构的，一个有一定历史依据，但情节都非常离奇生动，使人听了紧张甚至有点害怕，在少年鲁迅记忆中留下了深刻的印象，以至于成年后还能栩栩如生地讲出来，长妈妈像个说书人，讲故事能力实在是令人折服。当然，讲长毛的故事也体现出长妈妈性格中有的朴素、愚昧、无知的一面。

问题3：鲁迅的语言有幽默风趣的一面，请在选文中找出相应例子。

明确："我以为她一定最安全了，既不做门房，又不是小孩子，也生得不好看，况且颈子上还有许多炙疮疤。"调侃了一笔长妈妈平庸甚至有点粗鄙的长相。

【教学反思，成效评价】

第一节课带着学生进行了基础梳理与积累，主要解决了语文要素中的"学习默读，理清文章层次，概括主要内容"这一问题，引导学生有条理、有逻辑地把文章读熟、读透。学生在概括三味书屋读书生活主要事件的时候，有些无从下手或者概括不全，但经过与同组成员的合作与探究，能够从看似闲散的文字中发现其隐含的层次性。另外，本节课结合名著《朝花夕拾》中的另一篇文章《阿长与〈山海经〉》进行知识迁移，再次训练了学生提炼信息的能力，也能够进一步拉近学生与鲁迅的距离，为后面的整本书阅读铺路。

【板书设计】

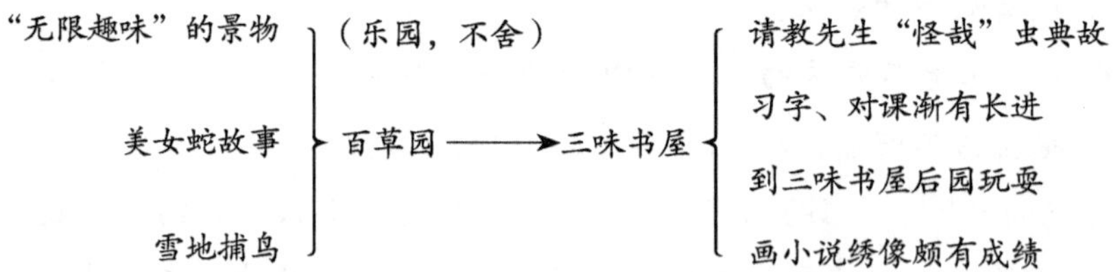

【布置作业】

阅读《阿长与〈山海经〉》全文，看看文章围绕阿长写了哪些事，哪些详细，哪些略写。从这些事情中，可以看出阿长是个什么样的人？

第二课时

（一）学习目标

（1）研读第2段，揣摩写景手法的妙处，感受童真童趣。

（2）仿写练笔，领悟特殊句式的表达魅力。

（二）课前学习任务单

（1）熟读和背诵第2段描写百草园的文字，从空间、色彩、感官、修辞等角度分析作者行文的妙处。

（2）运用恰当的动词、形容词，仿照“不必说……也不必说……单是……”的句式写一段语意通顺的文字，描写校园环境。

（三）课堂教学实践

导：联想与结构

上节课我们对鲁迅的童年生活有了初步了解，这节课我们重点研究分析课文第2段，真正走近这位文学巨匠，揣摩写景手法之妙。

朗读，把握恰切语气语调。

（1）朗读指导。

作者从一个孩子的视角，描写了“我的乐园”——百草园中形形色色的生命形态，如果你是作者本人，你会以怎样的语气语调向听者讲述呢？

明确：本段以儿童特有的好奇与探究心理，将百草园中的景物娓娓道来，这是成年作者一段美好的回忆，所以，讲述的时候语气语调要相对平缓、轻松、愉悦，带着一丝兴奋和激动。朗读时同样要把握如此的语气语调。

（2）学生尝试以平缓、轻松、愉悦的语气语调自由朗读第2段。

（3）指名朗读，教师点评。

悟：活动与体验

1. 揣摩写景手法之妙

第2段写百草园景物的文字历来被读者和评论家所追捧，回忆往事的作品浩如烟海，写童真童趣的文章也遍地可见，为什么这一段成为“经典”超出平常文字之上，它有什么妙处呢？

幻灯片出示：请选一两个句子，从空间、色彩、感官、修辞、句式等角度赏析第二段写景的妙处，并在原文中批注关键词。（可以给出范例，其他如详

略、动静、点面等角度根据实际教学情况做要求）

学生默读课文，独立思考，自由发言。

明确：

（1）空间：凡写景总有一个顺序，高低、上下、内外，无论怎样，都须层次分明。

① 从低到高——“不必说碧绿的菜畦，光滑的石井栏，高大的皂荚树，紫红的桑葚”。

② 从高到低——“也不必说鸣蝉在树叶里长吟，肥胖的黄蜂伏在菜花上，轻捷的叫天子（云雀）忽然从草间直窜向云霄里去了”。

（2）色彩：把不同色彩的景物组合到一起，可以收到如画般的效果。

第2段中与色彩有关的关键词有“碧绿”“紫红”“黄蜂”，“小珊瑚珠”一词也可见覆盆子颜色的艳丽。

（3）感官：作者描写景物，往往从自身的视觉、听觉、嗅觉、触觉、味觉等角度展开，充分表现自己的所见、所闻、所感。

① 视觉——菜畦之“碧绿”、桑葚之“紫红”、蜂之“黄”，以及写形状的“高大”“肥胖”“臃肿”“像小珊瑚珠攒成的小球”等。

② 听觉——“油蛉在这里低唱，蟋蟀们在这里弹琴”以及“便会啪的一声，从后窍喷出一阵烟雾”。

③ 触觉——石井栏之“光滑”。

④ 味觉——覆盆子之“又酸又甜”。

（4）修辞：文学作品描写景物离不开修辞的运用，修辞能把景物写活。

① 拟人——油蛉之“低唱”、蟋蟀之“弹琴”，将动物们拟人化，富有诗意，十分生动。

② 比喻——将覆盆子比作“小珊瑚珠攒成的小球”，生动形象地写出了覆盆子的形态。

（5）特殊句式：具有创新性的复杂句式，层层深入，使文意错落有致。

为了表现百草园的“无限趣味”，作者采用了“不必说……也不必说……单是……就……”的句式，这是一种创新。两个“不必说”是简略地概说，“单是……就……”是详写，是重点，“单是短短的泥墙根一带”就已趣味无穷，可以想象百草园处处是美景、处处有情趣。这样写既省去了许多文字，又引起读者无限美好的向往。

小结：作者从多个角度、运用多种手法描写百草园的景物，灵动又富有情趣，洋溢着童真与童趣，写出了儿童的独特心理和感受，表现了对自然的热爱。这既是一种阅读赏析的方法，更是构思写作的笔法。

2. 融入感情，全班齐读第2段

学生对本段的内容、情感、手法有了深层认识，在此基础上趁热打铁，融入感情再读课文。

用：本质与变式

1. 仿写练习

幻灯片出示：

运用恰当的动词、形容词，仿照“不必说……也不必说……单是……就……”的句式写一段语意通顺的文字（可不限于写景）。

2. 交流分享

以小组为单位，成员之间口头交流、点评仿写的片段。

3. 佳作展示

小组推选佳作，全班范围内进行展示赏析。

4. 示范修改

教师小结学生作品的优点与不足，口头或者幻灯片展示自己的习作，给予学生更生动直观的示范。

幻灯片出示：

示例一：

我在校园中寻美。不必说高大的教学楼，平整的石子路，金色的池塘，摇曳的柳树；也不必说琅琅读书声从小林里飘起，运动场上此起彼伏的呐喊助威，教室中热火朝天的争鸣辩论。单是阳光洒在道路上，投下同学们长长的身影，就有说不出的美丽。

示例二：

十三朝古都西安城里尽是历史的痕迹。不必说举世闻名的世界第八大奇迹秦始皇兵马俑，庄严肃穆的大雁塔；也不必说雄伟壮观的明城墙、烽火戏诸侯的骊山烽火台和赫赫有名的西安事变兵谏亭。单是晨钟暮鼓的钟鼓楼，就让我领略到厚重古朴的历史风韵。

学生修改自己的片段作文。

改：迁移与应用

鲁迅的弟弟周作人，在《鲁迅的故家》一文中也回忆过百草园的景物。请根据自己的阅读感受思考，同样是写百草园中的动植物，周作人与鲁迅的描写有什么不同？你更喜欢哪一种描写方式？

百草园

周作人

蟋蟀是蛐蛐的官名，它单独时名为叫，在雌雄相对，低声吟唱的时候则云弹琴。……普通的蛐蛐之外，还有一种头如梅花瓣的，俗名棺材头蛐蛐，看见就打杀，不知道它会不会叫。又有一种油唧蛉，北方叫作油壶芦，似蟋蟀而肥大，……它们只会嘘嘘的直声叫，弹琴的本领我可以保证它们是没有的。

油蛉这东西不知道在绍兴以外的地方叫作什么，如要解说，只能说是一种大蚂蚁似的鸣虫吧。好几年前写过一首打油诗，其词云："辣茄蓬里听油蛉，小罩扪来掌上擎，瞥见长须红项颈，居然名贵过金铃。"注云："油蛉状如金铃子而细长，色黑，鸣声瞿瞿，低细耐听，以须长颈赤者为良，云寿命更长。畜之者以明角为笼，丝线结络，寒天着衣襟内，可以经冬，但入春以后便难持久，或有养至清明时节，于上坟船中闻其鸣声者，则绝无而仅有也。"

木莲藤——结的莲房似的果实，可以用井水揉搓，做成凉粉一类的东西，叫作木莲豆腐，不过容易坏肚，所以不大有人敢吃。

（何首乌）《野菜博录》中说它可以救荒，以竹刀切成片，米泔浸经宿，换水煮去苦味，大抵也只当土豆吃罢了。据医书上说，有一个姓何的老人因为常吃这一种块根，头发不白而黑，因此被称为何首乌，当初不一定要像人形的。

——摘选自《鲁迅的故家》

（注：周作人，著名作家，鲁迅之弟。二人的童年几乎有着完全相同的经历。）

明确：

周作人写百草园的动植物，像是用一个科学家的眼光去进行精细的辨析和考证。他描写的，是一种理性的趣味，即"理趣"。鲁迅笔下百草园的动植物都是鲜活的生命，有鲜艳的色彩，有迷人的音响，更洋溢着浪漫主义的神话想象（何首乌）。鲁迅描写的是一种“情趣”。

【教学反思，成效评价】

本节课的讲授，主要是围绕语文要素中的“品味语言”，以及人文素养中的“感受永恒的童真童趣”展开，逐层剖析描写手法，并且尝试用鲁迅独创的经典句式进行仿句练习。学生对于第2段的赏析语言不够丰富，角度也比较单一，可以给出范例或固定表述句式，使他们有话可说。对于鲁迅和周作人写作方式和审美情趣的区分，是本课一个难点，不过大部分学生能够感知到，鲁迅生动传神的描写源于对百草园无限的热爱，这份热爱使他笔下的一草一木都充满了诗意和浪漫。至于两兄弟之间“情趣”和“理趣”的区分需要老师引导、升华。

【板书设计】

百草园 { 空间美 / 色彩美 / 修辞美 / 句式美 } 感官美　生机勃勃　诗意浪漫——“情”趣

【布置作业】

1. 背过课文第2段。

2. 从描写的角度，自主赏析第7段雪地捕鸟的故事，随文批注。

第三课时

（一）学习目标

（1）品读“我”在三味书屋读书生活的苦与乐。

（2）探究主题，感悟“成长”的含义。

（二）课前学习任务单

（1）思考三味书屋的生活与百草园的生活有哪些相同和不同，在文中找出依据？

（2）百草园中的“我”和三味书屋中的“我”有何不同？为什么会有这些变化？

（三）课堂教学实践

导：联想与结构

到三味书屋求学之后，“我”的生活重心发生了转移，情感也有了微妙的变化。有人说三味书屋的生活是枯燥乏味的，也有人说关于三味书屋的描写充满着欢乐、天真与幽默，真相究竟是怎样的？我们继续在文字中探究吧。

悟：活动与体验

探究话题：你认为三味书屋的读书生活“苦”还是“乐”？结合具体内容说说你的依据。

学生独立思考，勾画语句，数分钟后小组内交流、争鸣，推选学生发言。

预设：

1.“乐”

（1）游戏玩耍之“乐”——在三味书屋后的小园子里折腊梅花、寻蝉蜕、捉苍蝇喂蚂蚁，与百草园的游戏玩耍之“乐”相同。除此之外，还有新的乐趣，上课时先生读书入神、沉醉其中，方便“我们”偷偷在下面开小差做小动作——玩纸盔甲、画画儿，以至作者最后以幽默的语气调侃自己“书没有读成，画的成绩却不少了”。

（2）用功学习之“乐”——第16段写“我”在先生的教导下习字、对课，渐入佳境，“从三言五言，终于到七言”，暗示“我”已经养成良好的学习习惯，学习效果是好的。对一个学生而言，学业上有进步，其中的快乐不言自明。

（3）师生读书之“乐”——“大家放开喉咙读一阵书，真是人声鼎沸。有的念……”，作者不厌其烦地写同窗们卖力读书的细节，场景令人忍俊不禁。这“一阵书”既有理亏，又有应付，完全符合儿童的心理。后来，“我们的声音便低下去，静下去了”，而先生却读得十分入神，“微笑起来，而且将头仰起，摇着，向后拗过去，拗过去”，又是一处细节描写，先生读书时的可爱形象如在眼前，极为生动。

2.“苦”

（1）“只要读书”的单调刻板——“我”出于好奇心，请教先生“怪哉”虫典故，先生不做解释且一脸怒色，“我”这才意识到与所教内容不相及的问题不能问，“只要读书”，所以后来“我就只读书”。这件事给我们以启示，传统私塾的学习是比较单调刻板的，该学的好好学，不该问的不问，先生教学基本采用注入式，主动发问似乎并不受欢迎。这是对先生“博学”“渊博”的一笔调侃。

（2）玩耍受限的不自在——到后园中玩耍，不能“太多，太久”，“一同回去，也不行”，可见三味书屋的快乐并不是那么自由自在，会受到先生的约束，甚至打手心、跪地等体罚，虽然“不常用”。

（3）学习方法的死记硬背——第21段作者写到同窗们读书的内容，像“厥土下上上错厥贡苞茅橘柚”，在今天看来十分艰涩难懂；稍后又提到先生读书沉醉其中，引发“我疑心这是极好的文章”，也就是说先前在“我”看来，并不觉得这是“好”文章，也就是说学生对所读的内容或许完全是死记硬背。

用：本质与变式

1. 主题探究

回顾全文，“百草园”和“三味书屋”寄寓了鲁迅先生怎样的思想感情？

预设1：“百草园”和“三味书屋”是鲁迅成长的两个精神空间，“百草园”中无忧无虑的成长岁月与“三味书屋”严厉、刻板的学习经历形成鲜明对比，作者借此表达了对童年生活的怀恋。

预设2：“百草园”自由快乐的生活同“三味书屋”枯燥无味的生活做对比，表现了儿童热爱大自然的心理，同时也表达了对束缚儿童身心发展的封建教育的不满。

2. 畅所欲言话“成长”

（1）思考：百草园中的“我”和三味书屋中的“我”有何不同？为什么会有这些变化？

预设：

① 百草园中的“我”是个活泼、顽皮、天真烂漫的孩童。三味书屋中的“我”依然活泼、好动，但好学上进，在先生的关爱下逐渐对学习产生了兴趣，学业渐入佳境。

② 这些变化勾勒出了鲁迅成长的轨迹。尤其是三味书屋的读书生活，使我们感受到了压抑、沉重的成长压力，有一丝丝苦涩，但是又特别地真实。

（2）探究话题：学完本课，结合自己的生活体验谈一谈什么才是真正的“成长”？

预设：

成长，意味着成熟、摆脱稚嫩，意味着面临更多挑战、承担更多责任，也意味着个体自身不断变得更好、更强。成长之路伴随着烦恼忧愁，每一个人都无法逃避。百草园的读书生活苦乐掺杂，而鲁迅的不简单之处，恰恰是能够在别人感受不到情趣的地方，感受到情趣，不论是在“只有一些野草”的百草园或是在“只要读书”的书塾里，都能创造出自己的快乐，从平淡的生活中发现乐趣与美，这是值得我们学习的地方。

改：迁移与应用

默读《朝花夕拾》名著导读部分之精彩选篇《五猖会》，结合《从百草园到三味书屋》思考鲁迅对于儿童教育有什么看法？在今天有没有借鉴价值？

参考：钱理群教授认为：“‘三味书屋’的教育是一种扼杀求知欲，不允许独立思考，以追求高官厚禄为唯一目的的‘死读书、读死书’教育。”《五猖会》中的父亲在“我”出发去看迎神赛会之前，命令“我”背熟《鉴略》，一盆冷水把“我”的兴致全浇灭了。从中，我们都能感受到鲁迅对于落后的封建教育的不满，不管是私塾教育还是家庭教育，都扼杀了孩子自由活泼的天性，鲁迅深感痛惜。

鲁迅的观点在今天仍有借鉴价值，正如钱理群教授所言“今天的学校教育模式，还没有走出‘三味书屋’的‘只要读书’的教育模式，而且有变本加厉的趋势”，如何解放孩子，使孩子健康成长，在今天依然值得我们深思。

【教学反思，成效评价】

本节课的讲授，主要是围绕语文要素中的“主题探究”，以及人文素养中“感悟‘成长’的含义”展开的。以话题为抓手，探究百草园读书生活的“苦”与“乐”，既有概括能力的训练，又有辩证思维能力的训练，引导学生多角度、全面地看问题。鲁迅的成长经历启示我们从平淡的生活中发现乐趣与美，是画龙点睛之笔，这一启示如何自然地点醒而不是生硬地塞给学生，是本节课需要关注的地方，也是需要反思并不断探索的方向。

【板书设计】

“只要读书”的单调刻板 玩耍受限的不自在 学习方法的死记硬背	苦	三味书屋 成长	乐	游戏玩耍之“乐” 用功学习之“乐” 师生读书之“乐”

【布置作业】

练笔：以《我的一次“小”成长》为题，写一件事，聊一聊你对“成长”的个人感悟。500字以上。

【教学反思】

鲁迅先生的文章，常读常新。再次教读《从百草园到三味书屋》，依然被先生的文字、思想所折服。近些年，中国的学校教育正在经历前所未有的变革，而95年前的鲁迅先生通过本文提出的“儿童的成长，究竟应该有一个怎样的空间？我们需要怎样的教育？”一系列问题，给我们许多启示。很多学生说鲁迅的文章不好读，如何消除与经典的隔膜，拉近与鲁迅先生的距离，我想本课的教学设计某种程度上，是要引导学生进入少年鲁迅生活的情景，体验他玩些什么、学些什么、想些什么，喜欢上这个活泼、明朗、好学的小鲁迅，为《朝花夕拾》整本书阅读打好基础。

第六单元

《皇帝的新装》

珠海市金鼎中学　钟展波

一、文本解读

《皇帝的新装》是19世纪著名的丹麦童话作家安徒生的代表作，被选入初中语文课本第一册。这是一篇现实感很强的童话。一个皇帝，几个大臣，几个骗子之间上演了一场骗与被骗的滑稽喜剧。文章借助极度的夸张想象，营造了一个异乎寻常的世界，通过荒诞的情节和幽默的语言，针砭时弊，推动故事情节的发展，丰富人物形象，深化文章的主旨。

这篇童话，内蕴非常深刻，已远超一般的童话。对此，有学者甚至在其文体上产生了质疑，《皇帝的新装》究竟是童话还是寓言？比如万年春在《皇帝的"新装"与人性的弱点——〈皇帝的新装〉新解》一文中说道：《皇帝的新装》正是一篇这种能够产生各种可能的"理解副本"的"底本"，是一篇能够进行多样性解释的"寓言式"小说。因为《皇帝的新装》表面上表现的是"皇帝的新装"，表达的是皇帝及其官僚阶层的愚蠢虚伪，这是其所指所在。而更深的蕴意则是表明人类共有的虚荣乃至虚伪的普遍存在，即深刻地揭示出人性的弱点及其内在的文化悖论，这是其内在的能指。

学者孙绍振也曾指出，《皇帝的新装》是一篇外国作品，之所以有这样大的影响，除了其他的原因以外，还有一个原因，就是这篇童话有种寓言的性质，他超越了一般童话的想象和道德教化的价值，揭示了一种人类的普遍心理现象，在全世界面前，人们包括那些位高权重的大人物，对于显而易见的谎言，都是随声附和的，因为他的普遍性的跨越时代的社会心理。

由此可见，《皇帝的新装》是一篇童话，但绝不是一篇简单的童话，它也像寓言一样，可以带给人们更多的启示与思考，可以让人读后陷入深深的沉思。当所有的人都参与到睁着眼睛说瞎话的游戏中时，那么安徒生要讽刺的当然不只是统治阶级和附庸官僚，应该也涵盖了平民阶层。他讽刺的是一般成年人身上都会存在的缺点，小孩子是纯真的，还没有进入到成年人复杂的世界中，所以小孩子是会说出真话的。成人对小孩子说出的话是既相信又不敢相信，或者说是不知道该不该相信的。这种矛盾纠结的心态是成人世界里常有的，是大部分成人共有的缺点。皇帝也是人，老大臣、官员也是人，围观群众也是人，都是成年人，他们都被一个天真的小孩子的话惊醒了。

从这个意义上说，安徒生试图通过写作童话，来告诉我们现实世界的荒诞性，和揭示人性的弱点，并努力用文学的力量，来改变社会中的不良风气。他自己坦言："这是一个不堪一击的闹剧，谁都能看得出，可是谁都不愿意说，可怕，可悲。"……"我的童话自然是写给孩子们的，但我从来没有忘记，孩子们在看童话的时候，他们的父母就在身边，所以，我也得写一点东西，让他们想想。"

二、单元内容解析

（一）课时安排

在这一单元的授课中，讲读课文童话《皇帝的新装》教学时长2课时，诗歌《天上的街市》教学时长1课时，《寓言四则》2课时，此外，自读课神话《女娲造人》教学时长2课时。同时，写作指导紧扣本单元的主题，发挥联想与想象，需要2个课时。本单元名著导读之《西游记》，是对第六单元教学重点学会精读和跳读的深入练习，可安排1课时。综合性学习《文学部落》1课时，课外古诗诵读教学时长2课时，完成本单元教学任务共需用时13课时。

（二）本单元内容结构图表

<table>
<tr><td rowspan="6">第六单元</td><td></td><td>讲读课文</td><td>自读课文</td><td>写作</td><td>综合性学习</td><td>名著导读</td></tr>
<tr><td rowspan="2">人文素养</td><td>《皇帝的新装》：1.对统治者的愚蠢嘲讽，对社会的虚伪风气讽刺；2.培养敢说真话的良好品质。
《天上的街市》：追求理想，表达对美好生活的向往</td><td rowspan="2">《女娲造人》：人类对自身来源的好奇和求索精神</td><td rowspan="2">《发挥联想与想象》：写出内容丰富，形象生动，情感真挚的文章</td><td rowspan="2">《文学部落》：与文学作品对话，丰富人生体验，提高审美品位，让人生变得纯净、高贵而深刻</td><td rowspan="2">《西游记》：学习为了实现理想，不畏艰难险阻，最终取得胜利的精神</td></tr>
<tr><td>《寓言四则》：1.《赫耳墨斯和雕像者》：人要有自知之明，不能妄自尊大；
2.《蚊子和狮子》：做人不能狂妄自大，骄傲自满；
3.《穿井得一人》：不可轻信谣言，凡事要调查研究，才能得知真相；
4.《杞人忧天》：不为不必要或缺乏根据的忧虑而担心</td></tr>
<tr><td rowspan="3">语文要素</td><td>《皇帝的新装》：1.学习快速阅读，概括文章内容；2.调动体验，展开联想与想象，深入理解课文；3.理解童话体裁特点</td><td rowspan="3">《女娲造人》：体会联想和想象手法的运用</td><td rowspan="3">《发挥联想与想象》：1.培养仔细观察、勤于思考、积极探索的习惯；2.写作中发挥联想与想象</td><td rowspan="3">《文学部落》：1.培养感受文学作品的能力；2.养成读书写作交流的习惯；3.培养运用语言文字的能力</td><td rowspan="3">《西游记》：1.习得精读的阅读技巧；2.习得跳读的阅读技巧</td></tr>
<tr><td>《天上的街市》：1.通过朗读，体会诗歌语言的音韵美；2.运用联想与想象，理解诗歌形象化的语言，体会诗人情思</td></tr>
<tr><td>《寓言四则》：1.积累常见的文言实词；2.利用寓言培养发散思维能力</td></tr>
</table>

三、课文教学设计（2课时）

【课文教学内容及解析】

（一）内容

本文是丹麦作家安徒生所作的一篇童话，文章通过一个昏庸无能而又穷奢极欲的皇帝受骗上当的故事，揭露皇帝及大臣们自欺欺人的丑行，讽刺他们的虚伪和愚蠢。本课共2课时。第一课时学习快速阅读，整体感知课文内容，梳理故事情节，理解文章主旨。第二课时引导学生展开联想和想象，深入认识课文的主题和童话体裁特点。

（二）内容解析

本单元学生还要学习快速阅读的能力，力争每分钟不少于400字。快速阅读不等于走马观花，教师要引导学生寻找关键词语以带动整体阅读，把握作者的思路，深入理解课文。同时，还要引导学生展开联想和想象，联系现实生活，深刻地理解文章的讽喻意义。因此，围绕这些单元目标，本节课在语文要素上主要体现了内容概括、主题探究和写法探究三个方面。人文素养方面，主要是体会作者对统治者的愚蠢嘲讽，对社会的虚伪风气讽刺，以及对诚实美德的赞美。

【课文学习目标及解析】

（一）学习目标

（1）速读课文，理清行文思路，复述课文内容。

（2）品味人物形象特征，联系现实生活，理解这篇童话的讽刺意蕴及现实意义。

（3）理解童话体裁主要特点：想象与夸张。

（二）目标解析

达成上述目标的标志是：

（1）学习快速阅读。能在6—8分钟内迅速浏览全文，整体感知主要内容。

（2）能通过文本细读，品析个性化的语言，分析童话中人物的性格特点。

（3）能想象故事各段情节中人物的言行举止，心理活动，认识到行为背后的原因，并联想到社会现实中的类似现象，进而理解作品对皇帝及诸大臣虚伪和愚蠢的讽刺，学习敢说实话、真诚做人的良好品质。

（4）通过细读文本，理解童话体裁主要特点：想象与夸张。

（三）素养目标

内容方面	行为方面		核心素养		
	1	2	1	2	3
导	从学生已有的关于童话的认知和美好记忆进行导入，激发学生的学习兴趣。 回顾旧知，并与新知进行联结	学生踊跃发言，其他同学予以补充	语言建构与运用	思维发展与提升	审美鉴赏与创造
悟	引导学生归纳主题，探究写法	快问快答，自主回答。小组合作解决问题	语言建构与运用	思维发展与提升	审美鉴赏与创造
用	知识迁移，主题与写法探究	学生举手，畅所欲言	语言建构与运用	思维发展与提升	审美鉴赏与创造
改	学以致用，老师讲解，师生反思，及时纠正	完成练习，及时纠错，查漏补缺	语言建构与运用	思维发展与提升	审美鉴赏与创造

【教学重点、难点】

1. 重点

（1）通过速读课文，理清行文思路，复述课文。

（2）通过品味人物形象特征，联系现实生活，理解这篇童话的讽刺意蕴及现实意义。

（3）通过文本细读，理解童话体裁主要特点：想象与夸张。

2. 难点

联系现实生活，理解这篇童话的讽刺意蕴及现实意义。

【教学问题诊断分析】

问题1：学生阅读速度较慢，不能在规定时间完成阅读。

应对策略：在教学中加强阅读方法的指导，注重阅读能力的训练。

问题2：因为年龄及阅历的关系，学生对于主旨理解不够深入。

应对策略：教师通过设置逐步深入的问题，引导学生循序渐进地理解文章主题。

问题3：学生对童话体裁特点的认识不够清晰与全面。

应对策略：链接童话的文体知识，引导学生细读文本，分析文章写法。

【教学过程】

第一课时

（一）学习目标

（1）学习快速阅读。能在6—8分钟内迅速浏览全文，整体感知主要内容。

（2）通过品味人物形象特征，联系现实生活，理解这篇童话的讽刺意蕴及现实意义。

（二）课前学习任务单

（1）同学们提前查找资料，了解什么是“童话”。

（2）诵读全文，预习文本，扫清文字障碍，完成整体感知。

（三）教学准备

1. 作者简介

安徒生，出生在丹麦一个贫苦的鞋匠家庭。童年生活贫苦。早期写有诗歌、剧本和长篇小说《即兴诗人》等。1835年开始写童话，共160余篇。在《丑小鸭》《小克劳斯和大克劳斯》《皇帝的新装》《卖火柴的小女孩》《她是一个废物》等篇中，作者揭露当时社会的黑暗和金钱支配一切的罪恶，讽刺统治阶级的专横愚昧，反映贫富之间的悬殊，同情下层人民的苦难。作品想象丰富，情节生动，语言朴素。安徒生是世界著名的儿童文学家。

2. 文章体材

本文的体裁是童话。童话是儿童文学的一种，这种作品通过丰富的想象、幻想和夸张来塑造形象，反映生活，对儿童进行思想教育。童话的语言通俗、生动，故事情节离奇曲折，引人入胜，往往采用拟人的手法，凡鸟兽虫鱼，花草树木，整个自然界以及家具、玩具都可赋予生命，注入思想感情，使它们人格化。

（四）课堂教学实践

导：联想与结构

同学们，诗意的童话故事装点着我们幸福的童年记忆，像《海的女儿》《丑小鸭》《拇指姑娘》《卖火柴的小女孩》等，优美的故事总是令人醉心的。今天，我们一起倾听19世纪丹麦童话大师安徒生给我们讲《皇帝的新装》。

1. 预习检测

炫耀　称职　滑稽　陛下　头衔　妥当　呈报

爵士　勋章　骇人听闻　随声附和　钦差大臣　不可救药

2. 整体感知

速读童话，感知内容。

要求：在6—8分钟内一气读完全文；努力扩大一次性进入视野的文字数量；同时阅读中思考每一段所讲的内容。

（1）请大家围绕题目“新装”复述童话的情节。

（2）故事以“新装”为线索贯穿全文，请根据故事内容填空：

（　　）新装—（　　）新装—（　　）新装—（　　）新装—（　　）新装

明确：爱新装—做新装—看新装—展新装—揭新装

悟：活动与体验

3. 速读文章，走进人物

环节一：快问快答，调动学生学习积极性。

文章用“骗”推动故事情节的发展，你能具体说说哪些人受骗了吗？

明确：皇帝；大臣；百姓。

环节二：小组合作，研讨学习。

精选语段，研读课文，组内分角色朗读或表演，揣摩人物心理，品评人物形象，探究他们集体受骗、撒谎的原因。备选内容：诚实的老大臣（6—13）；皇帝（20—23）；百姓（33）。

明确原因：

（1）老大臣、诚实的官员：怕别人说自己愚蠢，更怕丢了乌纱帽；

（2）皇帝：怕别人说自己愚蠢，也怕丢了王位；

（3）老百姓：怕人嘲笑愚蠢，怕招杀身之祸。

用：本质与变式

4. 探究问题，理解主题

问题探究一：一个小孩子最先说出了真相，老百姓也跟着说了真话，而皇帝和他的大臣们依然装模作样地把戏演下去。作者这样写，有什么用意？

明确：寄托着作者改变现实，戳穿虚伪的理想。老百姓在小孩子的带动下，有了说真话的勇气，而统治者们却仍然装模作样，两相对比，显得后者更加可笑，迂腐。作者的立场就非常明显了。

问题探究二：安徒生曾说“这是一个不堪一击的闹剧，谁都能看得出，可是谁都不愿意说，可怕，可悲。”……“我的童话自然是写给孩子们的，但我从来没有忘记，孩子们在看童话的时候，他们的父母就在身边，所以，我也得写一点东西，让他们想想。”结合以上材料，请简要说说作者创作《皇帝的新装》的用意。

明确：理解安徒生创作的良苦用心，用文学的力量，来改变社会中的不良风气，引导人们做一个讲真话、有担当的人。

改：迁移与应用

（1）讨论关于说真话的话题。想一想，在我们身边有没有说谎的人？

明确：学生联系生活实际，畅所欲言。教师引导学生要做一个敢说真话、有担当的人。

（2）教师出示著名评论家张秋生对安徒生作品的评价：“5岁的孩子倾听安徒生；15岁的少年阅读安徒生；25岁的青年品味安徒生；45岁、55岁的人回味安徒生……这大概就是安徒生永恒的魅力”，推荐学生进行整本书阅读。

【教学反思，成效评价】

第一课时主要解决了语文要素中的内容概括和把握情感两大问题。结合大单元教学的背景，主要运用到了第三单元教学目标中的默读和本单元教学中的快速阅读。教师重在阅读指导，让学生掌握阅读技法，提升阅读能力。预测的主要问题：部分学生可能在规定时间不能完成整篇文章阅读。

大部分学生在小时候已经听说过这个童话故事，对本文已经具备一定的认知基础，对文章的故事情节有一定的了解，所以在引导学生理清情节后，要把重点放在品析人物形象和理解作品内涵上，同时，引导学生联系现实生活，深刻理解文章的讽喻意义及现实意义。预测的主要问题：学生对作品关于社会与人性的批判理解不够深入。

【板书设计】

皇帝的新装　安徒生

（昏庸无能、愚蠢自大）

皇帝

↓受

官员→　　骗　　←百姓

（虚伪、自私）　　（怕被嘲笑、怕被杀头）

↑揭

小孩

（天真烂漫、无私无畏）

【布置作业】

（1）拓展延伸，阅读《手捧空花盆的孩子》，完成相关练习。

（2）推荐阅读《安徒生童话》。

第二课时

（一）学习目标

（1）文本细读，探究童话体裁特点，理解夸张、想象在文章中的作用。

（2）充分利用扩写、续写或改写，运用夸张手法，表达自己对文本的思考与理解。

（二）课堂教学实践

导：联想与结构

上一节课我们了解了文章的主旨，感受到了作者对统治者的愚蠢虚伪和社会装腔作势的批判，这节课，让我们立足文章写法，深入探究童话的体裁特点。

悟：活动与体验

（1）请同学们简要分析下面句子的作用。

他每一天每一点钟都要换一套衣服。人们提到他，总是说：“皇上在更衣室里。”

明确：运用了夸张与想象。一个皇帝，可以不顾朝政，每一点钟都要换一套衣服，将他的虚荣愚蠢表现得淋漓尽致。

（2）出示：童话是一种文学体裁，它的特点是通过丰富的想象甚至夸张来塑造人物形象，反映现实生活，潜移默化地对儿童进行思想启蒙教育。

明确："夸张和想象"是童话区别其他文学作品的主要特征，其作用很大。

用：本质与变式

（1）精读课文，选择你最感兴趣的人物，分析他的形象特征是如何通过夸张和想象手法体现出来的。（要求：回答时，要朗读相关句子，并读出夸张的味道；分析时应该扣住细节和特殊表现力的词语。）

① 皇帝：

示例：为了穿得漂亮，他不惜把他所有的钱都花掉。

明确："不惜""所有"，以极尽夸张的艺术手法，说明皇帝是一个穷奢极欲，不理朝政的昏君。

② 骗子：

示例：两个骗子整夜都没有睡，点起十六支以上的蜡烛。人们可以看到他们是在赶夜工。

明确："整夜都没有睡""十六支以上的蜡烛"，骗子郑重其事地做得如此夸张，足以表现他们的狡猾奸诈、胆大妄为和玩弄皇帝及其臣民于股掌之上的那种得意。

③ 大臣：

示例："愿上帝可怜我吧！"老大臣想，他把眼睛睁得特别大，"我什么东西也没有看见！"但是他没有敢把这句话说出口来。

可怜的老大臣眼睛越睁越大，可是他仍然看不见什么东西，因为的确没有什么东西可看。

"哎呀，美极了！真是美妙极了！"老大臣一边说，一边从他的眼镜里仔细地看，"多么美的花纹！多么美的色彩！是的，我将要呈报皇上，我对这布料非常满意。"

明确：夸大描写了老大臣的神态："眼睛睁得特别大""越睁越大"，很认真，这是真看，既写出了他什么也没看到的惊异，又刻画出了他那一副年老衰朽的样子。他"一边说，一边从他的眼镜里仔细地看"，则是假看，是装腔作势，装出仔细看的样子骗人，表现出他的虚荣、愚蠢和自欺欺人。

（2）结合以上对文中人物的分析，体会夸张和想象手法在表现人物方面的作用。

明确：与现实形成鲜明对比，使人物形象更加荒诞可笑，增强讽刺性和幽默感，引发人们的想象，激发读者的阅读兴趣，更好地表现文章主题。

改：迁移与应用

本节课我们学习了童话中的想象和夸张。请同学们学以致用，运用我们刚才习得的方法，完成相关练习。

完全是真的

安徒生

“那真是一件可怕的事情！”母鸡说。她讲这话的地方不是城里发生这个故事的那个区域。“那是鸡屋里的一件可怕的事情！我今夜不敢一个人睡觉了！真是幸运，今晚我们大伙儿都栖在一根栖木上！”于是她讲了一个故事，弄得别的母鸡羽毛根根竖起，而公鸡的冠却垂下来了。这完全是真的！

不过我们还是从头开始吧。事情发生在城里另一区的鸡屋里面。太阳落下了，所有的母鸡都飞上了栖木。有一只母鸡，羽毛很白，腿很短，她总是按规定的数目下蛋。各方面说起来，她是一只很有身份的母鸡。当她飞到栖木上的时候，她用嘴啄了自己几下，弄得有一根小羽毛落下来了。

“事情就是这样！”她说，“我把自己啄得越厉害，我就越漂亮！”她说这话时的神情是很快乐的，因为她是母鸡中一个心情愉快的人物，虽然我刚才说过她是一只很有身份的鸡。不久她就睡着了。

周围是一片漆黑。母鸡跟母鸡站在一边，不过离她最近的那只母鸡却睡不着。她在静听——一只耳朵进，一只耳朵出。一个人要想在世界上安静地活下去，就非得如此做不可。不过她禁不住要把她所听到的事情告诉她的邻居：

“你听到过刚才的话吗？我不愿意把名字指出来。不过有一只母鸡，她为了要好看，啄掉自己的羽毛。假如我是公鸡的话，我才真要瞧不起她呢。”

在这些母鸡的上面住着一只猫头鹰和她的丈夫以及孩子。她这一家人的耳朵都很尖，邻居刚才所讲的话，他们都听见了。他们翻翻眼睛，于是猫头鹰妈妈就拍拍翅膀说：“不要听那类的话！不过我想你们都听到了刚才的话吧？我是亲耳听到过的；你得听了很多遍才能记住。有一只母鸡完全忘记了母鸡所应当有的礼貌，她甚至把她的羽毛都啄掉了，好让公鸡把她看个仔细。”

“Prenezgar deauxen eants【注】，”猫头鹰爸爸说，“这不是孩子们可以听的话。”“我还是要把这话告诉对面的猫头鹰！她是一个很正派的猫头鹰，值得来往！”于是猫头鹰妈妈就飞走了。

“呜——呼——！”他们俩都喊起来，而喊声就被下边鸽子笼里面的鸽子听见了。“你们听到过那样的话没有？有一只母鸡，她把她的羽毛都啄掉了，想讨好公鸡！她一定会冻死的——如果她现在还没有死的话。呜——呼——！”

“在什么地方？在什么地方？”鸽子咕咕地叫着。

“在对面的那个屋子里！我几乎可以说是亲眼看见的。把它讲出来真不像话，不过那完全是真的！”

“真的！真的！每个字都是真的！”所有的鸽子说，同时向下边的养鸡场咕咕地叫，“有一只母鸡，也有人说是两只，她们把所有的羽毛都啄掉，为的是要与众不同，借此引起公鸡的注意。这是一种冒险的行为，因为这样她们就容易伤风，结果一定会发高热死掉。她们两位现在都死了。”

“醒来呀！醒来呀！”公鸡大叫着，同时向围墙上飞去。他的眼睛仍然带着睡意，不过他仍然在大叫。“三只母鸡因为与一只公鸡在爱情上发生不幸，全都死去了。她们把她们的羽毛啄得精光。这是一件很丑的事情。我不愿意把它关在心里；让大家都知道它吧！”

“让大家都知道它吧！”蝙蝠说。于是母鸡叫，公鸡啼。“让大家都知道它吧！让大家都知道它吧！”于是这个故事就从这个鸡屋传到那个鸡屋，最后它回到它原来所传出的那个地方去。

这故事变成：五只母鸡把她们的羽毛都啄得精光，为的是要表示出她们之中谁因为和那只公鸡失了恋而变得最消瘦。后来她们相互啄得流血，弄得五只鸡全都死掉。这使得她们的家庭蒙受羞辱，她们的主人蒙受极大的损失。

那只落掉了一根羽毛的母鸡当然不知道这个故事就是她自己的故事。因为她是一只很有身份的母鸡，所以她就说：“我瞧不起那些母鸡，不过像这类的贼东西有的是！我们不应该把这类事儿掩藏起来。我尽我的力量使这故事在报纸上发表，让全国都知道。那些母鸡活该倒霉！她们的家庭也活该倒霉！”

这故事终于在报纸上被刊登出来了。这完全是真的：一根小小的羽毛可以变成五只母鸡。

注：这是法文，意思是“提防孩子们听到”，在欧洲人的眼中，猫头鹰是

一种很聪明的鸟儿。它是鸟类中所谓“上流社会人士”，故此讲法文。

问题1：根据文章内容填空。

这篇童话中的故事从“很有身份的”母鸡讲的一句“我把自己啄得越厉害，我就越漂亮”开始，经过她旁边的母鸡、猫头鹰、鸽子、公鸡、蝙蝠等的传话，最终变成了这样的版本：五只母鸡把她们的羽毛都啄得精光，为的是要表示出她们之中谁因为和那只公鸡失了恋而变得最消瘦。后来她们相互啄得流血，弄得五只鸡全都死掉。

问题2：本文运用了夸张和合理的想象，请简要分析它的作用。

明确：《完全是真的》运用了夸张和想象，塑造了一群形象鲜明的传话者，一个个都曲解原意，并加入了自己的想法，将原话夸张化，导致原话失真，讽刺了现实社会中传播不实信息、不实报道的人，告诉我们不能道听途说，编造谎言。

【教学反思，成效评价】

本节课讲授的内容，主要是围绕语文要素中的写作特点，即夸张和想象的运用来展开的。这也是本单元要求学生要掌握的核心知识，即调动自己的体验，发挥联想和想象相一致。教学中，从文章的细节入手，通过朗读和细读的手段，起到引导学生想象与夸张的作用，并通过完成安徒生的《完全是真的》，相关问题来检测这节课的学习效果。预计可能出现的问题：学生不能完整表达出想象和夸张在文章中所起的作用。

【板书设计】

皇帝的新装　安徒生

童话 { 想象 / 夸张 } ——→ 塑造人物形象 / 增强表达效果 / 表现文章主旨

【布置作业】

小练笔：结合自己的生活体验，发挥想象，适当运用夸张手法，根据提示续写童话。提示：内臣们托着这件并不存在的“新装”后裙，回到了皇宫……

《皇帝的新装》

珠海市夏湾中学　唐敏

一、单元内容解析

（一）课时安排

本册教材的第一单元，我们在多姿多彩的四季美景中亲近自然，抒发对生活的热爱；第二单元，感受了亲人间真挚动人的感情；第三单元，我们了解了不同时代少年儿童的学习状况和成长经历。感受到永恒的童真、童趣、友谊和爱；第四单元，我们逐渐理解人生的意义和价值，感动于人物彰显的理想光辉和人格力量；第五单元，我们在人与动物相处的种种情形中，增进对人与大自然关系的理解，形成尊重动物、善待生命的意识。而第六单元，将让我们借着想象的翅膀，超越自身局限，体验更广大的世界，引导我们换一种眼光来看世界。

在这一单元的授课中，讲读课文童话《皇帝的新装》教学时长2课时，现代诗《天上的街市》教学时长1课时，自读课文神话《女娲造人》教学时长2课时，此外，中外寓言《寓言四则》教学时长2课时。同时写作紧扣这一单元的重要能力点"发挥联想与想象"，在本单元各篇课文教学渗透的基础上，又可以勾连前五个单元运用联想和想象的课文，进行小结延伸，需要2课时。本单元名著导读《西游记》之精读和跳读，是对前面两个单元阅读方法"速读"的小结，进行实践运用，又可以与"联想和想象"的教学相互融合，可安排2课时。综合性学习"文学部落"与优秀的文学作品对话，丰富人生体验，提高审美品位，可安排2课时。课外古诗诵读教学时长2课时，完成本单元教学任务共需用时15课时。

（二）本单元内容结构图表

<table>
<tr><th rowspan="7">第六单元</th><th></th><th>讲读课</th><th>自读课</th><th>写作</th><th>名著导读</th></tr>
<tr><td rowspan="3">人文素养</td><td>《皇帝的新装》：认识统治者的愚蠢、虚伪本质，批判假恶丑，歌颂真善美。现实生活中需要足够的勇气，要努力让自己“说实话，做真人”</td><td rowspan="3">《女娲造人》：生命可贵，珍爱生命，热爱生活</td><td rowspan="3">发挥联想与想象</td><td rowspan="3">《西游记》：追求自由，为实现理想披荆斩棘，不畏艰难险阻，有韧劲和斗志，坚持不懈</td></tr>
<tr><td>《天上的街市》：歌颂真情，追求自由与幸福</td></tr>
<tr><td>《寓言四则》：诚实，踏实，有智慧</td></tr>
<tr><td rowspan="3">语文要素</td><td>《皇帝的新装》：1.快速阅读，理清情节。2.通过想象和夸张的艺术手法，理解童话的讽刺意蕴和现实意义</td><td rowspan="3">《女娲造人》：1.从人物描写入手，感受人物形象。2.引导自读，学做批注</td><td rowspan="3">运用联想与想象，打开思路（如“触景生情”“睹物思人”等），激发灵感，落笔成文</td><td rowspan="3">圈点勾画，细读精思与浏览略读相结合</td></tr>
<tr><td>《天上的街市》：1.反复诵读，把握诗歌情感。2.关注意象，探究文章主题</td></tr>
<tr><td>《寓言四则》：1.反复诵读，促进文意理解。2.根据故事内容，悟出道理</td></tr>
</table>

二、课文教学设计（2课时）

【课文教学内容及解析】

（一）内容

本篇课文内容结构图（思维导图）

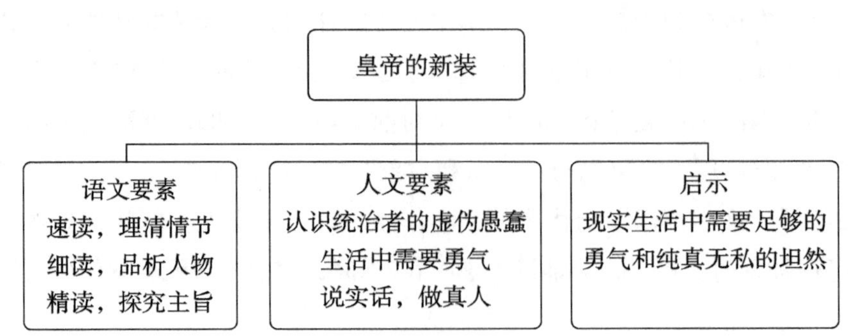

本课文是19世纪丹麦童话大师安徒生创作的童话作品，写于1837年，是他最著名的童话之一。童话通过一个昏庸无能而又穷奢极欲的皇帝受骗上当的故事，揭露皇帝及大臣们自欺欺人的丑行，讽刺了他们的虚伪和愚蠢。故事写的是实际上根本不存在的美丽“新装”，深刻发掘的则是统治者们的丑恶灵魂。骗子们赋予实际上并不存在的所谓的“新衣服”一个奇怪的特性：任何不称职的或蠢得不可救药的人，都看不见这衣服。这一特性是贯穿故事始终的主线，作者展开、安排材料，刻画人物都是围绕这个主线进行的。童话就围绕它巧妙地展开了离奇而生动的故事情节。本课教学安排共2课时，第一课时主要是快速阅读，把握情节内容。第二课时抓住细节，引导学生思考童话想象、夸张与现实生活基础之间的关系，探讨主题。

（二）内容解析

学生在之前的一、二单元学习过程中已经重点训练了朗读能力，在三、四、五单元的学习过程中训练了默读能力，并学习了勾画关键语段，概括内容。本单元在默读的基础上，要训练快速阅读能力，寻找关键词语以带动整体阅读，提高阅读速度；感受文学的奇思妙想，体验虚构与想象的力量，扩大自身的视野，调动自己的体验，发挥联想和想象，把握作者的思路，深入理解课文。因此，围绕这些单元目标，本课教学设计在语文要素上主要体现了速读训练、内容概括、细节研读和主题探究四个方面。人文素养方面主要是认识统治阶级的虚伪与愚蠢，联系社会现象及自身心理，既体会基于自私目的的“自欺从众”心理的普遍性，更警惕自己成为维护谎言的人群中的一员，同时也启发人们要敢于说真话，敢于直面真实，做正直、无私的人，现实生活中要努力让自己“说实话，做真人”。同时，本课对故事各段情节中人物言行举止和心理活动的想象，也是对本单元写作“发挥联想与想象”的预热。

【课文学习目标及解析】

（一）学习目标

（1）快速阅读，作阅读提要，用连贯的语句复述故事情节，理清文章思路。

（2）了解童话故事用想象的手法和夸张性的情节反映社会生活的特点，深入把握作品的思想。

（二）目标解析

达成上述目标的效果是：

（1）在短时间内迅速浏览全文，把握作者思路，梳理文章结构，概括童话的主要内容，了解本文是怎样以“新装”为线索，以皇帝为中心人物，层层深入地展开故事情节的。

（2）加强文本细读，关注人物描写，调动体验，想象人物的言行举止、心理活动，联想现实社会中的类似现象，深入理解课文，从而理解童话的讽刺意蕴和现实意义。

（三）素养目标

内容方面	行为方面		核心素养		
	1	2	1	2	3
导	从上一单元的最后一课出发，以故事之间的相关点设疑，引起学生的兴趣导入。 让学生通过查找资料的方式进行自主预习，在课堂上分享资料链接，让学生对童话这种体裁有理性的认识。引导学生概括内容，体验童话情节之曲折离奇	学生各抒己见，适时小结	语言建构与运用	思维发展与提升	审美鉴赏与创造
悟	引导学生初步认识人物形象，为主题探究奠基	学生做批注，举手，畅所欲言	语言建构与运用	思维发展与提升	审美鉴赏与创造
用	引导学生继续品析典型人物形象，体会童话这种体裁的特点，为主题探究奠基	快问快答，自主回答。 小组合作解决问题。 学生举手，畅所欲言	语言建构与运用	思维发展与提升	审美鉴赏与创造
改	知识迁移，对同等类型的文章进行内容的梳理概括，感受童话的艺术魅力。比较阅读，学以致用，老师讲解，学生反思，及时纠正	及时纠错，查漏补缺	语言建构与运用	思维发展与提升	审美鉴赏与创造

【教学重点、难点】

1.重点

（1）梳理文章的故事情节，了解本文是怎样以“新装”为线索，以皇帝为中心人物，层层深入地展开故事情节的。

（2）认识、理解本课反映的想象世界，理解课文“曲折”地反映现实生活的方法，培养联想和想象的能力。

2. 难点

（1）体会联想、想象、夸张在童话中的运用及其表达作用，了解童话这种文学体裁的特点。

（2）对童话主旨和借助夸张、想象反映生活的写法的理解。

【教学问题诊断分析】

问题1：远离阅读文本的需要而空谈童话的体裁特点。

应对策略：引导学生品读关键语句，揣摩人物心理，品析人物形象，提高语言感受力。关注细节，切忌偏离文本。

问题2：《皇帝的新装》这则童话，绝大多数学生都不是第一次接触，对于它的故事情节都不算陌生，但是，分析、理解思想内容时却仅能停留在“讽刺了以皇帝为首的封建统治者的虚伪、愚蠢”层面上。

应对策略：从情节入手，在学生个人思考和集体讨论的基础上，让学生体会作者对人物的语言和心理描写，并适当点拨作者所处的时代背景，联想我们所处的社会现实，理解夸张的表现方法，引导学生去体会这样一个虚构的故事背后所隐含的意义，从而以一种全新的眼光或思路去重新理解自己以前所看过的童话故事。开拓学生的思维，培养学生的分析能力是尝试的主要任务。设计好导读题引导学生分析、归纳文章的主旨是教学设计的关键。

【教学过程】

第一课时

（一）学习目标

（1）学会速读，概括内容，理清文章思路。

（2）关注文章细节，品味人物形象。

（二）课前学习任务单

（1）同学们提前查找资料，了解什么是“童话”。

（2）借助资料走进安徒生先生，了解创作背景。

（3）快速阅读全文，记录下读完全文的时间（文章约2700字，七年级学生每分钟阅读速度为400字），看看哪些因素影响了你的阅读速度。

（4）预习文本，扫清文字障碍，完成整体感知。

（5）熟读课文，留意文章的精彩段落和关键语句，用第四、五单元教授的方法，继续学习做批注。

【教学准备】

1. 学情分析

七年级的学生小学刚刚毕业，已基本掌握了常用汉字，具备一定的阅读和理解能力。在小学期间他们已经接触过安徒生的童话，如《丑小鸭》《卖火柴的小女孩》等，因此他们对于童话是不会感到陌生的。然而他们终究还是刚刚步入中学的学生，理解能力还有待提高，对童话的理解还停留在浅层次上，需要老师加以正确的引导。

2. 关于体裁

童话是儿童文学的一种。这种作品通过丰富的想象、幻想和夸张来塑造形象，反映生活，对儿童进行思想教育。故事情节通常离奇曲折，引人入胜，语言通俗、生动。童话又往往采用拟人的方法，举凡鸟兽虫鱼、花草树木、整个大自然以及家具、玩具都可赋予生命，注入思想感情，使它们人格化。童话的基本特征是奇特的幻想性和强烈的夸张性。其中幻想性是童话的根本特征。但是这种幻想从根本上讲不能脱离现实生活，它是将生活的本质通过幻想的形式加以集中，概括，提炼，升华，给人以折光的反映。这种幻想又必须符合儿童的心理特征，情节虽离奇可笑，但必须合情合理。童话的重要特征是夸张。夸张既是写作方法，在一般的记叙和描写中都会以句子的形式出现。

3. 写作背景

这篇童话写于1837年。18世纪末19世纪初，西欧资本主义得到迅速发展，而处于北欧边陲的丹麦却还是个君主立宪国家。拿破仑战争最激烈的时候，丹麦统治阶级利用英法矛盾，以中立地位大搞海上粮食贸易，引起英国不满，英国要求丹麦交出从事贸易的舰队和商船，成为英国的附庸国。丹麦拒绝这一要求，英军于1807年炮击哥本哈根，摧毁了丹麦的舰队，丹麦便由中立倒向拿破仑一边，成为交战国。8年后，拿破仑战败，丹麦也成为战败国而失去广大领土，耗尽了钱财，银行倒闭，农村萧条，刚刚兴起的小型工业也全部破产，丹麦最终成了英国的附庸国。丹麦人民身受本国封建阶级和英国资产阶级的双重剥削，过着饥寒交迫的贫困生活，而封建统治阶级则穷奢极欲，挥霍无度。

面对这样的社会现实，安徒生根据西班牙一则民间故事改编了《皇帝的新装》，把揭露的锋芒直指封建统治阶级的头子，并无情地嘲讽了贵族、宫廷的丑恶行径，深刻地解剖了当时社会的病状。

4. 作者简介

安徒生（1805—1875），19世纪丹麦文学的代表作家。生于鞋匠家庭，童年生活贫苦。早期写有诗歌、剧本和长篇小说《即兴诗人》等。1835年开始写童话，共写了160余篇。在《丑小鸭》《小克劳斯和大克劳斯》《皇帝的新装》《夜莺》《卖火柴的小女孩》《她是一个废物》等篇中，作者揭露了当时社会的黑暗和金钱支配一切的罪恶，讽刺统治阶级的专横愚昧，反映贫富之间的悬殊，同情下层人民的苦难。作品想象丰富，情节生动，语言朴素。安徒生童话创造的艺术形象，如没有穿衣服的皇帝、坚定的锡兵、拇指姑娘、丑小鸭、红鞋等，已成为欧洲语言中的典故。他的童话脍炙人口，到今天仍为世界上众多的成年人和儿童所传诵。

课上提问，鼓励学生积极回答问题，并适当引导。对学生回答的问题进行总结，展示课件，加深印象。

【课堂教学实践】

导：联想与结构

上个单元在《狼》这个故事中，我们了解到狡诈贪婪的狼的骗术被勇敢果断机智的屠户识破，“止增笑耳”。但有两个骗子，不仅成功骗了一位至尊无上的一国之君，骗了高高在上的大臣们，还几乎骗尽了城中所有百姓，他们是怎么做到的呢？今天我们就来读一读这则童话——《皇帝的新装》。

1. 预习检测

滑稽（jī）　陛下（bì）　头衔（xián）　骇人听闻（hài）

钦差（qīn chāi）　更衣（gēng）　随声附和（hè）

自称（chēng）（“说”）　称职（chèn）（“适合”“配得上”）

2. 速读文章，梳理离奇情节

（1）这是一则童话。你小学时一定读过不少童话了。那么，童话是什么？

明确：童话是儿童文学的一种。这种作品通过丰富的想象、幻想和夸张来塑造形象，反映生活，对儿童进行思想教育。故事情节往往离奇曲折，引人入胜，语言通俗、生动。

童话最吸引你的是什么呢？（部分学生会回答：离奇曲折的情节。“离奇”的意思是不平常，出人意料）接下来，我们就快速阅读《皇帝的新装》，看看课文的情节是怎样“离奇曲折”的。

（2）速读全文，了解课文内容。一口气读完全文，遇到有疑难处不必过多纠结，圈出来再往下读即可。记录下读完全文的时间（文章约2700字，七年级学生每分钟阅读速度为400字）。你用了几分钟？你是怎样保持这个阅读速度的。（学生回答）

知识卡片：“速读”就是要读得快，但是太快了也不行，同时还要求理解得快，记得快，也就是要讲究“高效率”，否则一味求快，浮光掠影，读完后对作品内容没有印象，没有达到阅读的效果。快速阅读的能力不是孤立的能力，理解、记忆、速度三个方面构成阅读能力的整体。下面介绍两种提高阅读速度的方法。

① 扫视法：要读得快，就要眼睛看得快。我们养成以词句为单位的整体性阅读的习惯，学会合理扫视，纠正按“字”阅读、默读时动嘴、眼动没有规律等不良习惯，逐步扩大“视知觉广度”。“视知觉广度”大，眼球注视时间短和中途回视的次数少，阅读平均速度就较快。

② 提要法：要提高阅读速度，必须养成有目的有重点地进行阅读的习惯，在阅读时善于发现重点，善于发现新问题、新观点和新材料。阅读时，第一，抓住各段大意，掌握段意最方便的办法是抓“主句”，也就是抓住说明全段主要意思的句子。第二，迅速抓住文章的脉络。第三，迅速找到中心思想。第四，写内容提要，比如情节提要。

（3）本文写了一个什么故事？请用1分钟左右复述这个故事（200—300字）。要求：叙述有条理，根据情节完整，口齿清晰，声音响亮。复述的时候，讲清这几个问题：

· 皇帝有何嗜好？

· 两个骗子怎样设的圈套？

· 面对新装，老大臣和官员、皇帝有何心理活动？他们又是如何说和做的？

· 为新装举行的大典上，老百姓们看到了什么？他们又是如何想、如何说的？

·最后谁说出了真话？

·最后结果如何？

明确：①一个皇帝最喜欢穿新衣服。有两个骗子来告诉皇帝说，他们可以自制一种美丽布料，用来做的衣服有一种神奇的力量：凡是不称职或愚蠢的人都看不见这衣服。他们收到许多钱后就开始动工织布了。皇帝派老大臣和官员去查看进程。大臣什么也没看见，但是怕人家说他们愚笨，更怕人家说他们不称职，就都说看见了，确实非常漂亮。新衣服制成后，皇帝就决定穿新衣服去游行。旁边伺候穿衣的人谁也看不见新衣服，可是都怕人家说他们愚笨，更怕人家说他们不称职，就齐赞衣服很美。皇帝也很得意地走出去游行了。沿路的百姓一致颂扬皇帝的新衣装。可是小孩子偏偏爱说实话，有一个喊出来："可是他什么衣服也没穿呀！"大家听到，终于都喊起来："他实在没穿什么衣服呀！"皇帝听得真真切切，有点发抖，觉得百姓讲的可能是真的，可是事情已经这样，只好硬着头皮继续往前走去。

②一位奢侈而愚蠢的国王每天只顾着换衣服，一天王国来了两个骗子，他们声称可以制作出一件神奇的衣服，这件衣服愚人不能看见。骗子索要了大量财宝，不断声称这件衣服多么美，被派去的官员都看不见这件衣服，然而为了掩盖自己的"愚昧"，他们都赞美这件衣服，而国王也是如此，最后穿着这件看不见的"新装"上街游行，百姓也都称赞这根本不存在的"新装"，直到一位儿童说出"他什么也没穿啊"，百姓才如梦初醒，但皇帝却没有停止游行。

（4）试着用一句话来概括文章内容。

本文描述了一个昏庸无能又穷奢极欲的皇帝受骗上当的故事。

（5）梳理全文结构：文章以什么为线索？（学生思考、讨论后自由发言）"新装"

全文围绕皇帝的那件"新装"写了哪几个片段？

第一部分（第1段）皇帝喜欢穿新衣服（故事发生的缘由）。【昏庸怪癖爱新装】

第二部分（第2至第4段）两个骗子向皇帝行骗做"新装"（故事的开端）【无中生有做新装】

第三部分（第5至第22段）大臣和皇帝看"新装"（故事的发展）。【装模作样看新装】

第四部分（第23段至末尾）皇帝穿“新装”参加游行大典（故事在高潮中结束）。【假戏真做穿新装，自欺欺人展新装，天真无邪揭新装】

小结：阅读童话类文学作品，可以像阅读本文一样，先从离奇曲折的情节入手，按开端—发展—高潮—结局的顺序，理清文章内容，梳理清楚层次、结构及详略关系等，然后再进行下一步细致的揣摩、探究。

悟：活动与体验

再读文章，认识典型人物

再读文章，走近主人公。

主人公是谁呢？没错，是皇帝。他已粉墨登场，让我们走近他，了解他。

请大家用“一个（　　）的皇帝”的短语，为这篇文章加一个副标题并陈述理由。

（要求学生独立思考并写下来，然后小组成员相互交流。）

明确：一个愚蠢的皇帝：根本没有布料，身上根本没穿衣服都不知道。

一个虚伪的皇帝：明明没有看见衣服，还声称看得见，并且还穿上去游行了。

一个虚荣的皇帝：不理政事，每个钟头换一套衣服，只为追求外表美。

一个昏庸、不称职的皇帝：不关心国家百姓，只知道换新衣服。让骗子有机可乘，被骗去了许多钱财。

一个无能的皇帝：只是听信大臣的话，没有自己的主见。

一个可悲的皇帝：两个骗子用这么简单的骗局就能骗了他；他不知道哪个大臣称职，还要用衣服去检验，非常可悲。

用：本质与变式

细读文段，剖析典型人物

根据问题找到并划出文段中的相关语句，朗读，揣摩人物心理，品析人物形象。

安徒生童话创造的许多艺术形象，已成为欧洲语言中的典故——如没有穿衣服的皇帝。那么这个皇帝究竟是怎样一个人呢？让我们带着问题再次走入文本。

问题1：第一部分写出皇帝的什么情况？表明他是个什么样的人？在全文中起着什么作用？（齐读第1段，注意重读关键词）

明确：“不惜……既不……也不……也不”“每一天”“每一点钟”都要换一套衣服：用夸张手法表明了他的心思兴趣都在穿漂亮衣服上，爱慕虚荣，奢靡无度，昏庸懒惰，荒废朝政，这就揭示了故事发生的缘由，为下文骗子愚弄皇帝留下了有力的伏笔。他还喜欢“炫耀一下他的新衣服”，这又为后文写他穿着那套“新装”——裸体游行埋下了伏笔。

问题2：皇帝为什么要派诚实的老大臣和诚实的官员去了解骗子织布的情况？（朗读第5段）

明确：第5段，皇帝很想知道衣料织造的情况，但一想起凡是愚蠢或不称职的人就看不见新衣时，心里“不大自然”，未免感到害怕，所以决定先派最有理智、最称职的老大臣去看，接着又派一位诚实的官员去看，他想，这样比较稳妥。表现出他很心虚，害怕自己看不见这布。这正是因他的“愚蠢”和“不称职”而产生的心虚。

问题3：皇帝在看骗子织布时心里想的是什么？

明确：第21段，皇帝听见两位官员这样说，可是他什么也没有看见。“难道我不够资格当一个皇帝吗？”一想到这一点，他十分恐慌，不知所措，只得说道：“哎呀，真是美极了！”“我十二分的满意！”并且装模作样地“仔细地看着织布机”，表明他在观赏布料。这位皇帝为了保住尊严，维持专制统治，也只能这样自欺欺人，皇帝赐给骗子每人一个爵士头衔，还封他们为“御聘织师”。进一步揭露了皇帝的崇尚虚荣、愚蠢无知、口是心非。

问题4：分析皇帝在换上新装时的动作细节的描写。

明确：皇帝在换上“新衣”以后，“在镜子面前转了转身子，扭了扭腰肢”，赤身裸体做出这又“转”又“扭”的丑态，意在表明他在端详那“新衣”是否合身、好看，确实看到了、穿上了“新衣”。表现了皇帝的装模作样，自欺欺人的丑态。这篇故事之所以读来如此生动有趣，引人入胜，除了构思巧妙、立意深刻之外，作者善于展开想象，用丰富的细节来刻画形象、推动情节，也是一个重要原因。

问题5：裸体游行的皇帝听到老百姓真话以后的反应如何？皇帝为什么在被揭穿他并没有穿衣服的时候，有点儿“发抖”，但他却摆出一副“更骄傲”的神态？

明确：皇帝听到老百姓都说“他实在没有穿什么衣服呀”以后，既“有点儿发抖”，“似乎觉得老百姓们所讲的话是真的”，意识到受了骗，为在老百姓面前裸体游行、大出其丑而“有点儿发抖”；却又心中想“我必须把这游行大典举行完毕”，“摆出一副更骄傲的神气”，他要维护自己的尊严，只好故作姿态掩饰自己内心的恐慌。在已经识破骗局的老百姓面前，装作确实穿着美丽的新衣，硬把裸体游行的丑剧表演下去来保住皇帝的尊严，维持住专制统治。这篇童话也就在皇帝裸体游行的丑剧高潮中结束。表现了他的虚伪愚蠢，自欺欺人。

请小结皇帝的性格特点——

明确：爱慕虚荣，穷奢极欲，昏庸无能，愚蠢可笑，口是心非，自欺欺人。

改：迁移与应用

比较阅读，感受艺术魅力

这一节课我们主要就内容概况和人物形象两个部分对课文进行了分析。比较《皇帝的新装》与西班牙民间故事《卢卡诺伯爵·赤身裸体的国王》的不同，体味安徒生创作上的匠心独运。

知识卡片：《皇帝的新装》是安徒生从中世纪西班牙的一个民间故事移植过来的。它最早见于14世纪堂胡安·马努埃尔的《卢卡诺伯爵》的第七章，说的是一个国王被人整治的故事，篇名即《赤身裸体的国王》。

故事梗概是这样的：

从前有三个流氓来见一位国王，说他们是织布的能工巧匠。他们特别会织一种料子，这种料子人人都能看得见，只要他有一个世人公认的父亲，他又真是这个父亲的儿子。但谁要不是他想象中的父亲的儿子，那他就看不见。这使国王大为喜欢，因为他以为借着这种纺织品的帮助，可以知道自己的王国里，哪些人是法定父亲的儿子，哪些人不是。这样，他便能调整王国中的许多事情。因为在摩尔如果他们不是父亲真正的儿子，便不能继承他们父亲的遗产。于是他下令召那三人进宫来工作。三人告诉国王，确保不搞欺骗，可以把他们锁在皇宫里，直到织完那段料子。这使国王非常高兴。国王由于对新布的“图案”和“色彩”什么也看不出，被一种死亡般的恐怖震惊了，因为他相信他不可能是他认作父亲的那位国王的儿子。他穿上了那看不见的衣服，骑着马在城中巡游，亏他运气好，那时正是夏天。最后是一位照管御骑而自身又不担心损失什么的黑人走到国王跟前，说出了真话。

比较阅读	赤身裸体的国王	皇帝的新装
皇帝的形象	形象不够突出，缺乏典型性	愚蠢昏庸，自欺欺人，形象典型
“新装”的特性	凡是私生子都看不见这衣服（谁要不是他想象中的父亲的儿子，那他就看不见）	任何不称职的或者愚笨得不可救药的人，都看不见这衣服
揭示真相	照管御骑而自身又不担心损失什么的黑人（没有财产继承权）来点破真相	“可是他什么衣服也没穿呀！”借一个孩子之口来戳穿骗局

小结：《皇帝的新装》中的这几处改动，使情节更加离奇曲折，使人物塑造和细节描写更加典型化，这样就增强了作品的艺术魅力。正因为如此，直到现在，人们批判那些自欺欺人的行为，往往还要引用那个没穿衣服却还自以为穿得很漂亮的皇帝来作比喻。常言道：“爱美之心，人皆有之。”爱美本是一件好事，可是这昏庸无能、愚蠢虚伪、穷奢极欲爱新装的皇帝，却求美不成反当众出丑！真是可悲又可笑啊！

【教学反思，成效评价】

第一课时主要解决了语文要素中的内容概括和人物形象分析两大问题。复述课文的设计既检验了速读的效果，又为下面分析课文做了准备，同时又可以使学生集中注意力，一举数得，提高了教学效率。而给课文加副标题的设计，培养了学生的学习兴趣，同时引导学生深入思考，培养了学生的学习能力。基于大单元教学的背景，关于阅读方法，主要运用到了第一二单元教学目标中的朗读、三四五单元的默读、本单元教学中的速读。在反复阅读的过程中，又关注到了上两个单元的通过划分段落层次来理清思路，本单元教学目标中的细节描写。熟读精思，人物品析是本节课的重点环节。在引导学生揣摩皇帝心理、分析皇帝形象的时候，学生可能会词语匮乏，用词不当，词不达意，用愚蠢一词回答所有问题——引导七年级的学生在课堂内主动丰富其词汇量，也是培养其语文素养的重要途径。

为了检测学生对于文本内容的提炼和概括，结合比较阅读进行课堂知识迁移。练习环节是检测本堂课是否有成效的关键环节。预测的问题主要有以下两点：（1）学生对于事件的提炼上不够全面。（2）对人物形象的提炼上，词不达意或表述不清。针对这种情况，需要在平常的教学中提醒学生注意积累一些有关人物形象的词语。

【板书设计】

皇帝的新装　（丹麦）安徒生

皇帝——昏庸怪癖爱新装奇特的想象

皇帝：昏庸无能，愚蠢可笑，自欺欺人

骗子——无中生有做新装

君臣——装模作样看新装

皇帝——假戏真做穿新装，大胆的夸张

自欺欺人展新装

孩子——天真无邪揭新装

【布置作业】

1. 这个皇帝，“非常喜欢好看的新衣服”——请发挥你的想象力，对这句话进行扩写，使用夸张手法，并对细节加以刻画。

2. 使用速读方法，阅读安徒生的《海的女儿》。

第二课时

（一）学习目标

（1）细读文本，关注人物描写，调动体验，品析人物形象。

（2）多角度探究主旨，从而理解童话的讽刺意蕴和现实意义。

（二）课前学习任务单

（1）查阅资料，了解该童话创作背景。

（2）深入生活，和成人（如父母）探讨“说真话”的话题……

（3）画出文章中对人物的描写句，并进行批注。

（4）阅读课外文段，并完成导学案上的题目。

（三）课堂教学实践

导：联想与结构

上一节课我们看了一出光天化日之下赤身裸体游行的闹剧，认识了一个昏庸无能、虚伪愚蠢的皇帝。这个可怜可悲可笑的一国之君本想换新装求美，结果却是丑态百出！如果用一个字来概括这篇童话的故事情节，你会选哪一个？或者说这个故事是围绕哪一个字展开的？

明确：骗：皇帝受骗→骗子行骗→大臣助骗→百姓传骗→小孩揭骗

悟：活动与体验

探究话题：文中的“官员”

问题1：这是一个荒唐可笑的故事，同时又是一个精心设计的骗局，除了皇帝自身的昏庸无能、虚伪愚蠢、自欺欺人之外，骗子行骗成功的秘诀是什么？（引出第二批人物：两个骗子、大臣和百姓）

思考提示：引导学生回到文本，从细节中推究。

明确：衣服奇怪的特性——“任何不称职的或愚蠢得不可救药的人，都看不见这衣服”。这句话是行骗成功的关键。这个特性为下文大臣、皇帝及百姓自欺欺人做铺垫，推动了情节的发展。骗子狡猾阴险，不但抓住了皇帝的昏庸荒政而又想辨别出官员是否称职、是聪明还是愚蠢，以求保住皇位的心理，而且抓住了大臣们只想保住官位的心理，因而骗术步步行通，顺利实施。

问题2：除了皇帝、骗子，还有谁参演这场闹剧，推动这场骗局呢？请看两位大臣的表现。

人物	动作	语言	心理	特点
诚实的老大臣（详写）	睁大眼，从眼镜里仔细地看	美极了！ 多么美的花纹！ 多么美的色彩	难道我是愚蠢的吗？难道我是不称职的吗？我决不能让人知道我看不见布料	怕丢官职，虚伪透顶，愚蠢可笑
诚实的官员（略写）	看了又看	那真是太美了！ 多么美的花纹！ 多么美的色彩	这大概是因为我不配有现在这样好的官职吧？但是我决不能让人看出来	虚伪透顶，愚蠢可笑
随员、骑士、内臣等（略写）	看了又看 东摸西摸 托着	真是美极了！ 华丽的！精致的！无双的	不敢让人瞧出他们实在什么东西也没有看见	人云亦云 阿谀逢迎
小结：这两位大臣哪有一点儿诚实、理智、称职的感觉？所谓诚实、称职的老大臣，诚实的官员，其实是最不称职和最不诚实的人！用“诚实”和“称职”这些词来形容他们，是很有讽刺意味的。所有的大臣、官员都是为了保住自己的官位，在这场骗局中推波助澜！以老大臣、官员、皇帝的行为揭露出整个宫廷，乃至整个社会说假话、互相欺骗、随声附和的恶习。骗子手段高明，善于设骗；皇帝贪婪虚荣，甘心受骗；官员阿谀奉承，乐于互骗，形成了这篇童话巧妙的布局。既有现实生活的充分依据，又表达了对这样的皇帝和大臣的强烈憎恶之情				

探究话题：文中的“百姓”

问题3：这场闹剧的观众是谁？全城百姓！为什么老百姓刚开始不敢说真话

后来又敢说实话？

明确：官员有顾虑，怕显出不称职、太愚蠢，故而先说了假话；在封建专制下，老百姓怕触犯皇帝，又怕受人讥笑，加上“从众”心理，因而不敢讲真话。但老百姓的顾虑远不像官员们那样严重，比大臣们要少点私心。没有官可丢，没有职可罢，因而最终能把真话传播开来。

用：本质与变式

探究话题：文中的“所有人”

（1）现在看来，“皇帝的新装”能成功上演，骗术高明的骗子是这场闹剧的幕后推手；怕被别人看出愚蠢的皇帝说了假话，怕丢官职的官员说了假话；甚至连善良的百姓也说了假话。可以说，是所有人共同制造了这个骗局，所有人共同上演了这出闹剧。请在文中画出能体现“所有人”的句子，朗读，注意重音。

① 全城的人都听说这件织品有一种多么神奇的力量，所以大家也都渴望借这个机会测验一下……

② 城里所有人都在谈论着这美丽的布料。

③ 每人都随声附和着，每人都有说不出的快乐。

④“一点儿也不错。”所有的骑士都说。

⑤“上帝，这衣服多么合身啊！裁得多么好看啊！”大家都说……

⑥ 那些托后裙的内臣都把手在地上东摸西摸，好像他们正在拾取衣裙似的。

⑦ 站在街上和窗子里的人都说：“乖乖！皇上的新装真是漂亮……”

讨论：这些句子出现在文章不同的地方，但是我们发现有一个字是一样的，是哪个字？——“都”字。你有什么发现和想法？

明确：所有的大人，无论是有权力的，还是没权力的，无论是高高在上的，还是接着地气的善良百姓，都卷入了这场闹剧当中。迫于压力，大家说了假话，迫于生存的需要他说了假话——这些“所有人”是真的“所有人”吗？不，不包括“孩子”。所以，此时，我们发现，《皇帝的新装》其实讲的是一个成人世界的故事。

（2）到底是什么原因让大臣与百姓都不敢说？让我们再来回顾一下这些成人的想法。

①“我的老天爷！”他想，“难道我是愚蠢的吗？我从来没有怀疑过自

己。这一点决不能让任何人知道。难道我是不称职的吗？不成！我决不能让人知道我看不见布料。”

②“我并不愚蠢呀！”这位官员想，“这大概是我不配有现在这样好的官职吧。这也真够滑稽，但是我决不能让人看出来。”

③“这是怎么一回事呢？”皇帝心里想，“我什么也没有看见！这可骇人听闻了。难道我是一个愚蠢的人吗？难道我不够资格当皇帝吗？这可是最可怕的事情。”

④“上帝，这衣服多么合身啊！裁得多么好看啊！”大家都说，“多么美的花纹！多么美的色彩！这真是贵重的衣服。”

⑤ 站在街上和窗子里的人都说：“乖乖！皇上的新装真是漂亮！他上衣下面的后裙是多么美丽！这件衣服真合他的身材！”

在这些心理活动中，我们看到了成人世界的很多的想法。正是在这种复杂的，甚至无奈的情绪的支配下，才有了这件皇帝的新装。

（3）“皇帝的新装”对皇帝，对官员，对百姓等，与其说是新装，不如说是（　　）？

学生思考。

明确：不如说是一场闹剧/一个谎言/一块诚信的试金石/大人复杂的内心世界/大人们内心世界的一块透视镜/一张对诚实的考卷/一道对诚实的测试题/私心/面具/功利/世故/人性黑洞/世俗世界的习惯与传统……这个比喻，是要同学们从闹剧中看出本质的东西来。

原来这是给大人们准备的一道测试，通过这件新衣，我们看到了虚荣，也看到了私心，看到了社会的复杂，看到了功利世故，甚至我们看到了成人世界的人性黑洞。这里与其说是皇帝的“新装”，不如说是大人的“心装”，让我们看到了一个成人世界、世俗世界奇怪的传统。结合创作背景可知，文章通过讲述这个昏庸无能、虚伪愚蠢的皇帝上当受骗的故事，无情地揭露了当时社会的丑恶，讽刺了皇帝和大臣们虚伪、愚蠢和自欺欺人的丑行。

探究话题：文中的“孩子”

（4）最后是谁揭穿了骗局？为什么安排一个小孩子来揭穿？

明确：人之初，性本善，小孩没有邪念，没有贪念，不怕丢官，不怕别人说他不称职。孩子是天真、纯真的，没有私心杂念，所以他不害怕世俗的压力，能说出真话，揭开骗局。

（5）在这个并不高明的骗术前，说出真话难不难？不难，一个孩子就能说出。那为什么那些成人、身居要职的人反而不能呢？作者想批判什么、呼唤什么呢？

合作：熟读精思，小组合作探讨文章的主题。

小组讨论，收集答案，选一个代表回答问题。

明确：作者通过着意安排，让一个孩子说出了真话，揭开了骗局。这个“天真的声音”在一个谎言充塞的世界里，显得格外响亮，也格外珍贵。小孩子的率真大胆，从一个侧面反衬了成年人的自私和虚伪。只有天真活泼的儿童，才是最纯洁无瑕的。安徒生通过这篇童话对世俗世界的习惯及传统进行了深深的谴责，表达了对纯真本然事物的热切向往。启示我们：做人要保持心地的纯洁、纯真，做一个真诚的人，讲真话，反对社会现实中的假恶丑现象，让真、善、美充满人间。由此，童话的使命——反映现实生活、教育儿童基本完成。

（6）如果你当时在现场，你会像那个小孩一样勇敢地站出来，第一个说真话么？在现实生活中，你遇到过类似情况么？你是怎么做的？说给大家听听。

预期结果：可能有同学说自己会站出来说真话，有可能有同学会说不敢。现实生活中，多数同学肯定也都会遇到“说还是不说”的情况。至于如何做，可能有些同学不会讲真话。对于这一问题，重要的是鼓励学生站出来说实话。

这一问题是让学生结合身边的生活，结合自己的生活体验反思。通过这个环节的讨论，达到深刻领悟文章内涵、培养敢说真话的高贵品质的目的，同时，培养多角度思维方式，也是这一节课的重点环节。所以，教师的“导学”特别重要。在讨论中，一要“导”学生说真话，二要“导”学生结合课文情节，结合生活实际分析。

小结：一场闹剧，以骗开场，以骗收束，围绕“新装”，刻画出统治阶级上层人物的荒诞、可笑，揭露他们的虚伪、愚蠢、腐朽的本质。笑声过后，留给我们的应该还有严肃的思考。在现实生活中，我们如何保持纯真的童心，不虚伪，不说假话，像童话中的那个孩子一样，敢说实话，敢说真话，去伪存真，以少年自身虽微薄却不容忽视的力量与丑恶现象做斗争，让我们的社会保持一点或者更多纯净——希望大家将之作为我们这堂课真正的课后作业！

改：迁移与应用

（1）《皇帝的新装》以丰富的想象，大胆的夸张，离奇曲折的故事情节、典型的人物形象，教育儿童讲真话，做真人。故事虽不是现实生活中发生的、存在的，却是在现实生活基础上提炼概括、集中创造出来的。历史上穷奢极欲、昏庸暴虐、不理朝政的皇帝，做出逾乎常理、骇人听闻的事情，是屡见不鲜的。高官巨宦一味阿谀逢迎皇帝，只求保住官位，更是非常普通的现象。比如著名的“指鹿为马”典故，你知道是怎么回事吗？

明确：［原文］赵高欲为乱，恐群臣不听，乃先设验，持鹿献于二世，曰：“马也。”二世笑曰：“丞相误邪？谓鹿为马。”问左右，左右或默，或言马以阿顺赵高。或言鹿者，高因阴中诸言鹿者以法。后群臣皆畏高。

［译文］赵高想要叛乱（篡夺秦朝的政权），恐怕各位大臣不听从他，就先设下圈套设法试探。于是带来一只鹿献给二世，说：“这是一匹马。”二世笑着说：“丞相错了吧？您把鹿说成是马。”问身边的大臣，左右大臣有的沉默，有的故意迎合赵高说是马，有的说是鹿，赵高就在暗中假借法律中伤（或陷害）那些说是鹿的人。以后，大臣们都畏惧赵高。

成语“指鹿为马”就是从这个故事来的。我们用它来形容那些故意颠倒是非的人。

（2）请同学们读下面的文章，运用我们阅读童话的方法，学以致用。

① 美戴斯国王从陌生人那儿学会了点金术，高兴地跳了起来，满屋子奔跑，碰到什么东西就抓住什么东西。他抓住一根床柱，它立刻变成了一根金柱子。他从桌子上拿下一本书，手刚一碰，嘿！他竟成了一捆薄薄的金片，他急忙穿上衣服；这衣服也变成了华丽耀眼的金衣服。国王从口袋里拿出眼镜戴上，谁知镜片已变成金片子了，眼前一片漆黑，什么也看不见。

②“这算不了什么。”国王心想，“我指望大的好处，就不能不带来一些小的不便。”他想到花园去看看，在那里有许多盛开的玫瑰花，微风吹来，香气醉人。国王在花丛中来回走动，并毫不疲倦地使用点金术，一直点到每朵花，甚至连花蕊里的虫子都变成了金子为止。

③ 随后，国王就回到宫殿与女儿一起吃早饭。长桌上放着咖啡、面包、烤鱼等食品。国王倒了一杯咖啡给女儿，女儿接着杯子惊奇地叫了起来：“刚才还是瓷杯，怎么一下子变成金杯？”国王高兴地对她说：“我已有了点金术！

我将成为世界上最富的人。”他一边说，一边将一匙咖啡送到嘴中，可他嘴唇刚一触到咖啡，咖啡立即变成了金液，随即就硬成一块金子。看到这种情形，他不禁大吃一惊。他随手又拿起一片面包，但还没来得及掰开，它已成了金块。国王几乎绝望地拿起一块烤鱼，不用说，烤鱼也立刻变成了金子。

④ 国王十分羡慕地望着女儿津津有味地吃面包和咖啡，就走到女儿面前，一面抚摸着女儿，一面请女儿拿面包片给自己吃。突然间，他心爱的女儿也变成一尊金像。

⑤ 国王发疯似的大声喊叫：“陌生人，快来呀！快来救救我的女儿！”

⑥ 不一会儿，陌生人就出现在国王的面前，说：“点金术一定给你带来了许多财富吧！”

⑦ 国王说：“现在我才真正明白，金子不是世界上最宝贵的东西，请你给我解除点金术。”

⑧“你比以前聪明了，美戴斯国王！”陌生人严肃地说，“我看得出来，你的心还没有从血肉变成金子，否则就无法挽救了。快去吧！跃进大花园旁的那一条小河。在河中装瓶河水把水洒在你要他变成的东西上。如果你真诚地去做，就可以补救你由于贪婪所造成的灾害。”

⑨ 国王快步跑到河边，连鞋子也来不及脱去就跳进河中，想尽快地将点金术冲洗掉。他还带了一瓶河水跑回宫殿，用水洒向心爱的女儿，水一落到女儿身上，他就看到了这可爱的孩子双颊又恢复了红润的颜色。

⑩ 国王拥抱着女儿说：“孩子，是爸爸害了你。从今以后，我再也不要点金术了。”

（3）给文章拟一个恰当的标题，并说明理由。

明确：点金术。

理由：因为文章以学会“点金术”为开头，以河水冲洗使“点金术”消失为结尾，“点金术”贯穿全文。文章正是以“点金术”为线索而层层深入展开情节叙述，进而表现讽刺贪婪的主旨的。

（4）“如果你真诚地去做，就可补救你由于贪婪所造成的灾害。”在文中找出最能表明贪婪的词句、最能表明灾害的语句和最能表明“真诚地去做”的语句，摘抄在下面。

最能表明贪婪的语句：

最能表明灾害的语句：

最能表明“真诚地去做”的语句：

明确：①甚至花蕊里的虫子都变成了金子为止；

②突然间，他心爱的女儿也变成了一尊金像；

③快步跑到河边，连鞋子也来不及脱去就跳进河中。

（5）文章和《皇帝的新装》都是童话，都是通过虚构的故事讽刺一种病态的社会现象。《皇帝的新装》讽刺的是________，文章讽刺的是________。

明确：《皇帝的新装》讽刺的是虚伪，本文讽刺的是贪婪。

【教学反思，成效评价】

本节课主要围绕语文要素中的人物形象品析、主题探究，以及人文素养中说实话，做真人展开的。对于主旨的把握，是很多涉世未深的中学生的薄弱之处。本节课通过问题的引导，创设问题情境，培养问题意识，促进思维发展，从单元教学的细节处入手，继续引导学生熟读深思，尤其是对文章中关键语句的把握是本节课教学环节顺利实施的关键。

由于所处时代的不同，生活环境迥异，加之缺乏一定的阅历，学生对文章的主旨把握一直是教学的难点。如何引导学生在分析课文内容的基础上，自己深入思考、把握文章内涵，进而探究出文章主旨，是本堂课需要关注的地方，也是日后的课堂教学需要反思并不断探索的方向。

【板书设计】

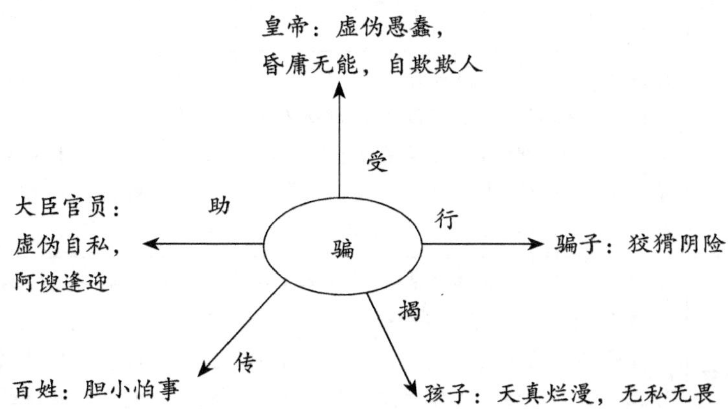

【布置作业】

1. 小练笔：说真话需要勇气，有时还要付出代价。思考一下，如果你当时也在游行现场，会怎样做？结合你的生活体验，加以想象，描述成文。

2. 皇帝在游行结束后会怎么样？根据情节发展，结合人物的特点，充分运用合理的想象和大胆的夸张手法，续写童话，不少于200字。

【教学成效评价】

本篇课文教学（第二课时）从教学目标达成情况、学生对知识的掌握情况、教学策略和方法，把“明珠课堂”实施的六大策略作为观测点，利用课堂教学评价量表对教学成效做总体评价。

附件：《皇帝的新装》第一课时课堂教学路线图

导	创设情境 建构知识 制定策略 探究问题	上个单元在《狼》这个故事中，我们了解到狡诈贪婪的狼的骗术被勇敢果断机智的屠户识破，“止增笑耳”。但有两个骗子，不仅成功骗了一位至尊无上的一国之君，骗了高高在上的大臣们，还几乎骗尽了城中所有百姓，他们是怎么做到的呢？今天我们就来读一读这则童话——《皇帝的新装》。 速读文章，梳理离奇情节	设疑激趣，以“骗”入文； 梳理情节，理清文章思路
悟	启动思维	再读文章，认识典型人物	开启学生的思维火花
	展示解答	师生互动，展示学生的看法，其他同学及时补充	要点板书，加深印象
用	新知呈现	细读文段，剖析典型人物 以问题引领思考，层层深入，剖析人物形象，为下课时的主旨探究打下基础。 学生小组合作解决问题	小组合作探究，熟读精思，新知提炼。 关注细节，朗读关键句，批注自己的想法，小组讨论，观点呈现
改	练习迁移 加深理解	阅读西班牙民间故事《卢卡诺伯爵·赤身裸体的国王》故事梗概，找出其和《皇帝的新装》的不同，体味安徒生创作上的匠心独运，加深对皇帝这一典型人物形象特点的理解	1.圈点勾画，继续学做批注。复习第四、五单元的批注知识。 2.学以致用，同类文学作品比较，感受童话独特的艺术魅力

续 表

评	成效评价及时反思	学生对于事件的提炼上不够全面，对人物形象的提炼上，词不达意或表述不清。引导七年级的学生在课堂内主动丰富其词汇量，也是培养其语文素养的重要途径，并在以后的课堂教学中一直延伸	从设计到时效，学会反思，并加以改正
评	概括总结布置作业	1.这个皇帝，“非常喜欢好看的新衣服”——请发挥你的想象力，对这句话进行扩写，使用夸张手法，并对细节加以刻画。 2.使用速读方法，阅读安徒生的《海的女儿》	引导学生学以致用，在把握人物性格的基础上，发挥合理的想象。 巩固所学，课内探究的继续。 拓展延伸，加深对文章的理解以及对学习方法的运用

《女娲造人》

珠海市梅华中学　谢意开

一、单元内容解析

（一）课时安排

本教材第六单元的关键词：想象。插上想象的翅膀，我们可以超越自身的局限，体验更广大的世界。本单元选编的课文体裁多样：童话、诗歌、神话、寓言，其共同特点都是通过虚构的人物、情节、形象来曲折地反映世界，或鞭挞现实的丑恶，或赞美人间的真情，或抒发对未来的向往，想象奇特，引人遐想。

在这一单元的授课中，讲读课文童话《皇帝的新装》教学时长2课时，讲读课文诗歌《天上的街市》教学时长1课时，自读课文神话《女娲造人》教学时长1课时，讲读课文寓言《寓言四则》教学时长2课时。其中，讲读课文《皇帝的新装》学习了想象手法，《天上的街市》继续学习想象和联想手法，而自读课文《女娲造人》的学习则是对这两种手法运用程度的很好检测。另外，本单元教学内容部分与第一单元人与自然的话题相关，与第四单元礼赞美好品行相对，从反面彰显了对理想光辉和人格力量的追求。同时，在本单元的学习中逐渐激活学生想象因子，继而更好地进行单元写作实践：发挥联想和想象。本单元名著阅读神魔小说《西游记》在前面五个单元掌握朗读、默读、速读的基础上增加难度，学习精读和跳读。综合性学习则可以与《西游记》融合教学，安排3课时。完成本单元教学任务共需用时9课时。

（二）本单元知识结构图表

<table>
<tr><td rowspan="4">第六单元</td><td></td><td>讲读课文</td><td>自读课文</td><td>写作</td><td>综合性学习</td><td>名著导读</td></tr>
<tr><td rowspan="3">人文素养</td><td>《皇帝的新装》：体会人性中虚伪愚蠢的弱点，培养敢说真话的诚实品格</td><td rowspan="3">《女娲造人》：激发想象力以及探求未知领域的欲望</td><td rowspan="3">激发联想和想象</td><td rowspan="3">调动阅读兴趣，渗透团队合作精神</td><td rowspan="3">培养为追求理想而不惧怕任何艰难险阻的勇气和韧性</td></tr>
<tr><td>《天上的街市》：体会作者对理想生活的向往与追求</td></tr>
<tr><td>《寓言四则》：做人要谦虚，不要妄自尊大（《赫尔墨斯和雕像者》）；任何时候都要谨慎行事，不可得意忘形（《蚊子和狮子》）；凡事都要调查研究，切记不能轻信流言，盲目随从。（《穿井得一人》）；无须为不必要的烦恼困扰，学会豁然面对生活的一切。（《杞人忧天》）</td></tr>
</table>

续 表

<table>
<tr><th rowspan="4">第六单元</th><th></th><th>讲读课文</th><th>自读课文</th><th>写作</th><th>综合性学习</th><th>名著导读</th></tr>
<tr><td rowspan="3">语文要素</td><td>《皇帝的新装》：1.把握人物形象，理解童话想象和夸张的艺术特点；2.领会本篇童话的讽刺意义</td><td rowspan="3">《女娲造人》：1.复述故事情节，欣赏人物形象。2.体会联想和想象手法的运用</td><td rowspan="3">在写作中主动运用联想和想象手法</td><td rowspan="3">初步了解文学鉴赏的一般方法，尝试文学创作</td><td rowspan="3">1.掌握精读和跳读的阅读方法；2.多角度分析人物形象及名著主题</td></tr>
<tr><td>《天上的街市》：理解诗中联想和想象手法的运用及作用</td></tr>
<tr><td>《寓言四则》：1.学会多角度概括寓言的寓意，学习编写寓言，培养发散思维能力。2.积累常见的文言实词</td></tr>
</table>

二、课文教学设计（1课时）

【课文教学内容及解析】

1. 本篇课文内容结构图（思维导图）

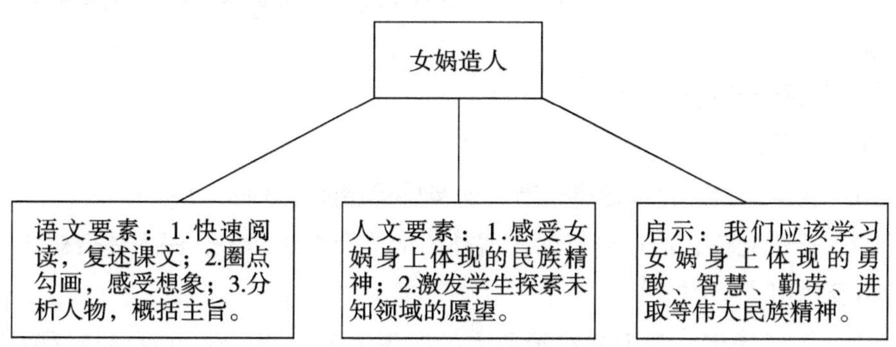

《女娲造人》是根据《风俗通》有关记载改编而成。作者以大胆新奇的想象，在原有故事的基础上进行了人性化的演绎和扩充，使这个古老的神话传说充满生机与活力，焕发出迷人的色彩。作者在文中塑造的女娲形象是一个走下神坛的女神，她抟黄土造人，挥枯藤造人，最后还让男女配合起来，使世代得以绵延。她身上体现的勇敢、智慧、勤劳、进取彰显了中华民族的传统文化精神。文章质朴清新，洋溢着一种天真的新鲜感。

2. 内容解析

学生在之前的学习中已经掌握了朗读和默读的能力，本单元则主要训练学生的快速阅读能力。《女娲造人》被编入统编初中语文教材七年级上册第六单元，单元导语中的学习要求为："本单元学习快速阅读，力争每分钟不少于400字。阅读时，尽量扩大一次性进入视野的文字数量，寻找关键词语以带动整体阅读，提高阅读速度。还要调动自己的体验，发挥联想和想象，把握作者的思路，深入理解课文。"这一要求明确了单元学习重点：一是学习快速阅读策略，二是训练联想与想象能力。围绕着单元目标，本节课在语文要素上主要体现为情节复述、想象运用和主旨探究三方面。人文素养则主要体现在引导学生感受女娲身上体现的伟大民族精神即勇敢、智慧、勤劳、进取等，同时激发学生探求未知领域的强烈愿望。作为自读课文，《女娲造人》的学习是对前面文章《皇帝的新装》《天上的街市》中想象手法掌握程度的很好检测，又对其后阅读名著神魔小说《西游记》有一定帮助。

综合考量单元语文要素、文本特质与具体学情，教师可以围绕学习神话中的想象这一主题，立足文本，多方延伸，拓展阅读，引导学生在把握文意中感受想象，在比较阅读中深化想象，在拓展阅读中放飞想象，培养想象能力，发展创新思维。

【学习目标及目标解析】

1. 学习目标

（1）快速阅读，梳理故事情节，初步感受想象手法的运用。

（2）比较阅读，通过分析课文增补的情节及女娲形象，深入体会想象的具体运用及作用。

（3）拓展阅读，学习富有想象力的改编文章，培养学生改编神话故事的能力。

（4）引导阅读，理解神话的核心价值，感受祖先大胆奇特的想象力，激发学生探求未知领域的强烈愿望。

2. 目标解析

达成上述目标的效果是：

（1）堂上快速阅读，圈点勾画，复述课文。

（2）对比原文相对于《风俗通》所增补的内容，通过分析具体情节及女娲形象，从增补的作用延伸到想象的作用。

（3）明晰改编基本原则，堂上快读阅读《〈女娲造人〉新说》，总结文章亮点，尝试自主改编。

（4）贯穿全文，学生自行介绍神话的概念和定义，在对比阅读过程中引导学生理解神话的核心价值在于其蕴含的伟大民族精神，而这也直接指向课文主旨。

3. 素养目标

内容方面	教学行为		核心素养			
	教师活动	学生活动	1	2	3	4
导	提问导入，直接明了	学生通过PPT的形式讲解神话概念及特点，插入图画或视频使讲解效果更为生动形象	语言建构与运用	思维发展与提升		
悟	1.引导学生通过对比阅读，找出增补内容，总结增补作用，从而深入学习想象手法的运用； 2.引导学生概括女娲形象并以此为突破口，让学生理解神话的核心价值。 小组讨论，研读文本，围绕具体情节和女娲形象自行归纳增补的作用，进一步理解想象手法的作用。同时，在教师的引导下，明晰神话背后的文化意义	语言建构与运用	思维发展与提升	审美鉴赏与创造	文化传承与理解	

续表

内容方面	教学行为		核心素养			
	教师活动	学生活动	1	2	3	4
用	教师提问，请同学对女娲造人的原因和方法做另一种推测	开展小组PK赛，选择一人上黑板进行统计，评选出“最强大脑组”，发放小奖品	语言建构与运用	思维发展与提升	审美鉴赏与创造	
改	教师当场发放纸质文章，要求学生快速限时阅读并思考相关问题	学生提炼改编亮点	语言建构与运用	思维发展与提升	审美鉴赏与创造	

【重点、难点】

1. 重点

（1）通过对比阅读，指出课文相对于《风俗通》所增补的内容，结合具体情节和女娲形象，归结出想象的作用。

（2）理解文章主旨，明确神话改编的基本原则，发挥想象尝试改编课文。

2. 难点

（1）理解课文对女娲进行人性化扩充描写的原因，感受神话的核心价值。

（2）发挥想象，培养学生改编神话的能力。

【教学问题诊断分析】

问题1：鉴于学生目前的阅读概括能力，在结合课文相关情节和女娲形象进行增补内容分析时难免缺漏或回答不出来。

应对策略：利用小组合作的方式进行学习，教师提醒学生圈点勾画，同时注意抓关键词（“具体情节”“人物形象”）进行分析。

问题2：虽然课文浅显易懂，也提前让学生思考如何改编本文，但因未和学生讲解改编的基本原则，同时由于想象力的差异性，预测部分学生可能在改编时游离了课文主旨或出现毫无头绪的情况。

应对策略：教师在上课时渗透神话的价值，说明改编应该在忠于原文主题思想的基础上通过增添情节和补充细节，从而丰满人物形象，最后体现出神话背后的文化精神价值。同时，给出明确的改编方向和例文赏读。

【教学过程】

（一）学习目标

（1）快速阅读，梳理故事情节，初步感受想象手法的运用。

（2）比较阅读，通过分析课文增补的情节及女娲形象，深入体会想象的具体运用及作用。

（3）拓展阅读，学习富有想象力的改编文章，培养学生改编神话故事的能力。

（4）引导阅读，理解神话的核心价值，感受祖先大胆奇特的想象力，激发学生探求未知领域的强烈愿望。

（二）课前学习任务单

（1）同学们提前查找资料，了解“神话”的概念及特点，搜集经典神话（图片、视频）。

（2）走进作者袁珂，知晓其神话著作及学术研究。

（3）快速阅读课文至少两次，整体感知文章内容。

（4）自学生字词，扫清阅读障碍。同时借助资料翻译阅读提示中引述《风俗通》的句子，比对原文增删的内容，完成以下表格。

《风俗通》选文	课文选段	增补的内容	增补的好处（结合文本具体情节和人物形象分析）

（5）思考：请你摆脱袁珂想象的情节，对女娲造人的原因和方法做另一种推测，改编一个新的《女娲造人》的神话。可参考以下任一角度：

① 女娲为什么造人？

② 女娲怎么造人？

③ 怎么造更多的人？

导：联想与结构

环节一：神话故事我来说

师语：同学们，你们小时候一定听过很多奇妙的神话故事吧？那究竟什么是神话？神话又有什么特点呢？接下来请一个小组展示你们的研究成果（PPT+图片+视频）。

明确：神话是远古时代人民大众的集体口头创作，是反映远古人民对世界起源、自然现象以及社会生活的原始理解的故事。这些故事往往表现了远古人民与自然的斗争和对理想的追求。今天就让我们一起走进奇妙的神话世界，感受一下女娲抟土造人的伟大。

1. 预习检测

（1）关于作者。

袁珂（1916—2001），四川新都人，中国神话学家。他长期从事中国古代神话研究，把中国神话系统化，与此同时促进神话知识的普及。1950年，他的第一部神话专著《中国古代神话》出版，这是我国第一部较系统的汉民族古代神话专著，由此奠定了袁珂先生的学术声望。之后，袁珂先生先后撰写了《中国神话传说》《神话论文集》《袁珂神话论集》《中国神话百题》《中国民族神话词典》《山海经校注》等20多本著作以及800余万字的论文。这些著作征引详博，探微释疑，自成一家。

（2）读准字音，串词造句。

揉（róu）　荒凉（huāng liáng）　寂寞（jì mò）　莽莽（mǎng mǎng）

蓬勃（péng bó）　澄澈（chéng chè）　掺和（chān huo）　非凡（fēi fán）

气概（qì gài）　灵敏（líng mǐn）　泥潭（ní tán）　绵延（mián yán）

神通广大（shén tōng guǎng dà）　灵机一动（líng jī yí dòng）

眉开眼笑（méi kāi yǎn xiào）

（3）速读勾画，复述文本。

要求：同桌之间合作，互相讲述；推荐一两个同学当众讲述，鼓励借助肢体语言表现。

明确：

天地开辟以后，没有人类，大神女娲觉得孤独无比。有一天她用黄泥捏了人，后来用藤条甩泥点造了许多人，最后把男女配合起来养育后代。从此，人类就这样世代绵延下去了。

悟：活动与体验

环节二：神话故事我来比

（1）师语：同学们，学校广播站近期发出征稿启事，希望征集改编版的《女娲造人》神话故事，那么如何改编这则故事能更好地脱颖而出呢？让我们从文中寻找答案。请大家根据先前填写的表格进行小组讨论，谈一谈在这些增补的内容里，哪一处最吸引你？为什么？

明确：

<table>
<tr><th>《风俗通》选文</th><th>课文选段</th><th>增补的内容</th><th>增补的好处（结合文本具体情节和人物形象分析）</th></tr>
<tr><td>未有人民</td><td>第1段</td><td rowspan="4">1.说明女娲为什么造人；
2.女娲造人的具体过程；
3.人造出来之后的欢欣场面；
4.女娲具有像人一般的心理活动和喜怒哀乐等情绪</td><td rowspan="4">丰富神话情节，丰满人物形象</td></tr>
<tr><td>女娲抟黄土做人</td><td>第5—12段</td></tr>
<tr><td>剧务，力不暇供，乃引绳于泥中，举以为人</td><td>第13—16段</td></tr>
<tr><td>因置婚姻</td><td>第18段</td></tr>
</table>

（2）师语：同学们，根据文本尤其是增补的内容，作者塑造了一个怎样的女娲形象？她偏神性还是人性？

明确：学生自主总结出改编后的女娲是一个拥有喜怒哀乐并且充满人情味的女神，同时在她身上发现了勇敢、智慧、勤劳、探索、进取等宝贵的品质。应该说，袁珂笔下的女娲更偏向于人性。

（3）师语：女娲身上这些特质是否独有？如果不是，这说明了什么？

明确：不是女娲独有，女娲身上的精神是五千年来中华儿女代代相传的宝贵民族精神，由此我们总结出女娲形象具有一定的历史文化意义，因而至今流传并受到人民的尊崇。学习神话文本的目的正在于认识神话作品对传承人类文明，弘扬民族文化的重要意义。

小结：神话故事背后往往彰显中华民族的文化精神，这也是神话改编不可忽略的核心要求。改编神话应在忠于原文主题思想的基础上通过增添情节和补充细节，达到丰满人物形象的目的，从而体现神话的传统文化价值。

用：本质与变式

环节三：神话故事我来创

师语：神话是古人创造的，作者袁珂补充了女娲造人的原因和方法，并做了丰富精彩的描写，这都源于他的想象力。请同学们摆脱袁珂想象的情节，对女娲造人的动机和经过做另一种推测，改编一个新版《女娲造人》的神话，说

给大家听听。（开展小组PK赛）

（1）女娲为什么造人？

（2）女娲怎么造人？

（3）怎么造更多的人？

改：迁移与运用

环节四：神话故事我来传

1. 学生速读，概括改编情节

明确：文本改编了女娲造人的方法，即由原著中抟黄土造人升级为启用克隆技术造人，并且进行烧制固化。

2. 深入思考，提炼改编亮点

明确：

（1）忠于原著，思想积极向上；

（2）想象合理，富于时代气息；

（3）情节新颖，细节真挚动人。

【教学反思，成效评价】

作为神话故事的《女娲造人》，多数学生对其耳熟能详，加之语言浅显易懂，如教师仅囿于指导学生读课文、学神话，教学未免过于肤浅、单薄。因此挖掘神话文本的核心，钻研神话文本之下体现的民族精神则可以成为符合中学生认知水平的教学要求和教学方向。同时，根据单元导语要求，确定本文的教学重点：一是训练学生快速阅读能力；二是培养学生的想象能力；三是理解神话的核心价值。

教学设计的内容方面：笔者在备课时发现课后自主阅读中提到女娲造人的神话早在《风俗通》中有所记载，特设置对比阅读的预习作业，让学生课下自主阅读找出增补内容，并且在课堂上嵌入一个有趣的驱动型问题来推动学生的自主研究，即“文中哪一处增补最富有想象力，最能激发你的阅读兴趣”，以此归结出增补的内容多用于丰富神话情节，丰满女娲形象。本环节的设置可以在课堂上检测学生的自主阅读效果。在此基础上，教师顺势引导学生归纳出女娲形象并以此为突破口探寻神话的核心价值，明确神话改编的手段是在忠于原文中心思想的基础上增添情节，补充细节；神话改编的最终目的是丰富人物形象，凸显神话中代代相传的民族文化精神。接下来，通过小组文本改编PK赛及例文赏读，集众所长，最后形成文字稿，使得学生将神话改编的技巧学以致用，展现思维的真实性效果。

教学设计的形式方面：本文课型属于自读课文，作为连接教读课文与课外拓展阅读之间的桥梁，自读课文是学生将教读课文所学知识与能力进行迁移的重要途径。因此，自读课文的学习主要在于强调学生的积极性和主动性，在教师适度引导下经历真实的阅读过程，提高自主阅读能力。在本节课中，笔者布置了预习任务并且在课堂上检测预习效果，同时设置学生介绍神话常识环节、小组合作讨论环节、小组改编PK赛环节、课堂上快速阅读例文环节，符合自读课以学生为中心的教学原则。

教学设计不足之处：旁批作为统编新教材的一大亮点，随文设置，为学生的自主阅读提供思考。对于自读课文而言，旁批尤为重要。本文设置了三处旁批，第一处有关分析女娲形象是神性和人性的结合，本教学设计有提及。不过第二处旁批即：从“说也奇怪”来归结神话的特点，第三处旁批即：女娲用黄泥造人，人们把土地比作母亲，二者之间存在某种关联，两处旁批都并未提及讲解，出现纰漏的情况。另外，关于“读”，本文主要集中在速读、默读，忽略了朗读，对于增补情节和人物形象的分析，可引导学生加入适当的朗读，更能深入研究文本。最后，教学内容容量大，可能存在时间不够等问题，可以尝试缩减部分内容，让学生在课堂上有充分的阅读和讨论时间，这也是自读课的教学指向。

总而言之，中学神话教学不应仅仅停留在激活学生想象力的教学目标上，应在紧扣问题特征的基础上，挖掘神话的精神内涵，让学生有目的地自主探寻，同时进行适度改编，提升学生学以致用的能力。

附件1：

《女娲造人》新说

——东壁逸人

女娲乘坐光离子流飞船，以迅雷不及掩耳的速度冲出了太阳系，穿越北斗星座、南斗星座等近邻，然后路过大熊星座、小熊星座、天狮星座、天蝎星座等中转站，用了十六天零四小时三十八分二十六秒的时间把整个宇宙走了个遍。

通过这次旅行和考察，了解了太阳系外人类文明的发展速度和科技导向，她很受启发和鼓舞。在她居住的盘古山南麓山洞里，闭门不出，冥思苦索了七七四十九天，最后推翻了以前的既定方案——制作泥人的打算，准备启用克隆技术制作新人，为了使克隆后的人身强力壮，不至于见水后散毁坏掉，决定克隆成的人坯再进窑里烧制一次。

女娲思考停当后，她为能有这样的大胆设想而兴高采烈。她胸怀华夏，放眼五洲风雷洪荒，心里充满了革命的乐观主义精神和大无畏的英雄主义精神，要把人类撒遍全球，誓把自然灾害等反动派一扫而光。想到这里，她抬头望见北斗星，脸上洋溢着幸福的微笑。

即使用最先进的技术，要造就大批的人类，也不是说话的事呀，为此那女娲累得很呀，想找个人搭个帮手也找不着，晚上睡在那里，腰酸背疼的，想找个人给捶捶背，按摩按摩还是找不来人，看来造人的事情是迫在眉睫的呀。这时的女娲又感叹了起来："我要用一不怕苦、二不怕死的气概，战胜一切艰难险阻，坚决完成造人的历史使命。"从此，这个地球上不再寂寞，我想做的任何事情，都会有人类争先恐后地去做，使这死寂一片的世界变成人间的乐园。于是，女娲看到了成功的希望，并充满了必胜的信心，精神抖擞地重又走向了塑造人类的战场。

我们的神灵，我们的老祖先，终于把人类做完了，做够数了。她想了想，按同一时空算，最多不能超过80亿，到60亿的时候，依据地球上的资源和当时的科技发展水平，人类生存就有点紧张了，哦，到那时候，让他们自己协调吧——实行计划生育。女娲看了看一眼望不到边的后代们，在高兴的同时，心中难免涌上来一丝丝的酸楚——人好造，心难测呀，这些后来的人想的啥，做的啥，她一时还没有设定好，更何况，她当时的设定，在若干年后还是不是管用，这些都是未知数。

下一道工序该烧制了。因为是第一次干这种工作，女娲不会有成熟的经验，掌握不好火候，等她扒开窑门时一看，坏了，烧的时间太长了，原本成色很好的人坯子，个个都是浑身墨黑，看着让人揪心得慌。她斟酌了斟酌，想了又想，这些人成天在身边，觉得怪不美气，于是，她把第一窑烧出来的这些人收拾了收拾，一甩手，一家伙扔到非洲去了，经过千百万年的演变成了今天的非洲人。

有了上一次的教训，女娲再烧第二窑的时候，千万不敢粗心大意了，无论如何不能再过火了。为了计时，她一会儿抬抬左手看看，一会儿抬抬右手看看，其实那里什么也没有，只是下意识地看看而已。女娲最终还是提前开了窑，这批的人坯子没有烧熟，一个一个净是些白不拉叽的生货。女娲很是伤心，在无奈之下，又把这一批不熟的人扔到了欧洲，他们成了白人的祖先，这里的一小部分人，在窑里煅烧的时候，受女娲看手腕的感召，发明了一种计时的工具，就是后来的手表，这批人的后代生活在今天的瑞士。

女娲吸取了前两次的经验与教训，决心从政治的高度去塑造新人类，再也不敢麻痹大意了，既要对得起头顶上的苍天，又要对得起脚下的黄土大地，郑重地去烧制第三窑人类。工夫不负有心神，当女娲再一次打开窑门的时候，奇迹出现了，她为这次的成功烧制，脸上露出了胜利的微笑。

我们的女娲同志（请女娲神灵宽恕俺人言无忌）流出了激动的眼泪，她亲吻着这些黄皮肤的子孙后代，心里有说不出的高兴："你们就和我在亚洲这片沃土上繁衍生息吧。"

女娲终于完成了做人的使命，同时也被人类奉为始祖，谁若不信的话，到那些敬奉着女娲的庙里去看看吧，去烧香祈祷的除了和女娲一样的黄皮肤的黄种人之外，还有一些白人、黑人也陆陆续续地来认祖归宗了。

——选自中国知网《世界故事》2006年第21期

附件2：《女娲造人》课堂教学路线图

导	疑问导入 新知呈现	1.同学们，你们小时候一定听过很多奇妙的神话故事吧？那究竟什么是神话？神话又有什么特点呢？接下来请一个小组展示你们的研究成果。（PPT+图片或视频） 2.走进作者，字词通关。 3.复述课文	提升学生搜索整理资料的能力，培养概括文本的能力
悟	小组讨论 总结归纳	1.小组讨论并总结原文所增补的内容及其作用，教师及时补充。 2.教师在学生进行文本解读时顺势引导学生归纳出女娲形象及神话的核心价值	结合文本深入体会想象手法的运用及作用
用	提前思考 积极呈现	开展小组PK赛，学生就女娲造人的改编各抒己见	教师给予适当的评价
改	快速阅读 总结亮点	1.学生速读，概括改编情节。 2.深入思考，提炼改编亮点	教师适时引导，帮助学生总结亮点

续 表

评	成效评价及时反思	教师根据教学设计及实际上课情况，从教学内容、教学形式及教学改进三方面进行反思斟酌	多方考量，追求进步
结	概括总结布置作业	1.继续完善环节三有关女娲造人故事的改编，形成文字稿，原则上不少于300字。 2.推荐阅读：袁珂《中国古代神话》、施瓦布［德］《希腊神话故事》	1.巩固所学，让学生动起笔来，学有所成。 2.拓展阅读，加深对神话作品的理解

【板书设计】

21. 女娲造人（袁珂）

民族精神

人性　　　神性

【作业布置】

1. 继续完善环节三有关女娲造人故事的改编，形成文字稿，原则上不少于300字。

2. 推荐阅读：袁珂《中国古代神话》、施瓦布［德］《希腊神话故事》。

《穿井得一人》

珠海市凤凰中学　金洪源

一、文本解读

《穿井得一人》的寓意是：要以审慎的态度分析、甄别传闻，不要轻信传闻，也不要轻易传播未经证实的传闻。

获取此寓意的方法有三：第一，读寓言，找到主要矛盾，进一步分析原因。这是获取寓意的一般方法，此处不表。第二，看标题。此则寓言题目是《穿井得一人》，为编者所加，主要是从寓言内容的角度进行概括，参考价值有限。这则寓言出自《吕氏春秋·慎行论·察传》，“察传”二字才是对寓意最为浓缩、精当的概括，由此可以知道这则寓言的寓意就是“察传”。第三，找议论句。古人不空发议论，但议论时必合宜、深刻。最后一句是议论句，“求闻之若此，不若无闻也”。如之前学过的《狼》，“狼亦黠矣，而顷刻两毙，禽兽之变诈几何哉？止增笑耳。”两文结构如出一辙，前一部分讲述故事（叙述），后一部分挑明道理、阐发寓意（议论）。只不过《穿井得一人》的寓意虽有，但并不明显而已。“求闻之若此”中的“此”是何意思，仍需通过故事来概括。但是纵观《察传》篇，寓意就十分明显了。

夫得言不可以不察，数传而白为黑，黑为白。故狗似玃，玃似母猴，母猴似人，人之与狗则远矣。此愚者之所以大过也。

闻而审，则为福矣；闻而不审，不若不闻矣。齐桓公闻管子于鲍叔，楚庄闻孙叔敖于沈尹筮，审之也，故国霸诸侯也。吴王闻越王勾践于太宰嚭，智伯闻赵襄子于张武，不审也，故国亡身死也。

凡闻言必熟论，其于人必验之以理。鲁哀公问于孔子曰：“乐正夔一足，信乎？”孔子曰：“昔者舜欲以乐传教于天下，乃令重黎举夔于草莽之中而进之，舜以为乐正。夔于是正六律，和五声，以通八风。而天下大服。”重黎又欲益求人，舜曰：“夫乐，天地之精也，得失之节也。故唯圣人为能和。和，乐之本也。夔能和之以平天下，若夔者一而足矣。’故曰‘夔一足’，非‘一足’也。”宋之丁氏，家无井而出溉汲，常一人居外。及其家穿井，告人曰：“吾穿井得一人。”有闻而传之者曰：“丁氏穿井得一人。”国人道之，闻之于宋君。宋君令人问之于丁氏。丁氏对曰：“得一人之使，非得一人于井中也。”求闻之若此，不若无闻也。子夏之晋，过卫，有读史记者曰：“晋师三豕涉河。”子夏曰：“非也，是己亥也。夫‘己’与‘三’相近，‘豕’与‘亥’相似。”至于晋而问之，则曰“晋师己亥涉河”也。

辞多类非而是，多类是而非。是非之经，不可不分，此圣人之所慎也。然则何以慎？缘物之情及人之情以为所闻，则得之矣。

这篇文字中包含三则寓言：夔一足、穿井得一人、三豕涉河。夔一足：用音乐来教化天下，有乐正夔一个人就足够了，但是在传播的过程中就变成了乐正夔只有一只脚。这是在传播的过程中，“足”字的意思发生了改变。三豕涉河：因为“己”与“三”，“亥”与“豕”字形相近而已，读书人不能明辨，就闹出了不小的笑话。子夏听后就产生疑问，以审慎的态度进行核验，这三则寓言都直接指向了对待传闻的态度，并且文章开篇就说“得言不可以不察”，原因就是“数传而白为黑，黑为白”“辞多类非而是，多类是而非”。所以对待传言需要“闻而审”“闻言必熟论……必验之以理”。

部编本语文教材只给出了《穿井得一人》这一个寓言故事，其他的资料不得而知。通过分析这个寓言故事，亦可以了解相关的寓意。寓言中“得到一个人的劳力”最后变成了“挖井时挖出一个人”，于是乎当我们作为一个传播者的时候就必须以审慎的态度对待传言。细读文本，问题并没有这么简单，原因有三：第一，信息在传播之初就存在歧义。丁氏使用了“穿井得一人”的歧义说法，这就是文章中所说的“辞多类非而是，多类是而非”。第二，传播者在传播的过程中进行了信息的增添。丁氏所说的“穿井得一人”是有具体的语境的，但是在传播中这个语境渐渐消失了，于是就导致“数传而白为黑，黑为白”。第三，社会舆论具有猎奇性。打井省下一个人的劳动力这种故事的趣味性、吸引力远远弱于在打井时挖出一个人，这种骇人听闻之事也正与社会舆论契合，推波助澜的作用不言而喻。

归根结底，《穿井得一人》要告诉我们的道理是“得言不可以不察”“闻言必熟论……必验之以理”。

二、单元内容解析

（一）课时安排

第六单元的选文题材非常多样，包括童话、诗歌、神话、寓言等。目的是希望学生借助想象的翅膀超越自身的局限，体验更广阔的世界，这些引人遐思的文章也给我们提供了另外一种看世界的眼光。

本单元的选文呈现出复杂性，教学内容包括阅读、写作、综合性学习、名著导读、课外古诗词诵读等。即使是第22课的寓言，也有四篇选文，其中西方寓言和中国古典寓言各两则。本单元教学内容丰富：包括教读课文《皇帝的新装》《天上的街市》《寓言四则》，自读课文《女娲造人》。其中《皇帝的新装》需要2个课时，《天上的街市》需要1个课时，《女娲造人》1个课时，《寓言四则》需要3个课时。紧扣第六单元要求的写作课《发挥联想与想象》需要2个课时。综合性学习活动《文学部落》1个课时，名著导读之《西游记》的精读与跳读需要2个课时，课外古诗诵读教学时长2课时。完成本单元教学设计共需要14课时。

（二）单元内容结构图表

<table>
<tr><td rowspan="9">第三单元</td><td></td><td>阅读</td><td>写作</td><td>综合性学习</td><td>名著导读</td><td>课外古诗词诵读</td></tr>
<tr><td rowspan="4">人文素养</td><td>《皇帝的新装》：敢于说真话；童真世界与成人世界的不同</td><td rowspan="4">锻炼思维，培养创造性</td><td rowspan="4">丰富人生体验，提高审美品位</td><td rowspan="4">感悟《西游记》蕴藏的美好人性</td><td rowspan="4">培养学生乐观、爱国、追求个性的气质</td></tr>
<tr><td>《天上的街市》：团圆与美好</td></tr>
<tr><td>《女娲造人》：神话与先民之关系</td></tr>
<tr><td>《寓言四则》：不爱慕虚荣，谦虚，察传，不庸人自扰</td></tr>
<tr><td rowspan="4">语文要素</td><td>《皇帝的新装》：速读课文，把握情节</td><td rowspan="4">学习触景生情、睹物思人的写法</td><td rowspan="4">培养组织、策划等实践能力；锻炼学生朗诵、演讲能力</td><td rowspan="4">学会精读、跳读等阅读方法，抓取关键信息</td><td rowspan="4">情景交融、触景生情</td></tr>
<tr><td>《天上的街市》：体会诗歌的音韵美；理解联想、想象在诗歌中的作用</td></tr>
<tr><td>《女娲造人》：速读；体会大胆的想象</td></tr>
<tr><td>《寓言四则》：把握寓言特征与寓意</td></tr>
</table>

三、教学设计（1课时）

【课文教学内容及解析】

（一）内容

宋国有个姓丁的人，家里没有水井，需要出门去浇田、打水，经常一个人在外（专门负责取水）。等到他家打了水井，（他）告诉别人说："我挖水井得到了一个人。"国都中的人纷纷讲述这件事，使宋国的国君知道这件事。国君让人向丁氏问明情况。丁氏回答说："得到一人的劳力，并非在井中得到一个人。"像这样听信传闻，不如不听。

（二）内容解析

这则误会皆因丁氏所说"吾穿井得一人"而起，"闻而传之者"在传播的过程中漏掉了具体的语境，只说是"丁氏穿井得一人"。国人由此误会，再次传播，最终"闻之于宋君"，宋君令人问丁氏，最终真相大白。此则寓言的情节就是以谣言的产生→传播→进一步传播→谣言解除为线索，最后以"求闻之若此，不若无闻也"的议论告知寓意。

【课文学习目标及解析】

（一）学习目标

（1）了解《吕氏春秋》相关的文学常识。

（2）弄懂文本意思并感悟寓意，学会以审慎的态度对待传言。

（3）激发学生对文言寓言的兴趣。

（二）目标解析

（1）把握相关文学常识，如：寓言的体裁、《吕氏春秋》相关知识，拓宽学生知识面。

（2）弄懂文本意思，这是落实课程标准中对文言文的教学要求——阅读浅易文言文，能借助注释和工具书理解基本内容。同时以"言意并重"为原则，在弄懂文言之后，感悟背后的深层寓意，落实人文素养。

（3）中国古典寓言短小精悍，意味深长，同时具有趣味性。鼓励自主课外阅读是学生深度学习的前提。

（三）素养目标

内容方面	教学行为		核心素养		
	1	2	1	2	3
导	善于联想，寻求异同	问题导入，各抒己见	语言建构与运用		审美鉴赏与创造
悟	主动思考，体悟文章寓意及启示	主动感知，深思熟虑，提高整合信息的能力	语言建构与运用	思维发展与提升	审美鉴赏与创造
用	对同类文本的把控能力	百家争鸣，思考发言	语言建构与运用	思维发展与提升	审美鉴赏与创造
改	教师引导，师生共讲，及时纠错	认真聆听，虚心接受，感知思考，价值重构	语言建构与运用	思维发展与提升	审美鉴赏与创造

【教学重点、难点】

1. 重点

（1）积累文言字词，疏通文意。

（2）体悟寓意。

2. 难点

（1）文言虚词“之”“而”的意义与用法。

（2）培养学生的想象力、创造力。

【教学问题诊断分析】

问题1：只关注文本，将文言字词的积累与学习当成唯一的教学目标。

应对策略：积累文言字词，疏通文意是学习文言文的第一步，也是重要的一步，但不是唯一的一步，然而我们的文言文教学通常会在字词释义上花费大量的时间与精力。因此我们更应该关注背后的语用功能，关注思维、审美、文化等更高层次的素养。

问题2：照搬寓意，不能从多途径、多角度归纳寓意。

应对策略：《穿井得一人》语言通俗浅近，重点文言字词不多，老师们在讲授过程中通常会匆匆而过。但正是因为语言的通俗易懂，师生可以共同好好挖掘背后的寓意，引导学生去思考寓言中的丁氏、闻而传之者、国人、国君在整个事件中都发挥了什么作用，然后再思考寓意就是顺水推舟了。

问题3：缺少对同类文本的拓展。

应对策略：课下注释里提到本文选自《吕氏春秋·慎行论·察传》篇，教师应该以此为线索，找到《察传》篇中提到的其他寓言故事。不仅如此，《察传》篇作为一篇议论文，文笔流畅，论证清晰，节奏流畅明快，对学生语感的培养、素养的提升很有帮助。

【教学过程】

（一）学习目标

（1）了解《吕氏春秋》相关基本文学常识。

（2）弄懂文本意思并感悟寓意，学会以审慎的态度对待传言。

（3）激发学生对文言寓言的兴趣。

（二）课前学习任务单

（1）熟读《穿井得一人》，把握重点字词与重点句子的翻译。

（2）读《察传》篇，找出你感兴趣的句子或者故事。

（3）思考问题：文中都出现了哪些人？他们都做了什么事？

（4）如果你是故事里的人物，你会怎么做？

（三）教学准备

文学常识：

寓言：用假托的故事或自然物的拟人手法来说明某个道理或教训的文学作品，常常带有讽刺或劝诫的性质。在先秦诸子百家的著作中，经常采用寓言阐明道理，大家熟知的寓言有《揠苗助长》《刻舟求剑》《画蛇添足》《轮扁斫轮》《掩耳盗铃》等。

《吕氏春秋》：又称《吕览》，是由战国末期秦国宰相吕不韦召集门客编写而成，全书共分为十二纪、八览、六论三部分。其成书于秦统一六国前夕，旨在为秦始皇统一六国后治理天下提供参考。

（四）课堂教学实践

导：联想与结构

同学们，我们今天一起来学习《穿井得一人》，当你第一次看到这个标题，你觉得是什么意思呢？它真实的意思是什么呢？对这句话的不同理解会产生什么奇妙的反应呢？我们今天就一起来学习《穿井得一人》。

1. 预习检测

（1）学生朗读：学生朗读时，注意字音与节奏。

（2）学生提问：学生主动提出自己在预习过程中遇到的问题，如个别文言词语的意思，如对文章主旨的看法。

设计意图：由学生朗诵，正音断句，培养学生对文言文节奏的把握能力，同时也可以通过阅读检测学生对文本的熟练程度。

2.整体感知

（1）说出下列加点字的意思。

穿井得一人：挖掘、开凿

家无井而出溉汲：打水浇田。溉，浇灌，灌溉。汲，从井里取水。

及其家穿井：待，等到。（将复何及：来得及）

国人道之：讲述

闻之于宋君：知道、听说，这里是“使知道”的意思。

丁氏对曰：应对、回答。

之：

宋之丁氏（结构助词，的）

有闻而传之者（代词，代丁氏“穿井得一人”这件事）

国人道之（代词，代丁氏“穿井得一人”这件事）

闻之于宋君（代词，代丁氏“穿井得一人”这件事）

宋君令人问之于丁氏（代词，代丁氏“穿井得一人”这件事）

得一人之使（助词，的）

求闻之若此（用于主谓之间，取消句子独立性，不译）

而：

家无井而出溉汲（表因果）

有闻而传之者（表顺承）

回顾七年级已经学过的文言文中“之”“而”的意思：

学而时习之（代词，代学过的知识）

相委而去（表顺承）

人不知而不愠（表转折）

设计意图：由学生朗诵，正音断句，培养学生对文言文节奏的把握。让学生回顾之前学过的“之”“而”的意思，有助于让学生主动地、完整地构建自己的知识体系。

（2）谈一谈文章中重点句子的意思。

丁氏对曰：“得一人之使，非得一人于井中也。”求闻之若此，不若无闻也。这句话的意思是：丁氏回答说：“得到一人的劳力，并非在井中得到一个人。”像这样听信传闻，不如不听。

悟：活动与体验

环节一：独立思索，自悟自得

这则文言文讲了一个怎样的小故事？

丁氏因为打井节省一个人的劳力，最后被谣传为丁氏挖井时挖出一人，最后在国君的介入下最终真相大白的故事。

环节二：他山之石，合作共享

（1）文中都出现了什么人物？他们都做了什么事情？小组间讨论，完成下面表格。

人物	事件
丁氏	告人曰“吾穿井得一人”
闻而传之者	传之“丁氏穿井得一人”
国人	道之
宋君	闻之，令人问丁

（2）你认为这件事发生的原因是什么？为了避免此类事件再次发生，你认为这些人应该怎么做。

人物	如何做
丁氏	叙事要清楚，不要采用具有歧义的句子，从源头上消除误会
闻而传之者	不轻易做“二传手”，在传递信息的时候一定要精准、客观。不能随意增删信息，不能随意增加个人观点
国人	不人云亦云，不随波逐流
宋君	鼓励创设真实的舆论环境

设计意图：为了让学生更加深刻地了解这则小寓言的发展走向，让学生意识到在整个事件发展过程中，每个人都是关键的一环。在“丁氏→闻而传之者→国人→宋君→丁氏”这样的闭环中，每一个环节都是至关重要的。在“穿井得一人”意义发生变化的过程中，每一类人都发挥了不同的作用，只有深刻认识到这一点，才能够更加透彻地理解文本。

（3）阅读《察传》，找出你感兴趣的句子或者段落并且说明理由。

例1：“夫得言不可以不察，数传而白为黑，黑为白。”“辞多类非而是，多类是而非。”

理由：这两句从不同的角度说明了“察传”的原因。“数传而白为黑，黑为白”是说信息在传递的过程中渐渐失真，就像是本课的“国人道之”，最开始即使是正确的信息也有可能会出现误差；“辞多类非而是，多类是而非”这句话将矛头直接指向了丁氏，他在最开始的时候就没有将话说得一清二楚。这两句话都与我们今天学习的寓言相契合。

例2：“闻而审”“闻言必熟论”“缘物之情及人之情以为所闻”。

理由：这三处主要是提供解决方案。“闻而审”就是说听到传闻之后要以审慎的态度对待，不轻信；“闻言必熟论”也是说听到传闻一定要深入考察，辨析真假；“缘物之情及人之情以为所闻”这句话更直接，但是更难理解，是说要根据自然之理与人事之理加以辨别。相比之下最后一句提供了更直接的方法。

例3：第二段。

理由：第二段是典型的议论，有举例论证、正反对比论证，很有说服力。

环节三：分析总结，整合建构

你认为这个故事想要告诉我们什么样的道理?

要以审慎的态度进行分析、甄别，不要轻信传闻，也不要轻易传播未经证实的传闻。

用：本质与变式

阅读《穿井得一人》与下面文言文，完成下面各题。

循表夜涉

荆人欲袭宋，使人先表澭水。澭水暴益，荆人弗知，<u>循表而夜涉溺死者千</u>

有余人军惊而坏都舍。向其先表之时可导也，今水已变而益多矣，荆人尚犹循表而导之，此其所以败也。

（选自《吕氏春秋·察今》）

1. 参考表格中提示的方法，解释文中加点字的意思

文言词句	理解词义的方法	解释
使人先表澭水	查阅字典法：①假如；②纵使，即使；③使唤；④派遣	（1）________
向其先表之时可导也	课内迁移法：便扶向路	（2）________
荆人尚犹循表而导之	参考成语法：记忆犹新	（3）________

2. 下列句子中加点词语解释不正确的一项是（　　）

A. 荆人欲袭宋（偷袭）　　B. 使人先表澭水（做标记）

C. 澭水暴益（增加）　　D. 荆人弗知（不）

3. 请用“/”给文中画线句子断句。

循 表 而 夜 涉 溺 死 者 千 有 余 人 军 惊 而 坏 都 舍。

4. 下列表述正确的一项是（　　）。

A.《穿井得一人》中宋君派人调查，直接向当事人询问，是因为宋君非常好奇。

B.《穿井得一人》告诉我们，不要为道听途说或没有根据的事情担忧。

C.《循表夜涉》一文表现了荆国人很聪明，在攻打宋国之前首先做好了记号。

D. 两文都是寓言故事，都以简洁的语言告诉我们深刻的道理。

5.《穿井得一人》与《循表夜涉》各讽刺了什么样的人。

参考答案：

1.（1）派遣（2）先前的（3）仍然，还

2. C（益：同“溢”，涨）

3. 循表而夜涉/溺死者千有余人/军惊而坏都舍。

4. D（A.据说的“是因为宋君非常好奇”错误，宋君派人调查是想知道事实的真相；B.所说的“不要为道听途说或没有根据的事情担忧”错误，应该是“不要轻信道听途说或没有根据的事情”，并非“担忧”；C.“《循表夜涉》一文表现了荆国人很聪明”说法错误，《循表夜涉》一文讽刺了楚国人做事情因循

守旧，最终导致失败；故选D。）

5.《穿井得一人》讽刺了那些不以审慎的态度调查研究而轻信传闻的人；《循表夜涉》讽刺那些墨守成规，不知变通，不懂得根据客观实际灵活采取对策的人。

参考译文：楚国人想要偷袭宋国，派人事先测量澭水的深浅并做下标志。（不久）澭水突然大涨，楚国人不知道（这种情况），依然顺着原来的标志在夜间渡河，结果一千多人被淹死，楚军惊恐万状，溃不成军，就像大城市里的房屋倒塌了一样。先前他们做标志的时候，是可以根据标志渡水的，现在水位已经变化而且更高了，楚国人还按照原先的标志引导过河，这正是他们失败的原因啊。现在的君主效法先王的法令制度，有些就像这种情况。他所处的时代已经与先王的法令制度不相适应了，却还说这是先王的法令制度，并且效法它。用它作为治理国家的依据，难道不是很可悲吗！

改：迁移与应用

（1）教学参考书上告诉我们穿井得一人的寓意是“要以审慎的态度进行分析、甄别，不要轻信传闻，也不要轻易传播未经证实的传闻”，对此你有什么看法。

示例：教学参考书提供的思路很具有参考价值，但是并不全面。教学参考书提供的寓意主要是针对“闻而传之者”“国人”的行为来说的，“闻而传之者”“国人”是这起事件的主要责任人，因此从这个角度得出寓意无可非议。但是文章的主体还有两个，尤其是“丁氏”也要对这件事承担一定的责任。因此，我们可以从不同的主体入手，得到更为全面的结论与启发。

（2）请同学们根据2021年广东中考文言文中考题目格式更改刚才的习题，并拟出答案。或者同学们开动脑筋，自选材料，自拟题目。

1. 解释文中加点词语的意思。（4分）

（1）穿井得一人　　（2）及其家穿井

（3）国人道之　　（4）闻之于宋君

2. 把下列句子翻译成现代汉语。（4分）

（1）宋之丁氏，家无井而出溉汲。

（2）求闻之若此，不若无闻也。

3.［学生自拟题目］下列各项中加点词语意思相同的一项是（　　）。（3分）

A.　　　　　　　　　　B.

C.　　　　　　　　　　D.

4. 请用“/”给文中画线的句子断句。（3分）

循 表 而 夜 涉 溺 死 者 千 有 余 人 军 惊 而 坏 都 舍。

5. 请根据两篇选文回答问题。（5分）

（1）《穿井得一人》一文讽刺了怎样的人。

（2）《循表夜涉》一文讽刺了怎样的人。

设计意图：对第1、2两个小题的设计直接考察了学生对文本文言字词的理解与把握能力。除此之外，也锻炼了学生调配、整合的能力。为了避免重复考察两个小题的知识点，学生也要统筹安排考察的对象。改编第3小题是最难的，这种一词多义的考察方法很考验学生的知识储备能力，只需要让学生意识到每个选项中有一个课内的词汇、一个课外的词汇即可，这样学生会在以后的学习中更加深刻地明白即使是课外文言文，知识点也是课内的道理，增进学生学习文言文的自信心。第4、5小题基本保持不变。

【教学反思，成效评价】

本节课围绕学科核心素养设计了三个教学目标。读懂大意、对文言字词的理解可以帮助学生掌握文言字词、健全语言体系的素养；感悟文本的寓意是本课时的重点，但是本节课的设计直接指向其“所以然”，也就是寓意是如何感悟到的，学生在整个过程中不仅学到了知识，更重要的是思维的有效提升；了解《吕氏春秋》相关文学常识指向于激发学生对先秦诸子散文的兴趣，书里浪漫的语言、流利的文风为学生提供了新的审美对象与可能；当学生走进文本、与先贤神交，对文化的传承与理解也以一种无声的方式落实下来，尤其是对学生在后期学习与理解《孟子三章》的时候帮助尤大。

在导、悟、练、改多管齐下的作用下，学生会真正吃透文本，以《穿井得一人》为原点，阅读了同质元典，进而扩大阅读量；体验了命题视角，进而熟练把握知识点。

总而言之，让后进生更好地夯实基础、让优等生打开视野是本篇教学设计的追求所在。但是也仍旧有很多需要提升的地方，比如本课有四则寓言，中西寓言的异同点没有引导学生去思考。

【板书设计】

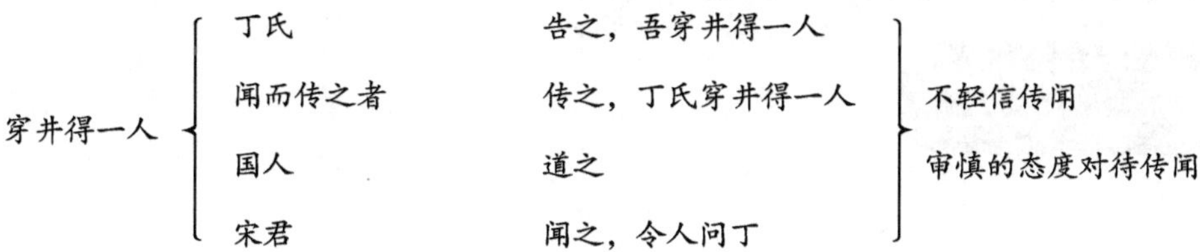

【布置作业】

《吕氏春秋》中有大量的寓言故事，请摘录出一则你感兴趣的，并且命制3个小题，并给出参考答案。

【教学成效评价】

《穿井得一人》的教学设计立足于拓展学生视野、明晰学生思路。在整节课中对学生提出了比较高的要求，比如阅读了多篇类文、自己变身命题人尝试出题，学生在阅读、思考、实践中真正走入文本、有所启发甚至有所创造。

《台阶》

珠海市文园中学　张　芬

一、文本解读

李森祥的著名小说《台阶》，讲述了一位农民父亲认为“我们”家的台阶低，而村里有“台阶越高，屋主人的地位就相应高”的说法，于是准备造一栋有高台阶的新屋。而这位农民父亲为着九级台阶的梦想，经历了漫长的准备过程，通过拾砖、捡瓦片、砍柴、捡屋基暖石等等，经过大半辈子的努力一级一级筑起了梦想的台阶。这样的父亲是值得敬佩的。但父亲又是可悲的，等他坐在水泥建造的九级台阶上时，他竟然不如在原先三级青石板台阶上自在：他习惯性地将烟枪往台阶上磕烟灰，猛地想起水泥台阶不禁磕，只好忍住不磕；他觉得坐太高与路过的人打招呼不自在；有一次挑水上到第四级台阶时竟然闪了腰。最让人感到心酸的是，父亲将前来帮忙的“我”一把推开，还很生气地说“不要你凑热闹，我连一担水都挑不——动吗！”父亲表面在生孩子的气，其实是生自己的气，因为他不得不承认自己已经老了，九级台阶的建成没有让他产生多大的成就感，反而让他感到从未有过的空虚和寂寞。这位父亲就是中国农民的一个缩影：吃苦耐劳、勤劳节俭、坚韧不拔，更有朴实谦卑、艰苦创业的精神。也正是有了这些默默无闻、地地道道的农民父亲，才构成我们民族文化中最厚重的台阶。

作者李森祥曾说《台阶》里的父亲是“我心目中理想的父亲”。他如同罗中立笔下那幅有名的油画《父亲》中的父亲一样，震撼人心。而李森祥在谈到创作这个人物的背景时，曾这么说过：“在中国乡村，一个父亲的使命也就那么多，或造一间屋，或为子女成家立业，然后他就迅速地衰老，并且再也不被人关注，我只是为他们的最终命运而惋惜，这几乎是乡村农民最为真实的一个结尾。”所以作者希望用《台阶》让我们能多多关注为子女操劳一生的父亲，关注那些辛勤劳作、踏实肯干、朴实谦逊的中国农民。而这个主题在现在也很有现实意义。虽然国家经济在腾飞，脱贫攻坚取得全面胜利，但“三农”问题依旧值得我们重点关注。在前不久的第四个“中国农民丰收节”，习近平强调，民族要复兴，乡村必振兴。因此我们学习《台阶》这篇文章又有了更新的、更深刻的意义。

二、单元内容解析

（一）课时安排

本册书的一、三单元都介绍人物，第一单元介绍的是名家大师，他们的非凡气质，唤起我们对理想的憧憬与追求。第三单元展现的是小人物。他们虽然平凡，但身上闪现优秀品格的光辉，引导我们追求真善美。

在本单元的教学中，讲读课文散文《阿长与〈山海经〉》教学时长3课时，散文《老王》教学时长2课时，古代笔记小说《卖油翁》教学时长1课时，自读课文小说《台阶》教学时长1课时。同时写作指导紧扣这一写人记事单元的主题，在各篇课文渗透的基础之上，又是对前两个单元写出人物精神和学习抒情的延伸，需要2个课时。本单元名著导读之《骆驼祥子》圈点与批注教学，是对第二单元教学重点学做批注的深入练习，可安排1课时。课外古诗诵读教学时长2课时，完成本单元教学任务共需用时12课时。

（二）本单元内容结构图表

第三单元		讲读课文	自读课文	写作	名著导读
	人文素养	《阿长与〈山海经〉》：朴素的温情与深沉的怀念	《台阶》：对父亲的优秀品质的敬仰和赞叹；对父亲身上的中国传统农民所特有的谦卑的同情	细微刻画见真情	有良知的作家对底层劳动人民生存状况的关注与同情
		《老王》：1.小人物的善良。2.人与人之间的珍贵友情			
		《卖油翁》：熟能生巧、谦逊为人的可贵品质			

续表

<table>
<tr><th></th><th></th><th>讲读课</th><th>自读课</th><th>写作</th><th>名著导读</th></tr>
<tr><td rowspan="3">第三单元</td><td rowspan="3">语文要素</td><td>《阿长与〈山海经〉》：1.分析人物形象，把握文章中心，理解文章感情；2.了解课文围绕中心选择材料、安排材料，详略得当的写作特点</td><td rowspan="3">《台阶》：1.梳理主要内容，抓住关键语句，把握人物的性格和小说主题。2.理解选材与安排详略的写作方法</td><td rowspan="3">抓住细节，进行描写</td><td rowspan="3">圈点批注，精彩自现</td></tr>
<tr><td>《老王》：1.梳理文章情节，概括主要事件。2.品读细节，揣摩人物形象与文章主题</td></tr>
<tr><td>《卖油翁》：1.反复诵读，加深文意理解。2.注重详略，把握文章主题</td></tr>
</table>

三、课文教学设计（1课时）

【课文教学内容及解析】

（一）内容

本篇课文内容结构图（思维导图）

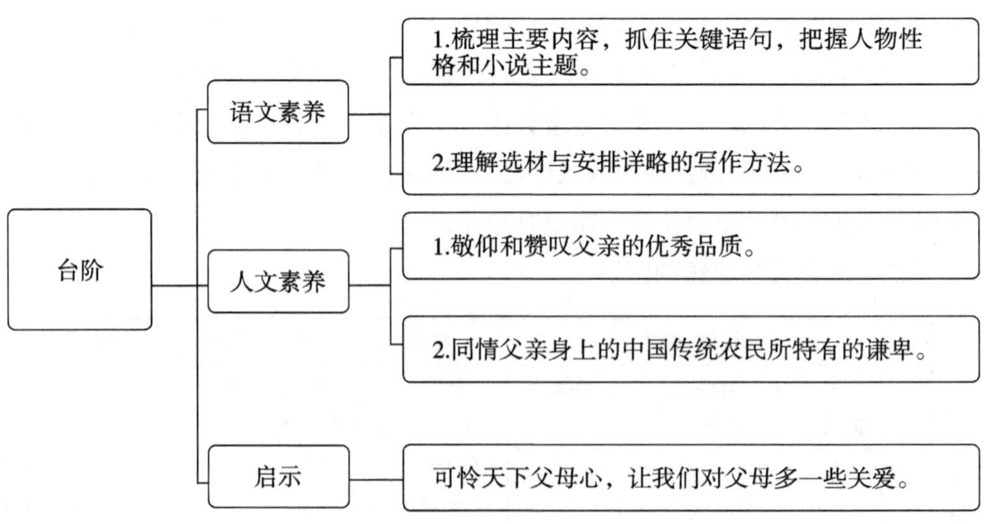

本节课是一篇写人记事的小说，这篇小说以第一人称方式展开叙述，亲切、自然。在娓娓道来中，展现和塑造了“父亲”这一朴实无华的人物形象。描写细腻、传神，常常是在不经意处，在寻常的描写中见精神。在内容的勾连上，作者用“台阶”这一条有形的线索，将建造有高台阶新屋所引发的事情串联起来，形成了清晰的结构脉络。本课共1课时，在梳理小说情节的同时，重点放在探究人物形象上面，引导学生从细节中感知人物特点，从而阐释小说主题。

（二）内容解析

学生在之前的一、二单元学习过程中已经连续掌握了精读能力，本单元是学生在熟读深思上的进一步学习。本单元在教学方面的要求是培养学生对文章重点的定位能力和对文章内涵意蕴的理解能力。加强文本细读，关注细节也是本单元教学的目标。因此，围绕这些单元目标，本节课在语文要素上主要体现了内容概括、情感把握和主题探究三个方面。人文素养方面主要是敬仰和赞叹父亲的优秀品质；同情父亲身上的中国传统农民所特有的谦卑。从而获得我们应对父母多一些关爱的启示。而第四单元的学习旨在陶冶情操、净化心灵，追求更高的道德修养。恰好与第三单元的学习目标一脉相承，环环相扣。

【课文学习目标及解析】

（一）学习目标

（1）梳理主要内容，抓住关键语句，把握人物的性格与小说主题。

（2）理解作品围绕“台阶”选材、安排详略的写法。

（二）目标解析

达成上述目标的效果是：

（1）指导学生自读本文，要抓住“台阶高，屋主人的地位就相应高”这个文眼去把握情节，探究“父亲”形象的意蕴，理解“台阶”的内涵。

（2）引导学生学习小说围绕中心选材，详略得当的写作技巧。

（3）引导学生联系实际谈谈自己的感受，加深理解。当然，教师“情”的投入也相当重要，教师的语言富有感召力，与学生的互动才能更有成效，效果才会更好。

（三）素养目标

内容方面	行为方面		核心素养		
	1	2	1	2	3
导	从本单元的前两课出发，从人物形象之间的相似性引起学生的兴趣，从而进行导入。 让学生通过查找资料与结合课后阅读提示的方式进行自主预习	学生踊跃发言，其他同学予以补充	语言建构与运用		审美鉴赏与创造
悟	引导学生概括内容，把握人物形象	快问快答，自主回答。小组合作解决问题	语言建构与运用	思维发展与提升	审美鉴赏与创造
用	结合拓展知识，分析背后原因，加深对主旨的理解	小组合作探究学习，自主回答，老师适当补充	语言建构与运用	思维发展与提升	审美鉴赏与创造
改	知识迁移，学生通过创作小诗，加深对主旨的理解。师生互评，改正提升	学生动笔，积极分享	语言建构与运用	思维发展与提升	审美鉴赏与创造

【教学重点、难点】

1. 重点

把握故事内容，分析父亲形象，理解作品的思想感情。

2. 难点

理解父亲形象的意蕴和组织材料的详略安排。

【教学问题诊断分析】

问题：学生的生活与本文的社会背景有一定的差距，父亲的形象意蕴也比较深奥，学生理解上不够深入。

应对策略：适当加入背景介绍，重点关注情节，抓住人物形象的分析，加之引导学生结合自己的生活经验，引发学生共鸣，从而达到教学目标。

【教学过程】

课前学习任务单：

（1）同学们提前查找资料，了解作者与写作背景。

（2）诵读全文，扫清文字障碍，完成整体感知。

（3）思考问题：同为小人物，父亲与阿长、老王有何异同？

（4）熟读课文，留意文章的精彩段落和关键语句，用第二单元教授的方法，继续学习做批注。

【教学准备】

1. 作者简介

李森祥（1956—），现代作家，浙江衢州人。第一部发表的作品是《半个月亮爬上来》。代表作品有短篇小说《小学老师》、中篇小说《抒情年代》、长篇小说《传世之鼓》等，现已创作了200多万字的作品，有我们熟悉的《天下粮仓》《小学老师》等。

2. 写作背景

李森祥的小说以农村、军营两大生活为主要题材，塑造出一系列生动的普通人尤其是农民的质朴形象。《小学老师》被《小说月报》等选载，获1991年《小说月报》第四届百花奖、1990—1992浙江省优秀文学奖。

【课堂教学实践】

导：联想与结构

在本单元，我们都在认识小人物：在鲁迅先生的笔下，我们认识了一位命运不幸却仁厚善良的底层女性保姆阿长；杨绛先生给我们介绍了一位普通但又不平凡的三轮车夫老王。而今天我们跟随作者李森祥，来领略以父亲为代表的老一辈农民特有的坚韧与谦卑。

1. 预习检测

啃　蹦　撬　磕　门槛　厚道　糟糕　醒悟　晌午

烦躁　头颅　自言自语　言外之意　微不足道　大庭广众

2. 整体感知

（1）本文主要写了（谁）（干什么）的故事。

明确：本文主要写了父亲用一辈子的时间造一间具有高台阶的新屋的故事。

（2）父亲为什么要造一栋有高台阶的新屋？这反映了父亲怎样的心理？

明确：台阶高，屋主人的地位就相应高。受人尊重。

（3）父亲在造新屋前和开始造新屋时，做了哪些准备工作？

明确：捡砖、捡瓦、存角票、种田、砍柴、捡石头、编草鞋、踏黄泥、抬

石板

悟：活动与体验

速读文章，走进人物

（1）父亲是一个怎么样的人？以“父亲是一个________的人，因为________。”句式作答。

明确：（引导学生欣赏作者是如何描写父亲的。）

① 父亲是一个勤劳能干的人，因为“那天早上父亲天没亮就起了床，我听着父亲的脚步声很轻地响进院子里去。我起来时，父亲已在新屋门口踏黄泥”。这里运用动作描写/细节描写，生动形象地写出了父亲起早贪黑的勤劳形象。“很轻”可见父亲的勤劳；“响进”可见父亲虽辛苦但感到很快乐。

② 父亲是一个吃苦耐劳的人。因为“那时已经是深秋，露水很大，雾也很大，父亲浮在雾里。父亲头发上像是飘了一层细雨，每一根细发都艰难地挑着一颗乃至数颗小水珠，随着父亲踏黄泥的节奏一起一伏。晃破了便滚到额头上，额头上一会儿就滚满了黄豆大的露珠。”这里运用外貌描写/细节描写，生动形象地写出父亲的吃苦耐劳。

③ 父亲是一个节俭的人。因为“他今天从地里捡回一块砖，明天又可能捡进一片瓦，再就是往一块黑瓦罐里塞角票。虽然这些都很微不足道，但他做得很认真。”这里运用细节描写，写出父亲的勤俭节约。

④ 父亲是一个坚持不懈的人。因为“一年中他七个月种田，四个月去山里砍柴，半个月在大溪滩上捡屋基卵石，剩下半个月用来过年、编草鞋。大热天父亲挑一担谷子回来，身上着一片大汗，顾不得揩一把，就往门口的台阶上一坐。”这里运用细节描写，生动形象地写出了父亲的持之以恒，具有愚公移山坚忍不拔的精神。

⑤ 父亲是一个谦卑朴实的人。因为“他总觉得坐太高了和人打招呼有些不自在。然而，低了一级他还是不自在，便一级级地往下挪，挪到最低一级，他又觉得太低了，干脆就坐到门槛上去。”一个“挪”字，生动形象地写出父亲的动作幅度小和不自然，表现父亲的谦卑朴实。

⑥ 父亲是一个倔强好强的人。因为“泥水匠说大约有三百五十斤吧，父亲说不到三百斤。我亲眼看到父亲在用手去托青石板时腰闪了一下。我就不让他抬，他坚持要抬。抬的时候，他的一只手按着腰。”或“有一天，父亲挑了

一担水回来，噔噔噔，很轻松地跨上了三级台阶，到第四级时，他的脚抬得很高，仿佛是在跨一道门槛，踩下去的时候像是被什么东西硌了一硌，他停顿了一下，才提后脚。那根很老的毛竹扁担受了震动，便‘嘎叽’地惨叫了一声，父亲身子晃一晃，水便泼了一些在台阶上。我连忙去抢父亲的担子，他却很粗暴地一把推开我：‘不要你凑热闹，我连一担水都挑不——动吗！’”这里运用动作描写、神态描写，生动形象地写出了父亲的争强好胜，倔强不服输，为下文“父亲”失落的矛盾心理埋下伏笔，表现了作者对“父亲”既崇敬又无比心疼怜悯的感情。

（2）那么父亲真正实现了自己的梦想了吗？从哪个词看出来？

明确：没有，“不自在”。

小结：父亲是一位伟大的父亲，却又带有一些凄楚与辛酸。

用：本质与变式

探究话题一：文中的“事”。

问题1：造房子为何用了大半辈子？

明确：穷——创业艰难。

问题2：是什么原因让如此勤劳、要强的父亲这么艰难？

明确：建一栋房子建到人老，说明经济发展缓慢，建材是捡来的，钱是一角角存起来的，辛苦卖一担柴1.5元，这一切说明经济落后。

探究话题二：文中的“物”。

问题1：小说塑造了一位农民父亲的形象，为什么用“台阶”做题目呢？

明确：台阶是小说的线索、是父亲的追求、是父亲的向往、是父亲的理想、是父亲的尊严、是父亲一生的精神寄托。以父亲为代表的这些一无所有但依旧艰苦创业的草根阶层，正是我们民族文化中最厚重的那级台阶！

探究话题三：文中的“人”。

问题1：作者对父亲寄予了怎样的思想情感？

明确：作者对父亲的优秀品质表示敬仰和赞叹；对父亲身上的中国传统农民所特有的谦卑表示同情；同时发出了时代的呼唤：农民渴望改变落后面貌，结束贫穷的生活。

幻灯片出示下列资料，帮助学生加深理解：

这最后似乎是不经意的一声感叹，其实是作者最无奈最沉重的一句呻吟。

是的，父亲老了，这里的“老”，不仅仅是指父亲年事已高身体受伤无法再操持农活，更是儿子感受到父亲心灵世界的“老化”——父亲不但失去了健康的身体，也同时失去了奋斗目标。身体的老朽固然已经可悲，追求的丧失更让人迷惘。但儿子之痛还更在于他几乎是眼睁睁地看着父亲为了造屋而耗尽了一生的精力，他在父亲身体和心灵都迅速衰老的残酷现实面前无能为力。一个句号，悲凉地道出了中国农民再勤劳善良也无法彻底改变命运得到幸福的残酷现实。小说中的父亲是如此，无数中国农民又何尝不是如此呢？

——特级教师王君谈《台阶》

关于小说的结尾，当初我的确没有把它当作悲剧来处理。在中国乡村，一个父亲的使命也就那么多，或造一间屋，或为子女成家立业，然后他就迅速地衰老，并且再也不被人关注，我只是为他们的最终命运而惋惜，这几乎是乡村农民最为真实的一个结尾。

——李森祥给编者尤志心的信

改：迁移与应用

环节一：学生齐读老师自创小诗，再次感悟父亲的形象。

小时候，台阶是三块不太光滑的青石板。
父亲坐在上面，
我摔在下面。
后来啊，台阶是地位的象征。
父亲在山里，
我在家里。
长大后，台阶是父亲努力的结晶。
父亲坐在上面，
村里人走在下面。
而现在，台阶是父亲跨不过去的坎。
我长大了，
父亲老了。

环节二：请你为自己的父亲写一首小诗，来抒发你对父亲的深情……

明确：学生当堂写作，自我展示，师生互评。

【教学反思，成效评价】

本文设定为自读课文，目的就是要将本单元前面教读课文所学到的方法应用到自读的阅读实践中去，加以训练、巩固和提升。所以本节课的重点就在于引导学生解决三个问题：首先把握故事情节——概括文章内容、回答父亲为何建高台阶的屋子和父亲如何建造高台阶的屋子两问。其次是熟读精思，圈点批注，讨论父亲的形象，明确其节俭、勤劳、要强、谦卑、坚韧等性格特征。学生的思维很活跃，答出了我预想之外的答案。这个分析人物形象的环节，是这篇文章的重点。对于引申出来的问题：父亲的梦想没有实现的原因，学生也能在预期范围内理解并给出答案。最后是把握主旨，通过分析作者对父亲的情感与展示我为文中父亲所作的小诗，学生齐读，再次体会这位伟大而略带辛酸的农民父亲。而学生写诗环节着实让人惊喜，如孙宇杨、李政佳、高淇等创作出了简短但感人的诗，为这堂课画上了句号。

【板书设计】

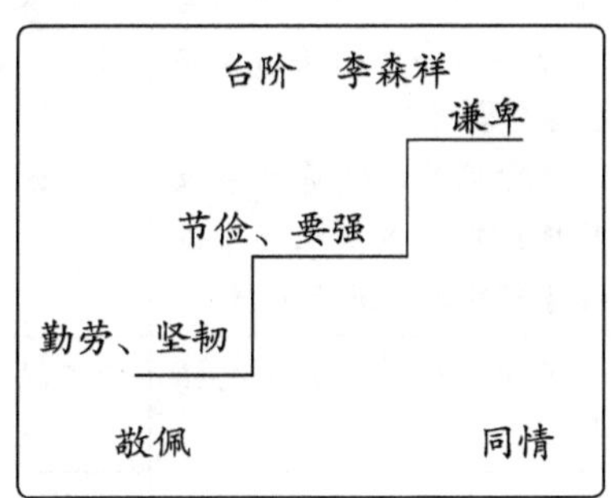

【布置作业】

1. 请你为自己的父亲写一首小诗，来抒发你对父亲的深情……

2. 课外推荐阅读：苏童《父爱》、梁实秋《代沟》、周国平《妞妞——一个父亲的札记》。

【教学成效评价】

本篇课文教学（1课时）从教学目标达成情况、学生对知识的掌握情况、教学策略和方法，把“明珠课堂”实施的六大策略作为观测点，利用课堂教学评价量表对教学成效做总体评价。

附件：《台阶》课堂教学路线图

导	创设情境 建构知识	在本单元，我们都在认识小人物：在鲁迅先生的笔下，我们认识了一位命运不幸却仁厚善良的底层女性保姆阿长；杨绛先生给我们介绍了一位普通但又不平凡的三轮车夫老王。而今天我们跟随作者李森祥，来领略以父亲为代表的老一辈农民特有的坚韧与谦卑。 整体感知，梳理结构	开门见山，直奔主题
悟	制定策略 探究问题	1.速读文章走进人物。 2.学生小组合作解决问题	小组合作探究，激发学生的潜能
	展示解答	师生互动，展示学生的答案，其他同学及时补充	答案展示，加深印象
用	新知呈现	1.父亲是一个为了理想而奋斗一生，勤劳质朴、勤俭节约、坚韧要强、谦卑的普通而伟大的父亲，却又带有一些凄楚与辛酸。 2.表达了作者对父亲的优秀品质表示敬仰和赞叹；对父亲身上的中国传统农民所特有的谦卑表示同情	熟读精思，圈点勾画，新知提炼。关注细节，详略安排，小组讨论，答案呈现
改	运用新知 巩固深化	学生齐读老师自创小诗，再次感悟父亲的形象	朗读精思，加深体会
	练习迁移 再掀波澜	请你为自己的父亲写一首小诗，来抒发你对父亲的深情……	引导学生学以致用，将已学知识延伸到写作上
评	成效评价 及时反思	情感把握和主题探究部分，学生需要进一步引导才能回答，对于情感的把握要渗透到平常的教学中，并在以后的教学中一直延伸	从设计到时效，学会反思，并加以改正
	概括总结 布置作业	1.请你为自己的父亲写一首小诗，来抒发你对父亲的深情…… 2.课外推荐阅读：苏童《父爱》、梁实秋《代沟》、周国平《妞妞——一个父亲的札记》	拓展延伸，加深对文章的理解。巩固所学，课内探究的继续

《卖油翁》

珠海市文园中学　曹　强

一、文本解读

《卖油翁》出自宋代文学家欧阳修的笔记小说集《归田录》。文章通过陈尧咨射箭十中八九和卖油翁酌油入钱不湿两件事，借事喻理，形象地说明了“熟能生巧”“实践出真知”“人外有人，不应恃技骄横”等道理。

故事的开篇，描写陈尧咨“善射，当世无双”“十中八九”的高超射箭技艺，卖油翁却是“睨之”“微颔”的不屑神态和动作，引发了陈尧咨的不满。第一段以极其精炼的笔墨提出矛盾，为下文陈尧咨责问卖油翁做铺垫。

陈尧咨“汝亦知射乎？吾射不亦精乎？”的质问式反问，盛气凌人，骄傲自大的陈尧咨形象跃然纸上。“无他，但手熟尔”，卖油翁不卑不亢地回应了陈尧咨咄咄逼人的质问——“无他”回应了“汝亦知射乎？”，“但手熟尔”回应了“吾射不亦精乎？”——这6个字言简意赅地塑造出一个淡定自若、自信沉稳的卖油翁形象。不必说“无他”是对陈尧咨精湛射艺的直接否定，也不必说“手熟”二字简直是对陈尧咨“当世无双”的一种羞辱，单是句末一个语气词“尔”（而已、罢了），就能让恃技骄横的康肃公恼羞成怒。大声斥责“尔安敢轻吾射！”，句中一个“敢”字揭开了他们之间身份和地位上的差别，“敢”即大胆，康肃公的盛气凌人，使双方矛盾冲突进一步升级，故事走向高潮。由“汝”到“尔”，由“亦……不亦……”到“安敢”，陈尧咨对卖油翁的态度由质问到咄咄逼人的斥责，语气的变化，写出其由不满到愤怒的心理变化过程。

面对陈尧咨的傲慢无礼，卖油翁不慌不忙，气定神闲地应对“以我酌油知之。”接下来现身说法，“取”“置”“覆”“酌”“沥”，卖油翁胸有成竹地演示酌油绝活。“我亦无他，惟手熟尔。”再次点明“手熟”，比对“无他，但手熟尔”一句，增添了“我亦”二字，显得卖油翁亲切而自谦，“惟”在这里可译为“只因为”，再一次强调“手熟”的原因，深入浅出地说明“熟能生巧”的道理。

“康肃笑而遣之”，是故事的结局，陈尧咨对卖油翁心悦诚服，矛盾化解。由“忿然”到“笑而遣之”，也表现陈尧咨通达爽快的一面，侧面突出卖油翁的技艺高超以及沉稳智慧。结尾简洁、含蓄、发人深省。

《卖油翁》在艺术上也有鲜明的特色：

第一，语言简洁凝练。全文共133个字，描写陈尧咨射箭本领高，只用“当世无双”“十中八九”8个字概述。对卖油翁酌油的过程，仅用“取”“置”“覆”“酌”“沥”五个动词，使读者如见其人、如观其事，淋漓尽致地刻画了卖油翁酌油时稳重而熟练的动作，一个技艺高超的卖油老人的形象便宛如眼前了。

第二，文章详略得当。虽篇幅短小，但是情节完整，重点突出。陈尧咨的射技，仅用“十中八九”一笔带过，略写其射技高超。卖油翁酌油的过程却用大量的笔墨详细地描述，准确展示了卖油翁技艺的高超。故事开头、过渡、结尾等化繁为简，无冗赘无繁枝，构思精巧。

第三，欲扬先抑有波澜。文章以褒扬发端，对陈尧咨的射技给予高度赞扬。接着宕开一笔，交代卖油翁对其射技的态度，卖油翁不屑的态度引发了陈尧咨的不满。卖油翁不为所动，以自钱孔酌油而钱不湿的事实，让陈尧咨心悦诚服。

总之，《卖油翁》是一篇短小精悍、寓理于事，叙事条理清晰，结构完整，人物刻画形象生动，语言精练，言简意赅的笔记小说。

二、单元内容解析

（一）课时安排

本单元的学习目标是：（1）了解不同叙事文体的基本特征，学会从标题、详略安排、角度选择等方面把握文章重点，提高整体把握文章结构层次的能力。（2）加强文本细读，关注细节描写以及前后内容的内在联系，揣摩人物心理，把握人物形象特点，体会平凡人物身上的闪光品格。（3）结合文体特点和作者的叙事风格，展开多种形式的诵读，加深对作者情感态度的理解和对文本意蕴的体悟。

讲读课文《阿长与〈山海经〉》教学时长3课时，《老王》教学时长2课时，笔记小说《卖油翁》教学时长1课时，自读课文《台阶》教学时长2课时。写作指导《抓住细节》，紧扣写人记事的单元主题，在各篇课文渗透的基础之上，又是对前两个单元写出人物精神和学习抒情的延伸，需要2个课时。名著导读《骆驼祥子》圈点与批注教学，是对第二单元教学重点学做批注的深入练习，安排1课时。课外古诗诵读教学时长2课时。完成本单元教学任务共需用时13课时。

（二）单元内容结构图表

		讲读课	自读课	写作	名著导读
第三单元	人文素养	《阿长与〈山海经〉》：朴素的温情与深沉的怀念	《台阶》：物质生活改善的同时实现高水平的精神追求	细微之处见真情	现实主义的笔法书写悲天悯人的情怀
		《老王》：1.小人物的“闪光人性”。2.人与人之间的珍贵友情			
		《卖油翁》：创造性解读故事中蕴含的道理			
	语文要素	《阿长与〈山海经〉》：1.关注题目，把握结构。2.细节入手，多角度把握人物形象	《台阶》：1.从情节入手，深入细节，欣赏人物形象。2.引导自读，学做批注	调动感官，捕捉细节运笔成文	圈点勾画，一目了然，人事自现
		《老王》：1.熟读精思，把握文章情感。2.关注细节，探究文章主题			
		《卖油翁》：1.反复诵读，加深文意理解。2.抓住细节，品味人物形象			

三、教学设计（1课时）

【活动教学内容及解析】

（一）内容：活动核心素养结构图

卖油翁	语文要素	反复诵读，理解文言句意
		抓重点词语、句式，揣摩人物的心理和态度，品味人物形象
	人文素养	创造性解读故事中蕴含的道理

《卖油翁》是一篇笔记小说，富有哲理，通过略写陈尧咨善射、详写卖油翁酌油两件事，形象地说明了“熟能生巧”“实践出真知”等道理。本课共1课时，主要学习任务有：（1）反复诵读，理解文言句意。（2）抓重点词语、句式，揣摩人物的心理和态度，品味人物形象。（3）创造性解读故事中蕴含的道理。

（二）内容解析

本单元选编的四篇课文，从内容上看都是关于“小人物”的故事，以写人记事为主。在他们身上，有着朴素的爱与单纯的善，有着平凡的向往与坚定的追求，还有着自信与智慧。在教学方面的要求为加强文本细读，关注细节描写以及前后内容的内在联系，揣摩人物心理，把握人物形象特点；结合文体特点和作者的叙事风格，展开多种形式的诵读，加深对作者情感态度的理解和对文本意蕴的体悟。因此，本节课在语文要素上主要体现了通过反复诵读，理解文意以及抓重点细节，揣摩人物的心理和态度，品味人物两个方面。人文素养方面主要是创造性解读故事中蕴含的道理。

【学习目标及解析】

（一）学习目标

（1）反复诵读，理解文言句意。

（2）抓重点词语、句式，揣摩人物的心理和态度，品味人物形象。

（3）创造性解读故事中蕴含的道理。

（二）目标解析

上述目标达成的效果是：

（1）反复诵读，加深学生对文言语句的理解，积累文言知识，增强文言语感。

（2）学生深入文本、抓住关键词语，想象人物的神态、动作、心理，体会人物说话时的语气、语调，体会人物的心理活动、情感态度，分析人物特点。

（3）学生在熟悉文本、充分理解文意的基础上，对文中的人物以及文章阐述的道理进行独立思考，着眼于不同人物，得到不同的人生启示，增强发散思维能力，培养学生独立思考、质疑探究的能力。

（三）素养目标

内容方面	行为方面		核心素养		
	1	2	1	2	3
导	俗话："三百六十行，行行出状元。"引出卖油翁	学生踊跃发言，其他同学予以补充	语言建构与运用		
悟	引导学生概括内容，把握情感，主题归纳	快问快答，自主回答。小组合作解决问题	语言建构与运用	思维发展与提升	审美鉴赏与创造
用	知识迁移，对同等类型的文章进行事件梳理，情感把握和主题探究	学生举手，畅所欲言	语言建构与运用	思维发展与提升	审美鉴赏与创造
改	学以致用，老师讲解，师生反思，及时纠正	及时纠错，查漏补缺	语言建构与运用	思维发展与提升	审美鉴赏与创造

【教学重点、难点】

1. 重点

（1）反复诵读，理解文言句意。

（2）抓重点词语、句式，揣摩人物的心理和态度，品味人物形象。

2. 难点

创造性解读故事中蕴含的道理。

【教学问题诊断分析】

问题1：学生对文章揭示的道理解读单一化，仅仅局限于"熟能生巧"，不能进行创造性解读。

应对策略：引导学生在熟悉文本、充分理解文意的基础上，对文中的人物以及文章阐述的道理进行独立思考，着眼于不同人物，得到不同的人生启示，增强发散思维能力，培养学生独立思考、质疑探究的能力。

问题2：初中生因生活环境和时代的不同，对于人情世故的理解力有所欠缺，难以从人物说话的神态、语气来揣摩人物的心理和态度。

应对策略：引导学生深入文本、抓住关键词语，通过对人物的外在描写，结合生活情境，想象人物的神态、动作、心理，体会说话时的语气、语调，体会人物的心理活动、情感态度。

【教学过程】

（一）课前学习任务清单

（1）同学们课前查找资料，了解什么是“六艺”和成语“熟能生巧”的意思以及出处。

（2）走进作者，借助资料及作者的相关著作，大致了解作者的生平事迹。

（3）查阅陈尧咨的生平事迹，了解陈尧咨和卖油翁在地位上的悬殊。

（4）诵读全文，预习文本，扫清文字障碍，能够复述故事，完成整体感知。

（5）思考问题：这个故事蕴含哪些道理，给我们什么启示？

（6）熟读课文，留意文章的精彩语句，圈点勾画，做旁批。

（二）教学准备

资料链接：

（1）六艺简介：出自《周礼·地官司徒·保氏》，“养国子以道。乃教之六艺：一曰五礼，二曰六乐，三曰五射，四曰五御，五曰六书，六曰九数。”指中国周朝贵族教育体系中的六种技能，即：礼、乐、射、御、书、数。中国周朝的贵族教育体系，开始于公元前1046年的周王朝，周王官学要求学生掌握的六种基本才能。

（2）《归田录》简介：笔记体裁，是欧阳修平时所记，晚年辑录成书。其在《自序》中说：“《归田录》者，朝廷之遗事，史官之所不记，与夫士大夫笑谈之余而可录者，录之以备闲居之览也。”《归田录》应该这里有三层意思：一是说内容，是记载朝廷轶事，事是真实的，不入史家之眼，是因为事小，史官没关注到；二是说来源，是从与士大夫谈笑中得来，是可靠的并且是有选择的；三是说目的，是备闲居时看的。但是，“文章千古事”，让人通过趣闻轶事记住那个时代杰出人物的音容笑貌、气度风神并不是唯一目的，轶事的背后有文以载道的用意。

（3）陈尧咨简介：陈康肃公，即陈尧咨，公是对男子的美称。在封建时代，对有功于国家的王公大臣，在其死后，朝廷一般会追封谥号加以褒奖。陈尧咨死后被朝廷追封太尉，谥号为“康肃”。据宋史《陈尧咨传》记载，陈尧咨有文才，宋真宗咸平三年（1000）庚子科状元，工书法，尤善隶书；性刚戾，“尧咨于兄弟中最为少文，然以气节自任”；善射箭，“善射，尝以钱为的，一发贯其中”；有武略，“以龙图阁直学士知永兴军、陕西缘边安抚使、武信军节度使、知天雄军”。

（4）欧阳修简介：欧阳修（1007—1072），字永叔，号醉翁，晚号六一居士，谥号文忠，生于四川绵阳，籍贯吉州永丰（今属江西）人，北宋文学家、史学家、政治家，唐宋八大家之一。天圣八年（1030）进士。累擢知制诰、翰林学士，历枢密副使、参知政事。宋神宗朝，迁兵部尚书，以太子少师致仕。卒谥文忠。政治上曾支持过范仲淹等人的革新主张，文学上主张明道、致用，对宋初以来靡丽、险怪的文风表示不满，并积极培养后进，是北宋古文运动的领袖。散文说理畅达，抒情委婉。诗风与其散文近似，语言流畅自然。其词婉丽，承袭南唐余风。曾与宋祁合修《新唐书》，并独撰《新五代史》。又喜收集金石文字，编为《集古录》，对宋代金石学颇有影响。有《欧阳文忠公集》。

课上提问，鼓励学生积极回答问题，并适当引导，避免脱离课堂片面陈述历史。对学生回答的问题进行总结，展示PPT，加深印象。

（三）课堂教学实践

导：联想与结构

我国有句俗话：“三百六十行，行行出状元。”这句话常用来称赞各行各业的能工巧匠。在过去的几千年当中，这类的能工巧匠多得无法统计。在欧阳修的笔下有一位貌似平常，却身怀绝技的老人——卖油翁。

整体感知：

（1）读课文，读准字音。要求：齐读课文，圈出不认识的字词。

字音：

谘zī　矜jīn　圃pǔ　睨nì　矢shǐ

颔hàn　忿fèn　酌zhuó　沥lì　杓sháo

（2）读课文，读出节奏。要求：自由读课文，用“/”画出句子的停顿。

陈康肃公/善射，当世/无双，公/亦/以此/自矜。尝/射于家圃，有/卖油翁/释担而立，睨之/久而不去。见/其发矢/十中八九，但/微颔之。康肃/问曰：“汝/亦知射乎？吾射/不亦精乎？”翁曰：“无他，但/手熟尔。”康肃/忿然曰：“尔/安敢/轻吾射！”翁曰：“以我/酌油知之。”乃/取一葫芦/置于地，以钱/覆其口，徐/以杓/酌油沥之，自/钱孔入，而/钱不湿。因曰：“我/亦无他，惟/手熟尔。”康肃/笑而遣之。

（3）读课文，理解文意。要求：运用“注释+猜读”的方式，在关键词句旁边做批注。

理解检测：①公亦以此自矜。②有卖油翁释担而立，睨之久而不去。③见其发矢十中八九，但微颔之。④汝亦知射乎？吾射不亦精乎？尔安敢轻吾射！⑤徐以杓酌油沥之，自钱孔入，而钱不湿。

悟：活动与体验

复述层级	复述要求	复述评价
第一级	简要地复述课文大意，突出叙事要素，贴近课文内容	
第二级	生动地复述课文，揣摩人物的动作细节，说话时的语气语调等	
第三级	创造性地复述课文，发挥想象，恰当扩展相关细节，丰富故事内容	

根据要求复述。（语言建构与运用、审美鉴赏与创造）

明确：高水平的复述表达，需要对文言文中的实词、虚词了如指掌。学生在复述的过程中，要求准确理解相关字词，解决字词积累的问题，如“自矜”“尔”“安”“颔”“轻”“遣”“睨”等重点字。

三种难度逐级上升的任务考查学生不同审美取向的表达。要生动形象复述，须对简洁的文言进行填白处理，运用口头语言表现美。要创造性地复述，须讲究一定的叙事艺术，发挥想象，详略得当，运用口头语言创造美。

用：本质与变式

探究一：卖油翁的故事原出自欧阳修《欧阳文忠公文集二九·笔说》中《转笔在熟说》一文，后来欧阳修对此文做了一定的修改，将它选入了《归田录》。原文如下：

陈尧咨以射艺自高，尝射于家圃。有一卖油翁释担而看，射多中。陈问：“尔知射乎？吾射精乎？”翁对曰：“无他能，但手熟耳。”陈忿然曰：“汝何敢轻吾射！”翁曰：“不然，以吾酌油可知也。”乃取一葫芦设于地，上置一钱，以杓酌油，沥钱眼中入葫芦，钱不湿。曰：“无他，亦熟耳。”陈笑而释之。

对比修改前后的差异，找出并品读作者这样修改的好处。（课后思考探究练习：文中哪些语句表现了卖油翁对陈尧咨箭术的态度？哪些语句表现了陈尧咨的傲慢无礼？）

明确：

序号	改前	改后
1	陈尧咨以射艺自高	陈康肃公善射，当世无双，公亦以此自矜
2	有一卖油翁释担而看，射多中	有卖油翁释担而立，睨之久而不去，见其发矢十中八九，但微颔之
3	尔知射乎？吾射精乎	汝亦知射乎？吾射不亦精乎
4	乃取一葫芦设于地，上置一钱，以杓酌油，沥钱眼中入葫芦，钱不湿	乃取一葫芦置于地，以钱覆其口，徐以杓酌油沥之，自钱孔入，而钱不湿
5	汝何敢轻吾射	尔安敢轻吾射
6	此无他，亦熟耳	我亦无他，惟手熟尔
7	陈笑而释之	康肃笑而遣之

（1）“陈尧咨”改为“陈康肃公”，“康肃”是朝廷根据陈尧咨生前事迹与品德授予他的谥号。作者以“陈康肃公”称呼陈尧咨，一是表达尊敬，二是表明陈尧咨已经去世。“善射”“当世无双”是对其才能的评价，而“公亦以此自矜”则直接点明其恃才傲物的个性。“自高”是一种心理，“自矜”是把自高的心理外化为具体行动，更能体现陈尧咨骄傲自大的性格。

（2）“有一卖油翁释担而看，射多中”改为“有卖油翁释担而立，睨之久而不去。见其发矢十中八九，但微颔之”。“看”换成了饱含情感态度的“睨”，从神态方面表现了卖油翁对陈尧咨箭术不以为意地淡然以对。“但微颔之”从动作方面进一步表明了卖油翁对陈尧咨“十中八九”射技的一般评价。表现了卖油翁气定神闲、胸有成竹、淡然沉稳的性格特点。

（3）“尔知射乎？吾射精乎？”改为“汝亦知射乎？吾射不亦精乎？”，改后增加了“亦”与“不亦”，前者的“亦”流露出陈尧咨咄咄逼人的口气，完全暴露了他对卖油翁的“睨”一种不满情绪以及怀疑、轻慢的态度；后者的“不亦”加强了反问的力度，将陈尧咨“自矜”的性格又浓墨重彩地增添了几分，甚至显现出些许“自负”的意味来。一个对自己射艺狷狂自大、不觉矜夸于言辞的人物形象就这样活生生地浮现在我们面前。

（4）“上置一钱”改为“以钱覆其口”，使钱与葫芦的位置关系交代得更为清楚明白；在“以杓酌油”前添了一个字“徐”（慢慢地），这样不仅放大了酌油的过程与时间感，更能让人去体味卖油翁酌油时的那种悠然从容之态；

在“钱不湿”之前多加一个表转折的“而”，其实是对卖油翁高超倒油技术的一种夸赞。

（5）“汝”改为“尔”，“汝”与“尔”的意思都是“你”，但是“尔”更多了一层居高临下的意味，如果说“汝亦知射乎？吾射不亦精乎？”是质问，那么“尔安敢轻吾射！”就是怒斥了，不仅表现了陈尧咨的傲慢，更显出他的暴躁。

（6）增添了“我亦”二字，显得卖油翁亲切而自谦；“惟”在这里可译为“只因为”，再一次强调“手熟”的原因。

（7）“陈笑而释之”与“康肃笑而遣之”在意义上实际一字之差，但差之万里。“遣”字较之“释”字，意蕴深厚，极富艺术感染力。“释”释为“放”，依然在写陈尧咨的目中无人。但“遣”字会让人联想到他内心不再“忿然”的释然，表现陈尧咨通达爽快的一面。

探究二：这个故事蕴含哪些道理，给我们什么启示?

明确：（1）“山外有山，人外有人”，即使有专长，也不应该恃才傲物，以免贻笑大方。

（2）谦虚使人进步，骄傲使人落后。保持谦虚的态度不停地学习。

（3）敢于正视自己的缺点，知错就改。

（4）学无止境，精益求精。

改：迁移与应用

本节课我们学习了从关键语句入手，领悟作者对人物的情感态度，理解作品的深层意蕴。现在运用我们刚才分析文章的方法，学以致用。

[甲]陈康肃公尧咨善射，当世无双，公亦以此自矜。尝射于家圃，有卖油翁释担而立，睨之，久而不去。见其发矢十中八九，但微颔之。

康肃问曰：“汝亦知射乎？吾射不亦精乎？”翁曰：“无他，但手熟尔。”康肃忿然曰：“尔安敢轻吾射！”翁曰：“以吾酌油知之。”乃取一葫芦置于地，以钱覆其口，徐以杓酌油沥之，自钱孔入，而钱不湿。因曰：“吾亦无他，唯手熟尔。”康肃笑而遣之。

[乙]南方多没人①，日与水居也，七岁而能涉，十岁而能浮，十五而能没矣。夫没者岂苟然哉？必将有得于水之道者。日与水居，则十五而得其道；生不识水则虽壮见舟而畏之。故北方之勇者，问于没人，而求其所以没，以其言

试之河，未有不溺者。故凡不学而务求其道，皆北方之学没者也。

注释：①没人：能潜水的人。

同学们举手发言，积极分享自己的答案，并根据讲解，自行改正。

问题1：［甲］文中体现陈尧咨傲慢的语句是___▲___，表明卖油翁观点的语句是___▲___。

明确：汝亦知射乎？吾射不亦精乎？（或尔安敢轻吾射？）

他，但手熟尔。（或我亦无他，惟手熟尔。）

问题2：［乙］文中北人“以其言试之河，未有不溺者”的原因是___▲___。

明确：生不识水。（或不学而务求其道）

问题3：请你结合［甲］［乙］两文，说说你从其中获得了哪些启示？

明确：从陈康肃和卖油翁的故事中，我懂得了熟能生巧的道理，并告诉我们人即使有什么长处也没必要骄傲自满。从北方勇者学没“不学而务求其道”而“未有不溺者”的故事中，我领悟到要想学会一项技能，就得踏踏实实地学习，认认真真地操练。

【教学反思，成效评价】

部编版新教材的编排采用的是双线组元的方式，即人文主题和语文要素双线并进，协调发展。这个单元的人文主题是展现平凡人物（阿长、老王、砌台阶的父亲、卖油翁）的光辉，体会平凡人物的人生境界；语文要素方面则要求学生熟读精思，从关键语句中感受文章的精神意蕴。

《卖油翁》是七年级下册第三单元的最后一篇课文，仅有133个字，描写了两个人物，文本内容和文章主题都比较浅白，依据课下注释，学生不会产生过多的阅读障碍。对学生来说可能会有两个难点：一是初中生因生活环境和时代的不同，对于人情世故的理解力有所欠缺，难以从人物说话的神态、语气中揣摩人物的心理和态度。二是学生对文章揭示的道理解读单一化，仅仅局限于“熟能生巧”，不能进行创造性解读。

教师根据学生的学情来确定教学内容，这也是教学的起点。基于此，并依据单元导语、预习提示以及课后习题等，最终将这篇课文的教学目标设置为：（1）反复诵读，理解文言句意。（2）抓重点词语、句式，揣摩人物的心理和态度，品味人物形象。（3）创造性解读故事中蕴含的道理。以实现“语文学科核心素养”为最终目的而展开。

语文核心素养是学生在积极的语言实践活动中积累与构建起来，并在真实的语言运用情境中表现出来的语言能力及其品质，是学生在语文学习中获得的语言知识与能力、思维方法与品质、情感态度与价值观的综合体现。“语言建构与运用”是基础和根本，回归文本梳理实虚词解释，斟字酌句得真知，通过复述活动巩固强化学生“语言建构与运用”能力，这种语言知识的主动觅取与构建，既保全了文本内容的完整性，又直指核心素养的全面提升。

语言是思维的工具，思维是语言的逻辑存在形式。语言的发展与思维的发展相辅相成，互为表里。对任何文本的研读，都需要在一定的矛盾分析中激发语言思维，开拓思维空间，生成审辨思维。欧阳修在把《卖油翁》选入《归田录》时做出了较大的改动，引导学生做对比阅读，找出两者差异，品读修改的意图、好处。在教学过程中引导学生从不同的层面和角度独立思考，鼓励学生对文本进行创造性阅读，既贴合课文本身，又有适当的引申。既提高了学生的语言的建构与应用能力，又使得学生的思维得到发展与提升。

审美鉴赏与创造是指学生在语文活动中体验、欣赏、评价、表现和创造美的能力及品质。从《卖油翁》中引导学生对美的追求，落实审美这一必要能力的培育，还须突显学生阅读的主体地位。基于此，《卖油翁》设置了根据不同复述要求进行复述的语言活动，提升审美品质。三种难度逐级上升的任务考查学生不同审美取向的表达，要生动形象复述，须对简洁的文言进行填白处理，运用口头语言表现美。要创造性地复述，须讲究一定的叙事艺术，发挥想象，详略得当，运用口头语言创造美。

总之，这堂课通过诵读理解文意、抓关键语句感受人物的精神意蕴、创造性解读故事中蕴含的道理等教学活动，增强了学生对作品意蕴的思考和领悟力，提升了学生的语言、思维、审美素养。

【板书设计】

	陈尧咨	卖油翁
	（略）	（详）
技艺：	善射（十中八九）	善酌（堪称绝技）
态度：	自矜（浮躁自傲）	手熟（从容沉静）

中心：熟能生巧

【布置作业】

1. 卖油翁走后，康肃公会怎样，发挥你的想象，写一段文字。

2. 拓展阅读。

（1）北宋王辟之笔记《渑水燕谈录》中也写到陈尧咨善射，原文如下：

陈尧咨善射，百发百中，世以为神，常自号曰小由基。及守荆南回，其母冯夫人问："汝典郡有何异政？"尧咨云："荆南当要冲，日有宴集，尧咨每以弓矢为乐，坐客罔不叹服。"母曰："汝父教汝以忠孝辅国家，今汝不务行仁化而专一夫之伎，岂汝先人志邪！"杖之，碎其金鱼。

（2）南宋吴曾所撰笔记集《能改斋漫录》也记载了一则小故事，原文如下：

太尉陈尧咨为翰林学士日，有恶马，不可驭，蹄啮伤人多矣。一旦父谏议入厩，不见是马，因诘圉人，乃曰："内翰卖之商人矣。"谏议遽谓翰林曰："汝为贵臣，左右尚不能制，旅人安能畜此？是移祸于人也。"亟命取马而偿其直。戒终老养焉。其长厚远类古人。

思考："康肃"是朝廷根据陈尧咨生前事迹与品德授予他的谥号，加以褒奖。阅读两则故事，结合课文，思考陈尧咨是如何成长为陈康肃公的？

第四单元

《短文两篇》

珠海市梅华中学　李　征

一、文本解读

高尔基说过："人是文化的创造者，也是文化的宗旨。"周敦颐的《爱莲说》与刘禹锡的《陋室铭》是中国传统优秀文化的体现，给予后人源源不断的文化滋养。那么，周敦颐为何选择"莲花"，刘禹锡又为何独写陋室？他们又因何会超越时代获得后人的共鸣？面对这些问题，如果我们仅仅从文言字词与文化常识出发，不从文化的视域来观照它们的价值就会有所欠缺和不足。

《爱莲说》虽篇幅短小，但结构严谨，笔意超群。关于"莲"之意蕴呈现多维视角。其包有佛家因缘视角，针砭时弊的社会批判视角，隐与未隐的视角，赞美君子高洁志趣的视角，以及作者对生命价值的追求和不断自我完善的理想视角。周敦颐在中国思想史上的地位，远胜于文学史，人称"周子"。周子所处的宋代，人文鼎盛，科技昌明，社会发达，乃华夏文明盛极之时。那是一片群星闪耀的天空。王安石、苏东坡、司马光、欧阳修，如许朝廷重臣或政要，哪一个不是熠熠生辉的人文星斗？作为中学语文教材的经典篇目之一，《爱莲说》宛如传统士大夫的人格范本，跨越空间，纵贯代际。世间花草，多在"可爱"之列，这是爱的基调与前提。在花草"可爱"的大背景之下，陶渊明之于菊，是一种"独爱"。"独"不是限制和修饰的字眼，它是情有独钟的精神沉醉，亦是遗世独立的风骨卓立，是孤高慎独的自处，亦是独与天地相亲的精神文脉。文中“独爱”对应的是另一个关键词“甚爱”，“甚”意味着爱之广、爱之深、爱之久。周敦颐思想姿态的高妙之处在于，他并不是站定“莲花立场”去贬斥牡丹，也从未以世人的“分别心”将牡丹定格为一枚富贵的标签。菊、牡丹与莲，同为“可爱”之花，它们之间的关系，可谓各美其美，美人之美，美美与共，这才是君子胸怀吧，多一份兼容与平和，少一些偏执和对垒。菊花之爱，是基于个体的独立选择，它所打开的是陶渊明的人格和精神；牡丹之爱，其实质是庙堂权力之于江湖审美的深深染指，抑或江湖审美对于庙堂权力的普遍献媚。“菊花之爱”是花与人的互相映照，而“牡丹之爱”是权力与审美间的历史博弈。《爱莲说》在言及“菊之爱”与“莲之爱”时，用的词语是同一样，即“独爱”，这意味着：予之“爱莲”，其情其格，亦如陶之“爱菊”，将这一份“独爱”放入自李唐以来的历史长河之中，或放入“甚爱牡丹”之当下世风下，与其说这是一个语词的选择，莫如说是一种超拔的精神赋形。莲，是周敦颐矢志不渝的价值观，亦是他凌波自照的精神面相。一个人的精神面相不是父母给定的，而是他在不同生命境遇里的选择和沉淀。莲的生命境遇，有脏污，亦有圣洁，这才是生命的整体、生活的真实。周敦颐写“莲”的时候，一定是参照着自己的精神世界在摹写。因此，菊、牡丹、莲之间远不仅仅是“形式意义”上的烘托与对比，而是周敦颐思想版图的呈现。瞭望大众的日常，千余年后的今天，依然在富贵间沉浮。思想碧波荡漾，而清莲一枝独放，千百年来，我们仿佛从周敦颐笔下那一枝莲的气质里看到了他本人的硬核气质与硬核人生。

再看《陋室铭》，作者刘禹锡从青年的意气风发到中年屡遭弃置，特别是刘禹锡从初次被贬到最后回东都洛阳任职，前后共经历了23年，在这期间，创作了《陋室铭》，且该文背后隐喻的文化指向是多维的，内涵却是统一的。文学写作虽然是发生在作家个体心灵世界的事件，但是文学作品总是属于整个人类。荣格说：“每一个原型意象中都有着人类命运的一块碎片，都有着在我们祖先的历史中重复了无数次的欢乐和悲哀的残余……一个用原始意象说话的人，是在同时用千万个人的声音说话。”《陋室铭》全文，作者抓住各类意象，各种表达方式来表达志趣，这正是《陋室铭》文本意象背后隐喻的文化内涵。从陋室的景、人、趣和事四个方面可见，“苔痕上阶绿，草色入帘青”描绘了陋室景色的清幽雅致，充满自然之美。特别是“苔”和“草”不因环境恶劣而努力向上生长的状态及其代表的意象，让人想到刘禹锡身处逆境而力争上游的自信，不仅暗喻了刘禹锡身处逆境的现实，“也展现了唐朝广阔的社会生活与诗人丰富细腻的情感世界”。“谈笑有鸿儒”中的“鸿儒”，也是一个典型的传统文化意象，即博学多识的代表，这是千百年人们的共识。“无白丁”是有学问的人，至此，我们看到刘禹锡陋室中交往之人的特点是博学多识的，这也符合传统文化的交友之道。陋室的景和人，可以说是刘禹锡陋室生活的外在表现，那陋室的趣和事就是作者的精神硬核。众所周知，“琴”的意象，便是知音文化的代表。“琴”的意象出现在陋室中，集中展现了刘禹锡的理想趣味，“阅金经”指向中国传统的文化经典，隐喻刘禹锡自己的读书之高雅。在清幽雅致的环境里，来来往往的都是博学之士，或弹琴，或读书，是多么的逍遥自在，小“陋室”自有大文化。之后刘禹锡用“无丝竹之乱耳”，说明陋室没有宴会欢乐之事，刘禹锡作为被贬谪之人，时人往往避之唯恐不及，哪里会有欧阳修所说的“众宾欢也”，在官府公事上也同样如此。由此看来，刘禹锡在陋室之事上，也有着非常多的可解读的文化内涵。《陋室铭》文本所表现的景、人、趣和事的意象，使其充满了隐喻色彩，展现了其丰富的传统文化内涵，且刘禹锡不因个人遭际而改变其高尚品行的风貌，使他成为陋室文化的代表。

“一千个读者有一千个哈姆雷特”，我们对《爱莲说》《陋室铭》的文化解读，也应如是。见其为人，思其源头，感其文化，帮助我们穿越人生的逆境而保持自我和高雅情怀。

二、单元内容解析

（一）课时安排

中华民族在长期的生活和斗争中，不仅形成了悠久的历史和文化传统，也形成了许多优良的伦理道德观念和美德佳行的行为观念，这是中华民族团结互助、爱国爱家的精神指向，亦是勇敢刚毅、积极向上的民族精神底色。本单元所选的文章，从不同角度展现了中华美德以及时代对这些美德的呼唤。

在这一单元的授课中，讲读课文散文《叶圣陶先生二三事》教学时长2课时，小说《驿路梨花》教学时长2课时，自读课文《最苦与最乐》教学时长1课时，文言文《短文两篇》教学时长3课时。同时写作指导怎样选材，在各篇课文渗透的基础之上，又是对前三个单元学习课文怎样选材的延伸，讲练结合需要2

课时。综合性学习《孝亲敬老，从我做起》需要1个课时，故此完成本单元教学任务共需11课时。

（二）本单元内容结构图表

<table>
<tr><th rowspan="7">第四单元</th><th></th><th>讲读课</th><th>自读课</th><th>写作</th><th>综合性学习</th></tr>
<tr><td rowspan="3">人文素养</td><td>《叶圣陶先生二三事》：学习叶圣陶先生待人宽、律己严的品德</td><td rowspan="3">《最苦与最乐》：伟大的智慧及苦乐的辩证关系，树立对社会、对他人、对自己的责任感</td><td rowspan="3">怎样选材</td><td rowspan="3">《孝亲敬老，从我做起》</td></tr>
<tr><td>《驿路梨花》：1.小人物的“闪光人性”和“雷锋精神”。2.自觉地为人民服务，践行为人民服务精神</td></tr>
<tr><td>《短文两篇》认识作者不慕名利、洁身自好的生活态度，感受其高雅脱俗的情怀</td></tr>
<tr><td rowspan="3">语文要素</td><td>《叶圣陶先生二三事》：1.多角度掌握文中圣陶先生的过人品性。2.掌握本文对人物以小见大的刻画方法</td><td rowspan="3">《最苦与最乐》：1.议论文知识。2.论述过程中展现中心论点的写法</td><td rowspan="3">立足课文体会选材的典型性和指向性</td><td rowspan="3">结合实际，走进生活，感知对比，付诸行动</td></tr>
<tr><td>《驿路梨花》：1.了解叙述顺序和巧设悬念的构思方法。2.景物描写的作用及以花喻人的象征手法</td></tr>
<tr><td>《短文两篇》：1.反复诵读，掌握基础文言字词。2.托物言志的手法</td></tr>
</table>

三、课文教学设计（3课时）

【课文教学内容及解析】

（一）内容

《爱莲说》内容结构图（思维导图）

《陋室铭》内容结构图（思维导图）

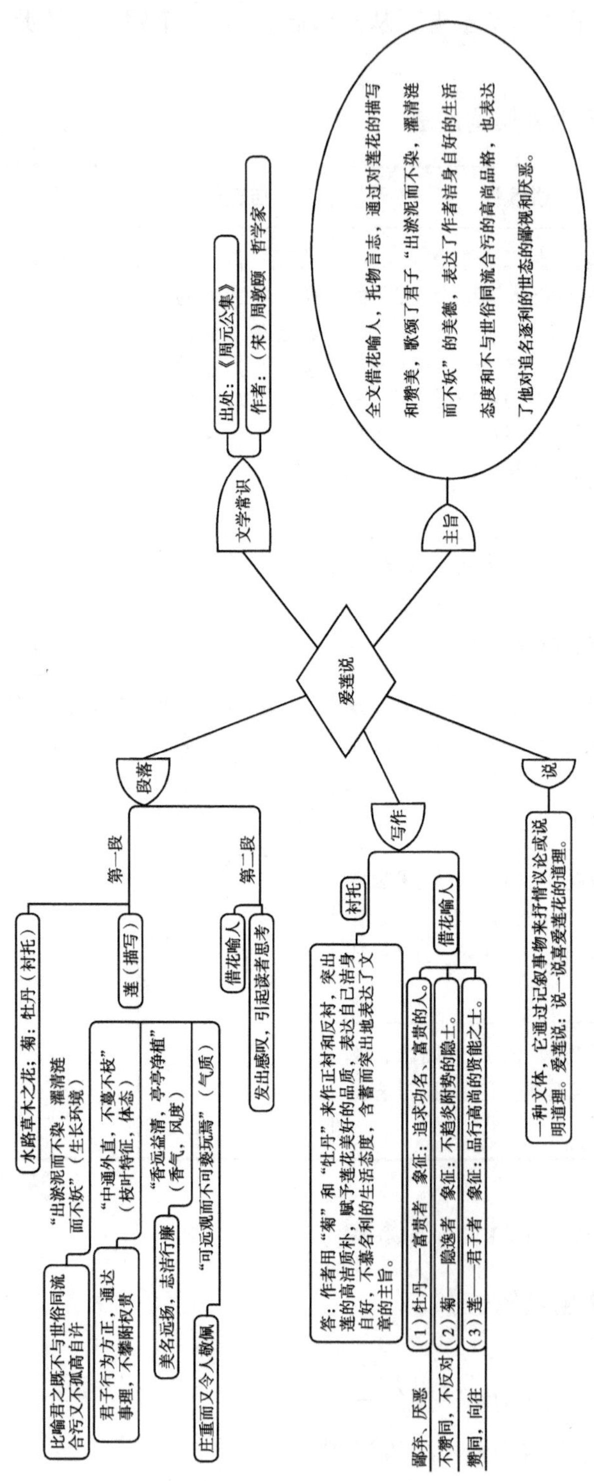
爱莲说
文学常识
出处：《周元公集》
作者：（宋）周敦颐 哲学家
主旨
全文借花喻人，托物言志，通过对莲花的描写和赞美，歌颂了君子“出淤泥而不染，濯清涟而不妖”的美德，表达了作者洁身自好的生活态度和不与世俗同流合污的高尚品格，也表达了他对追名逐利的世态的鄙视和厌恶。
段落
第一段
水路草木之花；菊：牡丹（衬托）
莲（描写）
“出淤泥而不染，濯清涟而不妖”（生长环境）
比喻君之既不与世俗同流合污又不孤高自许
“中通外直，不蔓不枝”（枝叶特征，体态）
君子行为方正，通达事理，不攀附权贵
“香远益清，亭亭净植”（香气，风度）
美名远扬，志洁行廉
“可远观而不可亵玩焉”（气质）
庄重而又令人敬佩
第二段
借花喻人
发出感叹，引起读者思考
写作
衬托
答：作者用“菊”和“牡丹”来作正衬和反衬，突出莲的高洁质朴，赋予莲花美好的品质，表达自己洁身自好，不慕名利的生活态度，含蓄而突出地表达了文章的主旨。
借花喻人
（1）牡丹——富贵者 象征：追求功名、富贵的人。
鄙弃、厌恶
（2）菊——隐逸者 象征：不趋炎附势的隐士。
不赞同，不反对
（3）莲——君子者 象征：品行高尚的贤能之士。
赞同，向往
说
一种文体，它通过记叙事物来抒情议论或说明道理。爱莲说：说一说喜爱莲花的道理。

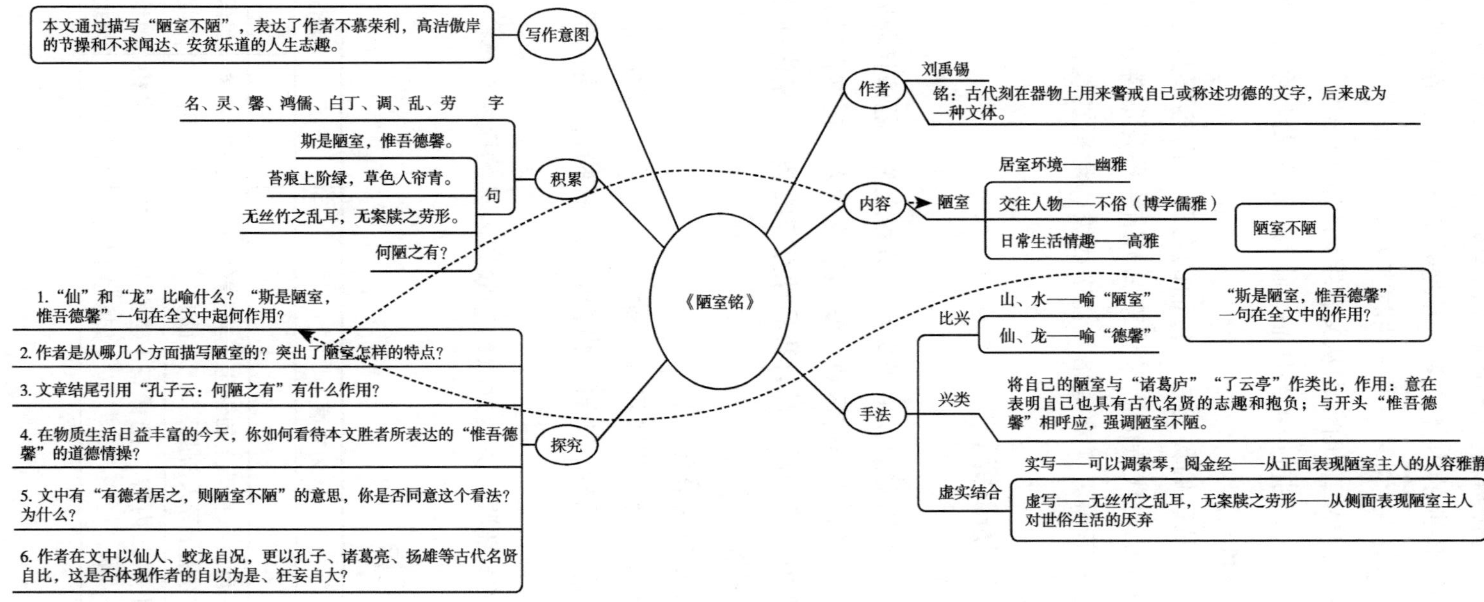
《陋室铭》
作者
刘禹锡
铭：古代刻在器物上用来警戒自己或称述功德的文字，后来成为一种文体。
内容
陋室
居室环境——幽雅
交往人物——不俗（博学儒雅）
日常生活情趣——高雅
陋室不陋
手法
比兴
山、水——喻“陋室”
仙、龙——喻“德馨”
“斯是陋室，惟吾德馨”一句在全文中的作用？
兴类
将自己的陋室与“诸葛庐”“子云亭”作类比，作用：意在表明自己也具有古代名贤的志趣和抱负；与开头“惟吾德馨”相呼应，强调陋室不陋。
虚实结合
实写——可以调素琴，阅金经——从正面表现陋室主人的从容雅静；
虚写——无丝竹之乱耳，无案牍之劳形——从侧面表现陋室主人对世俗生活的厌弃
写作意图
本文通过描写“陋室不陋”，表达了作者不慕荣利，高洁傲岸的节操和不求闻达、安贫乐道的人生志趣。
积累
字
名、灵、馨、鸿儒、白丁、调、乱、劳
句
斯是陋室，惟吾德馨。
苔痕上阶绿，草色入帘青。
无丝竹之乱耳，无案牍之劳形。
何陋之有？
探究
1.“仙”和“龙”比喻什么？“斯是陋室，惟吾德馨”一句在全文中起何作用？
2. 作者是从哪几个方面描写陋室的？突出了陋室怎样的特点？
3. 文章结尾引用“孔子云：何陋之有”有什么作用？
4. 在物质生活日益丰富的今天，你如何看待本文胜者所表达的“惟吾德馨”的道德情操？
5. 文中有“有德者居之，则陋室不陋”的意思，你是否同意这个看法？为什么？
6. 作者在文中以仙人、蛟龙自况，更以孔子、诸葛亮、扬雄等古代名贤自比，这是否体现作者的自以为是、狂妄自大？

《短文两篇》包含两篇文言小短文，篇幅虽短，但从字词、结构、表现手法、内涵等方面可探究的内容较多，因此需结合学情，在教学目标的确立上需要筛选和择定。本课共3课时，第一课时主要是从文言字词和常识出发，整体把握《爱莲说》内容；第二课时依旧从文言字词和常识出发，整体把握《陋室铭》内容。第三课时进一步剖析作者与作品、物与志、先贤与今人之间的关系。

（二）内容解析

《爱莲说》《陋室铭》是古今传诵的名篇，内容都具有典型意义，所反映的思想具有鲜明的时代特征。《爱莲说》描绘莲花形神兼备，作者借莲花自况，表现了高洁的节操。《陋室铭》轻松活泼，清新别致，表现了作者高雅的志趣。

【课文学习目标及解析】

（一）学习目标

（1）掌握文言常用实词，感受文言的节奏之美，翻译且背诵全文。

（2）体会文言经典之作的精致，掌握借物喻人、托物言志的写法。

（3）理解意象，感知君子对自我品性操守的坚守，崇尚独立的人格。

（二）目标解析

达成上述目标的效果是：

（1）提升文言文语言的感知力、阅读力、审美力、朗诵力。

（2）通过内容、结构、语言、借物喻人、托物言志等的解析，增强文言文鉴赏能力。

（3）加强文本细读，关注意象的选取和内涵的探究，体会中国古代文化名人的文化品格。

（三）素养目标

内容方面	行为方面		核心素养		
	1	2	1	2	3
导	建立在主题预习基础上的学生从谈学习方法上导入新课	学生畅所欲言	语言建构与运用	思维发展与提升	审美鉴赏与创造
悟	引导学生概括内容，把握情感，主题归纳	建立导学支架便于探究	语言建构与运用	思维发展与提升	审美鉴赏与创造

续 表

内容方面	行为方面		核心素养		
	1	2	1	2	3
用	迁移艺术表现手法	讲、写结合	语言建构与运用	思维发展与提升	审美鉴赏与创造
改	师生反思，及时纠正	及时纠错，查漏补缺	语言建构与运用	思维发展与提升	审美鉴赏与创造

【教学重点、难点】

1. 重点

（1）积累文言词汇，理解文章内容，品味“片言明百意”的语言。

（2）理解文章借物喻人、托物言志的写作特征。

2. 难点

强文本细读，关注意象的选取和内涵的探究，体会中国古代文化名人的文化品格。

【教学问题诊断分析】

问题1：避免经典文言文的教学失去经典的内涵?

应对策略：从纵向看，没有文本细读与思想深潜，便意味着以“见微知著”为表征的语言敏感失去了存在的根基；从横向看，失去了“知人论世”的语境与坐标，便意味着以小观大的整合思维仅仅停留于笼统的归纳与抽象上。如此纵横皆有偏差的情况下，文言文阅读教学的处境很可能便是经典语言被悬置、被漠视，甚至被无数肤浅的标签与结论所淹没，成为人文分离下“作家、世界与历史”失却了联系的“形式分析”。因此，本课的教学内容需要从纵向去分析文中的意象，解析其内涵，再从横向上关照作者所处时代及个人境遇辅以理解。

问题2：由于年龄、阅历的关系，初中生对于宦海浮沉中的诗人境遇与心境有所欠缺，加之生活环境和时代的不同，学生对于文本内涵的深度解读有待提升。

应对策略：只有更好地知人才有更好地论世，“颂其诗，读其书，知其人”借助材料加以辅助理解。

【教学过程】

第一课时《爱莲说》

说与不说间的心之所向

（一）学习目标

（1）掌握文言常用实词，感受文言的节奏之美，翻译且背诵全文。

（2）体会文言经典之作的精致，掌握借物喻人的写法。

（3）感知君子对自我品性操守的坚守，崇尚独立的人格。

（二）课前学习任务单

（1）同学们提前查找资料，了解文体“说”。

（2）了解感知周敦颐的生平。

（3）诵读全文，预习文本，扫清字词障碍，疏通文意。

（4）思考问题：作者笔下的“莲花”有何特点？

（5）熟读课文，留意文中关键语句，用知人论世的鉴赏方法做批注。

（三）教学准备

1. 说

古代的一种文体，属议论文的范畴，可以直接说明事物或论述道理，也可以借人借事或借物的记载来论述道理。

2. 类比

类比修辞是基于两种不同事物或道理间的类似，借助喻体的特征，通过联想来对本体加以修饰描摹的一种文学修辞手法。类比的作用，是借助类似的事物的特征刻画突出本体事物特征，更浅显形象地加深本体事物理解，或加强作者的某种感情，烘托气氛，引起读者的联想。类比的逻辑推理能引起读者丰富的想象和强烈共鸣。

3. 骈句

字数相同、意思相对的两个相接的句子，叫作骈句。骈句不仅讲究对偶，而且讲究声律。

4. 莲与佛家文化

“莲”是佛界圣物，是佛的象征，所以称佛国为“莲界”、寺庙为“莲舍”、袈裟为“莲服”、座台为“莲台”、和尚行法手印为“莲华合掌”。由此可见莲在佛教文化中有如此重要的地位。

5. 道法自然

从中国传统文化的主体“天人合一”整体化观念来看，“物”不是那样的“物”是因为作者揭示这样的“物”理与其人的“志”向，或人的性理间，确实存在一定的契合度。物质与人以及物质之间是和谐统一的，所以写“莲”的物理特性，其实也是在为人、为君子品性的合法性寻找依据。

6.《爱莲说》写作背景

宋熙宁四年（1071），著名理学家周敦颐来星子（现已撤销，原为江西省九江市下辖县）任南康知军。周敦颐为人清廉正直，不与世俗同流合污，平生酷爱莲花。周敦颐来星子后，在军衙东侧开挖了一口池塘，全部种植莲花。周敦颐来星子时已值暮年（55岁），又抱病在身，所以每当公余饭后，他或独身一人，或邀三五幕僚好友，于池畔赏花品茗，并写下脍炙人口的散文《爱莲说》。《爱莲说》虽短，但字字珠玑，历来为人所传诵。一年以后，周敦颐由于年迈体弱辞官而去，在庐山西北麓筑堂定居讲学。他留下的莲池和那篇《爱莲说》，一直为后来者珍视。淳熙六年（1179），朱熹调任南康知军，满怀对周敦颐的仰慕之情，重修爱莲池，建立爱莲堂，并从周的曾孙周直卿那儿得到周敦颐《爱莲说》的墨迹，请人刻之于石，立在池边。朱熹作诗道：闻道移根玉井旁，花开十里不寻常；月明露冷无人见，独为先生引兴长。

7. 周敦颐简介

周敦颐(1017—1073)，字茂叔，号濂溪，谥号元公，汉族，道州营道（今湖南道县）人，北宋理学的创始人、思想家、哲学家，世称濂溪先生。公元1031年，周敦颐虚岁15岁，其父病逝。于是他与同母异父之兄卢敦文随母投靠衡州（今衡阳）舅父，即龙图阁学士郑向，因他聪慧仁孝，深得郑向喜爱，又酷爱白莲，郑向就在自家宅前西湖凤凰山下（今衡阳市二中）构亭植莲，周敦颐负笈其间参经悟道。现为濂溪周氏宗祠（今南华大学附一医院处）。14岁时，周敦颐在仆人周兴的陪伴下，带着简单的生活行李，奔向月岩，专心读书思考。景祐三年（1036），郑向依据官衔，按照惯例，可得到朝廷的恩荫，准许一名子弟出来做一名小官。爱甥如子的舅舅将这个机会给了周敦颐，周敦颐就此当上了朝廷将作监的主簿。景祐四年（1037），舅舅、母亲相继去世，周敦颐按照母亲的遗嘱，把她安葬在润州，与舅舅郑向为伴。之后，周敦颐便在润州鹤林寺守丧，其间见过范仲淹。周敦颐24岁时，三年守丧期满，出任洪州分宁县主簿。庆历四年（1044），吏部来分宁考核，周敦颐得到广泛好评，28岁的周敦颐开始了他仕途的第一次升迁——提任南安军司理参军。庆历六年（1046），周敦颐在担任荆湖南路郴州郡县令期间，最突出的政绩是兴教办学。至和元年（1054），改授大理寺丞。嘉祐五年（1060）六月，周敦颐解职回京，正好遇上回京述职的王安石。他们相互间仰慕已久，在京城，在一个风清月明的夜晚，周敦颐应邀造访了王安石。王安石对年长自己四岁的周敦颐充满了崇敬，相见恨晚。熙宁五年（1072），周敦颐不幸感染了瘴疠，辞官归隐定居在庐山莲花峰下，他将门前的小溪正式命名为“濂溪”，定居于江西庐山濂溪书堂。熙宁六年（1073）六月中，病死于庐山濂溪书堂，终年57岁。

（四）课堂教学实践

导：联想与结构

在传统文化中有“花中四君子”，哪位同学知道并愿意和大家分享一下。

明确：花中四君子“梅、兰、竹、菊”。梅，迎寒而开，美丽绝俗，是坚韧不拔的人格的象征；兰，花朵色淡气清，多生于幽僻之处，故常被看作谦谦君子的象征；竹，经冬不凋，且自成美景，它刚直、谦逊，不亢不卑，潇洒处世，常被看作不同流俗的高雅之士的象征；菊，它艳于百花凋后，不与群芳争列，故历来被用来象征恬然自处、傲然不屈的高尚品格。

除了四君子，“莲花”在传统文化中的价值也不可忽视，它最主要的象征意义来源于周敦颐的《爱莲说》，今天我们就借此文去感知物与人，时代与志趣之间的交相辉映。

1. 预习检测

学生自主畅谈预习中印象深刻的内容。

2. 整体感知

“读”题知旨

解析题目中“莲花”和“说”的含义

“读”诗创境

诵读课文，读出韵律，读出意境

明确：骈句的节奏特点，四字句一般为二二节拍，五字句多为二一二节拍，上下句节奏一致，韵脚要读出长音；相邻的两组骈句之间要有较长停顿；排比句要注意节奏鲜明，重点突出。努力以声表情，以音达意，声情并茂。

“读”文晓意

译读课文，紧扣关键词句、特殊词句梳理文意

悟：活动与体验

“读”具慧眼

探讨：作者是从哪些方面描写莲花的？是通过什么方法描写的？又赋予了莲花哪些品格？小组合作绘制思维导图。

明确：“出淤泥而不染”——生长环境，不同流合污

“濯清涟而不妖”——庄重、高洁、质朴。

“中通外直，不蔓不枝”——通达正直，行为端正。

“香远益清，亭亭净植”——志洁行廉，美名传扬。

“可远观而不可亵玩焉”——仪态庄重，令人敬重。

用：本质与变式

“读”出心裁

探究一：文中的“物”。

除了“莲花”这一物，还写了哪些物？怎样朗读？小组合作完善思维导图。

明确：第2段对菊花、牡丹做出评论，表明“莲，花之君子者也”。读出相应语气。

探究二：文中的“人”。

文中提到哪些人，这些人和“物”之间有怎样的关系？怎样用朗读带动读者的理解？继续完善思维导图。

明确：陶渊明，众人，“予”

（1）“菊之爱，陶后鲜有闻。”重音应放在“鲜”字上，应读出“惋惜”的语气。

（2）“莲之爱，同予者何人？”疑问句，朗读时应读升调，用赞美的语气来读。

（3）“牡丹之爱，宜乎众矣。”朗读时应读降调，要读出“鄙视”的语气。

借物喻人，花与人，相互辉映的原是作者那份独立于世的精神文脉和品格操守；人如花，面对淤泥，陶渊明的选择是远离，他到桃林尽头去寻找一片净

土，而周敦颐的选择是生长，哪怕是淤泥之中，依旧成长为高洁独立的莲花。在他的笔下，痛与爱、苦与乐，都不过是生活开出的两种花而已，人总要微笑着面对一切。那枝清净的莲，时时告诫我们：哪怕是生活在阴暗的角落里，也要仰望星空！

改：迁移与应用

中国人在一花一草、一石一木中负载了自己的一片真情，从而使花、木、草、石脱离或拓展了原有的意义，而成为人格精神的象征和隐喻。说说你知道的包含文化象征意义的诗文名句，与同学交流。

【教学反思，成效评价】

以课文为基点，和学生一起与文本对话，提示学生明确全文的主体形象是如何得到反复点染与刻画的，目的是让学生理解文章精妙的形象之美、情感之美和哲思之美。同时，向采用同类表现手法的不同作家的作品拓展，开拓学生视野，积累知识，培养举一反三的自主学习能力，能调动学生的积极性和表达欲。

【板书设计】

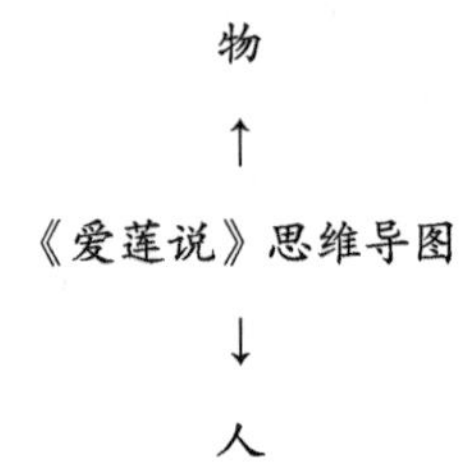

【布置作业】

花木本无所谓格调的高下和感情的多寡，文人们却赋予花木不同的情感。参考本文“物”与“人”的关系，写一篇属于自己的《________说》。

第二课时《陋室铭》

人生有哀乐，尽在陋室中

（一）学习目标

（1）通过朗读和背诵，培养文言文语感，享受文章的韵律美。

（2）理解作者高洁傲岸的节操和安贫乐道的情趣。

（二）课前学习任务单

（1）同学们提前查找资料，了解文体“铭”。

（2）了解感知刘禹锡的生平。

（3）诵读全文，预习文本，扫清字词障碍，疏通文意。

（4）思考问题：作者笔下的“陋室”有何特点？

（5）熟读课文，留意文中关键语句，用知人论世的鉴赏方法做批注。

（三）教学准备

1. 资料链接

铭：铭是古代刻在器物上用来警戒自己或者称述功德的文字，后来成为一种文体。这种文体一般都是用韵的。常用排比、对偶句，整散结合，读来音律和谐，朗朗上口。这种文体，一般短小、精悍、押韵，内容上有颂扬或警戒之意。

比兴：“比”就是比喻，是对人或物加以形象的比喻，使其特征更加鲜明突出。“兴”就是起兴，即借助其他事物作为诗歌发端，以引起所要歌咏的内容。“比”与“兴”常常连用。

托物言志：指通过描写客观事物，寄托、传达作者的某种感情、抱负和志趣。即将个人之“志”依托在某个具体之“物”上。于是，这个“物”便具有了某种象征意义，成为作者的志趣、意愿或理想的寄托者。

2.《陋室铭》写作背景

刘禹锡因在任监察御史期间，曾参加王叔文的“永贞革新”，反对宦官和藩镇割据势力。革新失败后，被贬至安徽和州县当一名小小的通判。按规定，通判应在县衙里住三间三厢的房子。可和州知县看人下菜碟，见刘禹锡是从上面贬下来的软柿子，就故意刁难。先安排他在城南面江而居，刘禹锡不但无怨言，反而很高兴，还随意写下两句话贴在门上：“面对大江观白帆，身在和州思争辩。”和州知县知道后很生气，吩咐衙里差役把刘禹锡的住处从县城南门迁到县城北门，面积由原来的三间减少到一间半。新居位于德胜河边，附近垂柳依依，环境也还可心，刘禹锡仍不计较，见景生情，又在门上写了两句话：“垂柳青青江水边，人在历阳心在京。”那位知县见其仍然悠闲自乐，满不在乎，又再次派人把他调到县城中部，而且只给一间只能容下一床、一桌、一椅的小屋。半年时间，知县强迫刘禹锡搬了三次家，面积一次比一次小，最后仅是斗室。面对此况，刘禹锡偏不郁闷，你要我愁，我偏乐，于是愤然提笔，写下《陋室铭》，并请大书法家柳公权书碑勒石，立于门前，以示“纪念”。陋室，是刘禹锡的室名，就是简陋的房子。一正房，两厢房，坐北朝南。正房中有石碑一方，碑首有篆书“陋室铭”三个字，现在安徽和县仍保存着。

3. 刘禹锡简介

生于公元772年，其父、祖历任唐朝州县官员，“世以儒学称”。公元790年，刘禹锡游学洛阳、长安，在士林中获得很高声誉。公元793年，与柳宗元同榜擢进士及第，同年登博学鸿词科。两年后再登吏部取士科，释褐为太子校书。刘禹锡青年的意气风发不仅表现在科举考试和仕途起步，还表现在仕途上“得遇”。刘禹锡仕途起步的官职是太子校书，由此认识了王叔文。公元805年正月，唐德宗卒，太子李诵即位，是为唐顺宗。唐顺宗即位之后，任命王叔文进行政治改革，史称所谓的“永贞革新”。而刘禹锡与王叔文相善，其才华志向尤受叔文器重，遂被任为屯田员外郎、判度支盐铁案，参与对国家财政的管理。他在这期间，刘禹锡政治热情极为高涨，成为王叔文革新集团的核心人物之一。唐顺宗禅位，太子李纯即位，即唐宪宗。王叔文被贬，刘禹锡与柳宗元等八人先被贬为远州刺史。后来朝廷觉得惩罚得太轻，又加贬他们八个人到更远的地方为司马，这就是历史上著名的“八司马事件”。刘禹锡从初次被贬到最后回东都洛阳任职，前后共经历了23年，其间，创作了《陋室铭》，在这期间，他写给白居易的一首诗，也印证了他中年的屡遭贬谪，即著名的《酬乐天扬州初逢席上见赠》：“巴山楚水凄凉地，二十三年弃置身。怀旧空吟闻笛赋，到乡翻似烂柯人”，是刘禹锡被贬23年生活的如实写照和真实心情。

（四）课堂教学实践

导：联想与结构

请同学们谈谈对衣食住行中“住”的看法。

1. 预习检测

学生自主畅谈预习心得。

2. 整体感知

“读”题知旨

解析题目中“陋室”和“铭”的含义

“读”诗创境

诵读课文，读出韵律，读出意境

明确：本文是一篇骈文。字数相同、意思相对的两个相接的句子，叫作骈句。骈句不仅讲究对偶，而且讲究声律。本文中的押韵就是讲究声律的表现之一。押韵指在句末或联句之末用韵母、声调相同的字。文中名、灵、馨、青、丁、经、形、亭押韵。骈文押韵使人加深了印象；同时便于吟诵和记忆，有声调和节奏之美。

“读”文晓意

译读课文，紧扣关键词句、特殊词句梳理文意

悟：活动与体验

“读”问悟叹

作者笔下的陋室是如何做到“景”“物”“事”“人”的融合的？小组讨论，收集答案，选一个代表回答问题。在回答的过程中，要回到文本，答题语言可用：“请大家翻到课本第××页，看第×段的第×行。”并读出本段原文。结合文章内容概括文章主题。

明确：

陋室之景宜人

“苔痕上阶绿，草色入帘青。”对偶、拟人

上：“苔藓”也想从台阶爬到陋室，听听主人在说些什么；

入：“草”也想从窗户窥视主人在干些什么。

总结：环境的清幽、雅致，反映出室主人淡泊名利的志趣。

陋室之人高雅

“谈笑有鸿儒，往来无白丁。”对偶、衬托

总结：作者没写自己是什么人，而是写与他交往的朋友。俗话说，欲知其人应知其友，知其友者必知其人。因此我们便得知主人必是高雅之士。主人德才兼备，表明主人高雅脱俗的情怀。写朋友的贤良儒雅，反映出陋室主人高洁傲岸的情怀。

陋室之事有趣

“可以调素琴，阅金经。无丝竹之乱耳，无案牍之劳形。”

实写：“可以调素琴，阅金经。”

虚写：“无丝竹之乱耳，无案牍之劳形。”

总结：正反对照，虚实相生，表明了作者恬淡闲适、安贫乐道的情趣。

托物言志完成“物”与“人”的关联

“托”的对象是“室”，表现的是作者不贪恋富贵荣华、淡泊名利、安贫乐道、重视自身修养的志趣。身居陋室却不以为陋，是因为陋室主人有着高尚的品德，作者想借陋室表达他高洁傲岸的节操和安贫乐道的志趣。

关联他人他物深拓主题

总结：古代传说中，山中有神仙，这山就是名山；水中有蛟龙，这水就是灵水。用山水做比喻，这种方法叫比兴。这种比兴的修辞，不仅构思新颖，文意通达，而且句句相连，使文意波澜起伏耐人寻味，意在说明既然山之名不在于高而在于仙，水之灵不在于深而在于龙，那么室之陋与不陋，就不在于它是否豪华富贵，而在主人的德行是否高尚了。继续采用类比，用历史上诸葛亮和杨子云的名室同自己的陋室相比，暗示他们居住的本也是陋室，只因主人的才德而名扬天下，只要我继续修身养性，我的陋室也将被后人称道，我本人也会像诸葛亮、杨子云那样被后人景仰。陋室不陋，关键在于“君子居之”。

用：本质与变式

“读”说风骨

探究：在充分领略作者高洁伟岸、不随世俗的志趣和抱负后，请同学们思考，作者为什么会有如此风骨？

明确：性格、志趣的产生与时代是密切相关的。刘禹锡写此文时，唐王朝正一天天地衰落下去。在宫中，宦官专权；朝廷上，牛、李两党互相倾轧，妒贤害能，任人唯亲。在这种情况下，官僚士大夫阶层大多只顾寻欢作乐，不以国事为念。刘禹锡对此深感忧虑，却又无可奈何，只能独善其身，保持自己高洁的人格，特立独行，避而不与那些庸俗的官僚来往。

一间陋室哪里困得住刘禹锡的铁骨，一片青苔哪里遮得住他的壮志，一本金经哪里掩饰得住其心中的豪情？我们清晰地听到，从那间陋室里，传来一个不羁声音——生活可以贫困，精神不可潦倒。

改：迁移与应用

拓展阅读刘向的《杖铭》、朱彝尊的《方竹杖铭》、苏轼的《端砚铭》、高凤翰的《松月砚铭》等。

【教学反思，成效评价】

本课中朗读方式的设计，充分体现了文言文学习中朗读的重要性和朗读的层次性，学生在朗读中，环环相扣，步步深入，逐步加深对文本的理解。

【板书设计】

陋室铭（托物言志）

对偶　拟人　描环境——陋室之景宜人

对偶　衬托　夸朋友——陋室之人高雅

虚实　正反　话生活——陋室之事有趣

类比　隐含　立志向——陋室之主贤雅

【布置作业】

仿写一篇《铭》。

第三课时《爱莲说》《陋室铭》

纵横比较蹚过文言理趣

（一）学习目标

（1）纵横对比深度理解两篇文章的艺术特色。

（2）立足传统文化结合实际感知传统文化滋养的优秀人物的精神品质。

（二）课前学习任务单

纵横比较，对比两篇文言的异同。

（三）教学准备

对比并梳理两篇文章的异同。

（四）课堂教学实践

导：联想与结构

中国历史上，有多少周敦颐、刘禹锡这样的文人，他们留下如许多的精神文脉，这不仅是一种精神引航，更是文以载道功能的正面导向，他们在现实中或“贫”或“穷”，但是他们安贫乐道，坚守着心智的独立。对于人，这就是精神风骨，对于文，这就是精神文脉。这节课，我们从比较的角度，对比文章异同，对比先贤与你之间的异同去挖掘文章的价值。

名称	背景	语言	意象	表现手法	主题	精神品质	补充
《爱莲说》							
《陋室铭》							

悟：活动与体验

纵横比较蹚过文言理趣

将《陋室铭》与《爱莲说》自读一遍，比较两者的异同。

小组讨论，交流心得，完善表格。

用：本质与变式

舒卷开合择定精神文脉

这些诗有一种振衰起敝、催人向上的力量，让人领悟到一种傲视忧患、独立不移的气概和迎接苦难、超越苦难的情怀，一种奔腾流走的生命活力和弃旧图新的乐观精神，一种坚毅高洁的人格内蕴。让我们再来读一读《爱莲说》《陋室铭》，感知文章的精神气韵，感受作者的精神文脉。

探究话题：周敦颐和刘禹锡有怎样的“硬核”人生？这样的“硬核”人生，你敢不敢要？

明确：言之成理，关照时代、价值观、人生观。

改：迁移与应用

读文涤怀选择不惧困顿

请大家交流分享中国古诗古文中那些启人心智、文脉卓然的作品。

人是靠精神站立的，周敦颐、刘禹锡就是这样，一身豪气地站立在历史的烟云中，显现出中国文人的风骨。所以，同学们，无论何时何地，不管物质生活是匮乏还是富有，都不要忘记：不惧困顿，细心地呵护自己的精神风骨！

评：教学反思成效评价

新的课程标准要求“能用普通话正确、流利、有感情地朗读”；“诵读简单文言文，能借助注释和工具书理解基本内容。注重积累、感悟和运用，提高自己的欣赏品位。”通过反复地研读文章，学生就能很好地沉浸于文章，然后以文本为基点，进行品味赏析，这样学生就读懂了文本，读懂了作者。

【板书设计】

纵横比较蹚过文言理趣

舒卷开合择定精神文脉

读文涤怀选择不惧困顿

【布置作业】

结合本单元内容，选择一个人物就其精神品质写一段颁奖词。

附件：《短文两篇》第一课时课堂教学路线图

<table>
<tr><td rowspan="1">导</td><td>创设情境
建构知识</td><td>“读”题知旨
解析题目“莲花”和“说”的含义
“读”诗创境
诵读课文，读出韵律，读出意境
“读”文晓意
紧扣关键词句、特殊词句梳理文意</td><td>开门见山，直奔主题</td></tr>
<tr><td rowspan="2">悟</td><td>制定策略
探究问题</td><td>“读”具慧眼
探讨：作者是从哪些方面描写莲花的？是通过什么方法描写的？又赋予了莲花哪些品格？小组合作绘制思维导图</td><td>以学生为主体，师生合作探究，激发学生的潜能</td></tr>
<tr><td>展示解答</td><td>读、说、评、议结合，鼓励学生畅所欲言，师生评议与补充</td><td>合作交流，鼓励表达</td></tr>
<tr><td>用</td><td>新知呈现
学法指导</td><td>“读”出心裁
探究一：除了“莲花”这一物，还写了哪些物？怎样朗读？小组合作完善思维导图。
探究二：文中提到哪些人，这些人和“物”之间有怎样的关系？怎样用朗读带动读者的理解？继续完善思维导图</td><td>读、思结合，训练逻辑思维能力和概括梳理能力</td></tr>
<tr><td>改</td><td>延伸拓展
提升素养</td><td>说说你知道的包含文化象征意义的诗文名句，与同学交流</td><td>积累与积淀，开阔视野</td></tr>
<tr><td rowspan="2">评</td><td>成效评价
及时反思</td><td>以课文为基点，和学生一起与文本对话，并采用同类表现手法的不同作家的作品拓展，开拓学生视野，培养举一反三的自主学习能力，调动学生的积极性和表达欲</td><td>让学生理解文章精妙的形象之美、情感之美和哲思之美</td></tr>
<tr><td>概括总结
布置作业</td><td>花木本无所谓格调的高下和感情的多寡，文人们却赋予花木不同的情感。参考本文“物”与“人”的关系，写一篇属于自己的《______说》</td><td>巩固所学，学以致用</td></tr>
</table>

《驿路梨花》

珠海市斗门区实验中学 蔡飞飞

一、文本解读

《驿路梨花》是一篇小说，文章通过发生在哀牢山深处一所小茅屋的故事，生动地展示了雷锋精神在祖国边疆军民中生根、开花、发扬光大的动人情景，再现了西南边疆少数民族乐于助人、热情好客的淳朴民风，歌颂了互帮互助的良好社会风尚，弘扬、传承了中华传统美德。

文中，不管是人物、情节还是环境，处处让读者感受到了美好的气息。所以在集体备课的时候，我们抓住美景、美人、构思三个方面，进行了细致的分析，并对可能出现的问题进行了相应的预设。

（一）寻找美景

“白色梨花开满枝头，多么美丽的一片梨树林啊！”“山间的夜风吹得人脸上凉凉的，梨花的白色花瓣轻轻飘落在我们身上。”白色梨花开满枝头，梨花的白色花瓣落在身上，闭上眼睛想想都能感觉到一幅美好的画面。我们知道小说具有一定的虚构性。这里我们要思考：作者为什么一定要展现梨花开满枝头的画面呢？为什么不是桃花，不是其他的什么花呢？其实，这里的梨花具有了象征意义，梨花，纯白色，它象征着人物内心的纯洁、美好。所以文中的美景其实是为了美人的出场做铺垫，做准备呢！

（二）感悟美人

文中的人物很多，老余和“我”、哈尼小姑娘、瑶族老人、解放军。他们心中都装着他人。例如：解放军身体淋湿了，没有想着烘干自己的衣服，而是想着要给过路人建一间避风雨的小屋。他们都让读者感受到了纯洁、美好的内心。文中的解放军说过这样一句话：“是雷锋同志教我们这样做的。”雷锋精神影响着解放军，影响着哈尼小姑娘，影响着瑶族老人，影响着老余和“我”。那么雷锋又是受到谁的影响呢？这就涉及到了中国千百年传承的“他人”思想，如孟子的“穷则独善其身，达则兼济天下”，范仲淹的“先天下之忧而忧，后天下之乐而乐”。正是这些传统美德让我们的生活越来越美好。

（三）巧妙构思

本文围绕小木屋的主人是谁的问题，制造误会，层层设置悬念，引起读者强烈的阅读兴趣，并突出文章的主旨。

文中的景、文中的人，相互映衬，景美，人美，雷锋精神更美！就像文章的结尾所写：驿路梨花处处开，让雷锋精神之花开满中华大地。

二、单元内容解析

（一）课时安排

时代呼唤美德，弘扬真善美，第四单元就用四篇课文为我们展示了时代所需要的美德、时代所需要的精神。

在这一单元的授课中，讲读课文散文《叶圣陶先生二三事》教学时长2课时，小说《驿路梨花》教学时长1课时，短文两篇《陋室铭》《爱莲说》教学时长3课时，此外自读课文议论文《最苦与最乐》教学时长2课时。同时写作指导《怎样选材》需要2个课时。本单元综合性学习之《孝亲敬老，从我做起》是对这一单元课文主题中华美德的进一步延伸，可安排1课时。完成本单元教学任务共需用时11课时。

（二）本单元内容结构图表

<table>
<tr><th rowspan="5">第四单元</th><th></th><th>讲读课</th><th>自读课</th><th>写作</th><th>综合性学习</th></tr>
<tr><td rowspan="4">人文素养</td><td>《叶圣陶先生二三事》：谨严自律、待人宽厚</td><td rowspan="4">《最苦与最乐》：人生在世，要对家庭、社会、国家以及自己尽到应尽的责任，这样才能得到真正的快乐</td><td rowspan="4">恰当选材，表现人物美好品质</td><td rowspan="4">体谅父母、关心父母、孝敬父母，并敬爱老人。提高组织能力、合作能力、语言表达能力</td></tr>
<tr><td>《驿路梨花》：我为人人，人人为我</td></tr>
<tr><td>《陋室铭》：高洁傲岸的情操和安贫乐道的情趣</td></tr>
<tr><td>《爱莲说》：洁身自爱、对追名逐利的世态的鄙视和厌恶</td></tr>
</table>

续 表

		讲读课	自读课	写作	综合性学习
第四单元	语文要素	《叶圣陶先生二三事》：1.关注题目，学习略读。2.通过若干件小事，写出人物特点的写作手法	《最苦与最乐》：1.进一步学习略读。2.理清脉络，把握大意。3.对重点词句进行感悟，略读与精读互相融合	选材详略得当，真实、新颖，运笔成文	制定活动方案；制作海报；锻炼组织能力、合作能力、语言表达能力
		《驿路梨花》：1.进一步学习略读方法，粗知故事梗概。2.理清记叙顺序、分析构思特点。3.细读课文，理解题目含义及妙处			
		《陋室铭》《爱莲说》：1.反复诵读，加深文意理解。2.托物言志，表达情感			

三、课文教学设计（1课时）

【课文教学内容及解析】

（一）内容

本节课是一篇小说，文章通过发生在哀牢山深处一所小茅屋的故事，生动地展示了雷锋精神在祖国边疆军民中生根、开花、发扬光大的动人情景，再现了西南边疆少数民族乐于助人、热情好客的淳朴民风，歌颂了互帮互助的良好社会风尚。本课1课时，其中一个重要的教学目标是继续学习略读，粗知故事大意；了解小茅屋的历史。细读课文，从内容、构思、表情达意方面，学习、分析、理解本文特点；引导学生联系实际，感悟助人为乐的朴实民风，提高自我的公德意识。

（二）内容解析

学生在之前的一、二、三单元学习过程中已经连续掌握了精读能力，本单元重点学习如何略读。本单元在教学方面的要求是培养学生略读、跳读，快速把握文章的梗概，了解文章大意。在略读的基础上，融合精读，从而对重点词句进行深入挖掘。因此，对文章重点词句、段落、思想主旨的把握也是本单元教学的目标。围绕这些单元目标，本节课在语文要素上主要体现了内容概括、细节赏析和主题探究三个方面。人文素养方面主要是学习中华传统美德，进而传承美德。这是对第三单元“小人物”身上美好品质学习的进一步延伸。

【课文学习目标及解析】

（一）学习目标

（1）略读，粗知、概括故事内容。

（2）学习文章巧妙的构思。

（3）精读细节，体会文章标题的深刻含义。

（4）向优秀人物学习，学习他们乐于助人的雷锋精神。

（二）目标解析

达成上述目标的效果是：

（1）梳理概括文章，走进人物，体会乐于助人的美好品德。

（2）通过略读、精读课文这两大语文要素，准确把握标题的深刻含义。

（3）加强文本细读，掌握文章悬念迭起的巧妙构思以及倒叙、插叙的记叙顺序。

【教学重点、难点】

1. 重点

（1）梳理、概括文章内容，把握文章情感。

（2）引导学生理解梨花的象征意义，培养学生正确的价值观。

2. 难点

引导学生分析文章构思的巧妙，即悬念的运用和倒叙、插叙的记叙顺序。

【教学问题诊断分析】

问题1：对于梨花含义的理解，学生理解比较单一、片面。

应对策略：引导学生从个体到整体地去分析梨花的含义，梨花不仅是路边上那些梨花，也不仅是叫梨花的那个小女孩，而是所有乐于助人的、有着纯洁美好心灵的人。

问题2：在物欲横流的经济时代，很多人忽略了心灵上的精神品质。

应对策略：引导学生依据本文，寻找、发现美的人、美的事，进而学习发扬乐于助人的美德。这也是学生应该具备的语文核心素养。

【教学过程】

（一）学习目标

（1）略读，粗知、概括故事内容。

（2）学习文章巧妙的构思。

（3）精读细节，体会文章标题的深刻含义。

（4）向优秀人物学习，学习他们乐于助人的雷锋精神。

（二）课前学习任务单

（1）提前查找资料，了解文章的写作背景及有关“文革”的内容。

（2）走进作者彭荆风，借助资料及作者的相关著作，大致了解作者所经历的事情。

（3）诵读全文，预习文本，扫清文字障碍。

（4）略读文章，梳理、概括文章层次，完成整体感知。

（5）思考问题：题目中的梨花有哪些含义？

（6）精读文章的精彩段落和关键语句，把握文章主题情感。

（三）教学准备

1. 链接资料

雷锋：1940年12月18日出生，7岁成为孤儿。1954年，雷锋考入清水塘完全小学，加入中国少年先锋队，被选入中队委员。1956年小学毕业后，做过通信员、公务员、拖拉机手、推土机手、焦化厂工人。1960年1月8日，雷锋入伍。22岁因公牺牲。

雷锋精神：是忠于共产主义和社会主义事业，毫不利己专门利人，全心全意为人民服务。

2. 写作背景

1977年5月，彭荆风读《宋诗选》，当读到陆游“悬知寒食朝陵使，驿路梨花处处开”的诗句时，那美丽的意境使他联想起了过去在滇西南边的大山深处见过的大片梨花林，以及与梨花有关的许多人与事，那都是他长久难以忘怀的美好生活。一种想用文笔描述那和谐过去的创作愿望也油然而生，作者忙披衣起床，抓过纸笔来写作。情之所钟，使他的思绪完全进入了诗情画意的梨花林，以及那些朴实的哈尼族、瑶族人当中……这篇小说抒写了对善良、朴实、美好的歌颂同时也鞭笞了丑恶。

3. 作者简介

彭荆风，当代作家，江西人。

（四）课堂教学实践

导：联想与结构

以初一上学期所学习的朱自清的《春》导入本课：盼望着，盼望着，东风来了，春天的脚步近了。桃树、杏树、梨树，你不让我，我不让你，都开满了花赶趟儿。红的像火，粉的像霞，白的像雪。这白的像雪的花是什么花呢？（学生回答：梨花）

今天让我们跟着作家彭荆风一起，再次观赏那迷人、雪白的梨花！

1. 字词预习检测：读音、解释

驿路　迷茫　陡峭　露宿　竹篾　简陋　悠闲　修葺　晶莹　折损　驿路　撵走

重点注意：驿路　撵走　修葺

（对于生字的读音、解释，采取“质疑问难”的方式解决，如果学生没有疑难，再以检测的形式检查学生的预习效果；对于词语的解释，挑“重点词语”或者“疑难词语”，词语解释放在重点句赏读时解决，切入文本的解释，意义更大。）

2. 整体感知

运用跳读、默读的方法速读课文，填写下表。

人物	与小茅屋的故事	时间	按小茅屋的产生和修缮维护排序（①②……）
“我”和老余	给房顶加草，挖排水沟	十年后的一天早晨	④
瑶族老人	专门送粮食	同上、前天晚上	⑤
一群哈尼族姑娘	照管小屋	前几天，姐姐出嫁后	③
解放军	砍树割草盖小屋	十多年前路过时	①
梨花姑娘	照料小屋	解放军盖小屋后，她出嫁前	②

悟：活动与体验

跳读文段，寻找美景、美物、美人，再精读进行分析。

文中作者以优美的笔触给我们描绘了一幅幅美丽的景、一个个美好的物与人，请快速自由阅读课文，看看作者都写了哪些景、物、人；再四人小组讨论、交流他们美在哪里，然后派代表发言。并通过朗读感受美景、美物、美人。

参考示例：

美景："白色梨花开满枝头，多么美丽的一片梨树林啊！"

（通过优美缓慢地抒情性地朗读，感受美景。）

美物："一根白羽毛钉在红布上，红白相衬很好看。"

（通过优美轻快地朗读，感受美物。）

美人："对门山头上有个名叫梨花的哈尼小姑娘，她说这大山坡上，前不着村后不挨寨，她要用为人民服务的精神来帮助过路人。"

"走在前边的约莫十四五岁，红润的脸上有两道弯弯的修长的眉毛和一对晶莹的大眼睛。"

（通过优美愉悦地朗读，感受美人。）

用：本质与变式

探究话题一：小茅屋的"主人"

问题：在梨花掩映丛中的小茅屋，它是简陋的，但却给很多过路人带来了方便，带来了快乐，给人一种"到家了"的温馨感觉。那到底谁是小茅屋的主人呢?

参考示例：瑶族老人到小茅屋送粮食，方便路人；"我"、老余一起修葺小茅屋。一群哈尼小姑娘照料小茅屋。解放军战士向雷锋同志学习，为方便过路人，建造小茅屋。梨花被解放军战士为人民服务的精神感动，照料小茅屋。他们都为小茅屋做出了贡献，都是小茅屋的主人。

探究话题二：众人照料小茅屋

问题：解放军为何建茅屋？梨花和妹妹为何这样做？瑶族老人为何这样做？我们又为何这样做?

参考示例：其实他们都是向雷锋学习。在这里雷锋是雷锋精神的根，解放军是雷锋精神的苗，梨花姑娘、梨花妹妹、"我"和老余是雷锋精神开出的梨花。

（此环节意在引导学生理解题目的深刻含义，进而发现文章的主题美。）

探究话题三：文中的构思

问题1：在判断小茅屋的主人上，作者是如何让读者最终揭晓答案的？

参考示例：白木板上用“黑炭”写着“请进”两个字，“这是什么人的房子呢？”自然产生疑问，形成第一个悬念。“我”和老余误会瑶族老人是小茅屋的主人，瑶族老人的解释使第一个误会消除，接着又引出第二个悬念。瑶族老人不是主人，那“主人家是谁”呢？瑶族老人误会哈尼小姑娘梨花妹妹是小茅屋的主人，当哈尼小姑娘说：“房子是解放军叔叔盖的。”接着产生了第三个悬念：解放军战士为什么盖房子呢？最后通过哈尼小姑娘的述说，我们终于知道了事情的原委：解放军战士为了方便过路人，学习雷锋精神建造了小茅屋；梨花姑娘受感动，要用为人民服务的精神帮助过路人，一直照料着小茅屋；梨花姑娘出嫁后，她的妹妹就接着照顾小茅屋；瑶族老人、“我”、老余等过路人，受到照料，都很感激，也都尽力照料小茅屋。

小结：作者一次次设置悬念，通过悬念的安排和展开，使文章波澜起伏，扣人心弦，增强了读者的阅读兴趣（设置悬念的表达效果）。

问题2：这个故事前后跨越十几年时间，可作者却先讲现在的事，即“我”和老余发现茅屋并住宿，再讲茅屋的由来。这里采用了什么记叙顺序？

——倒叙

问题3：在写到梨花姑娘照管房子一事和解放军建造房子一事时，不是直接写，而是通过梨花妹妹之口，对有关事情的追溯和回忆，侧面加以叙述。这里采用了什么记叙顺序？

——插叙

小结：文中运用倒叙和插叙把十几年间发生的事贯穿起来，集中于一个晚上和早上来写，层层设疑，使得文章内容十分集中而且曲折生动，引人入胜。

探究话题四：本文的作者

这篇文章确实给读者全方位的美的感受：梨林美在环境清幽、美在姑娘漂亮、美在主人热情周到、美在过路人间的相互关爱。是谁在什么背景下写出这么美的文章呢？

教师小结：作者的经历也告诉我们，即使遇到挫折，即使受到不公，只要心存阳光，就能成为美的发现者和传播者。

改：迁移与应用

课外拓展，采撷生活：

（1）阅读毕淑敏的《带白蘑菇回家》。

带白蘑菇回家

（毕淑敏）

妈妈爱吃蘑菇。

到青海出差，在幽蓝的天穹与黛绿的草原之间，见到点点闪烁的白星。

那不是星星，是草原上的白蘑菇。路旁有三三两两的藏胞，坐在五颜六色的口袋中间，仰着褐色的面庞，向经过的汽车微笑。袋子口，颤巍巍地露出花蕾般的白蘑菇。

从马岛运回的途中，我买了一袋白蘑菇，预备两天后坐火车带回北京。

回到宾馆，铺下一张报纸，将蘑菇一柄柄小伞朝天，摆在地毯上，一如它们生长在草原时的模样。

小姐进来整理卫生，细细的眉头皱了起来。我忙说，我要把它们带回去送给妈妈。小姐就暖暖地笑了，说您必须把蘑菇翻个身，让菌根朝上，不然蘑菇会烂的。草原上的白蘑菇最难保存。

听了小姐的话，我让白蘑菇趴在地上，好像晒太阳的小胖孩儿，温润而圆滑地裸露在空气中。上火车的日子到了，小姐帮我找来一只小纸箱，用剪刀戳了许多梅花形的小洞，把白蘑菇妥妥地安放进去。

进了卧铺车厢，我小心翼翼地把纸箱塞在床下。对面一位青海大汉说，箱子上捅了那么多的洞，想必带的是活物了。小鸡？小鸭？怎么没听见叫？天气太热，可别憋死了。

我说，带的是草原上的白蘑菇，送给妈妈。

他轻轻地重复，哦，妈妈……好像这个词语对他已十分陌生。半晌他才接着说，只是你这样的带法，到不了兰州，蘑菇就得烂成污水。

我大惊失色说，那可怎么办？

他说，你在卧铺下面铺开几张纸，把蘑菇晾开，保持通风。

我依法处置，摆了一床底的蘑菇。每日数次拨弄，好像育秧的老农。蘑菇们平安地穿兰州，越宝鸡，直逼郑州……不料中原一带，酷热无比，车厢内闷热如桑拿浴池，令人窒息。青海汉子不放心地蹲下检查，突然叫道：快想办法！出黑汁了，而且蘑菇表面已生出白膜，再捂下去，就不能吃了！

我束手无策。青海大汉二话不说，把我的白蘑菇，重新装进浑身是洞的纸箱，我说，这不是更糟了？他并不解释，三下五除二，把卧铺小茶几上的水杯食品拢成一堆，对周围的人说：烦请各位把自家的东西，拿到别处去放。腾出这个小桌，来放小箱子。箱子里装的是咱青海湖的白蘑菇，她要带回北京给妈妈。我们把窗户开大，让风不停地灌进箱子，蘑菇就坏不了啦。大家帮帮忙。我们都有妈妈。

人们无声地把面包、咸鸭蛋和可乐瓶子移开，为我腾出一方洁净的桌面。

风呼啸着。郑州的风，安阳的风，石家庄的风……穿箱而过。白蘑菇黑色的汁液，渐渐被蒸发了，烘成干燥的标本。

青海大汉坐的窗口是迎风的一面，疾风把他的头发卷得乱如蒿草。若不是为了这一箱蘑菇，窗子原不必开得这样大。我几次歉意地说同他换换，他一摆手说：草原上的风比这还大。

终于，北京到了。我拎起蘑菇箱子同车友们告别，对大家说，我代表自己和妈妈谢谢你们！

大家说，你快回家去看妈妈吧。

由于路上蒸发了水分，白蘑菇比以前轻了许多。我走得很快，就要出站台的时候，青海汉子追上我，说，有一件很要紧的事，忘了同你交代——白蘑菇炖鸡最鲜。

妈妈喝着鸡汤说，青海的白蘑菇味道真好！

问题：从全文看，结尾“青海的白蘑菇味道真好！”这句话该如何理解？

参考：这句话写出了白蘑菇的味道鲜美，同时也赞叹女儿的孝心，赞美陌生人的心灵之美。

（2）课文引用陆游的诗句：“驿路梨花处处开”结尾，请你也摘取一朵身边最美的“梨花”，给我们讲讲他（她）的故事。小组内部先说一说，讲一讲，写一写，再派代表发言。

【板书设计】

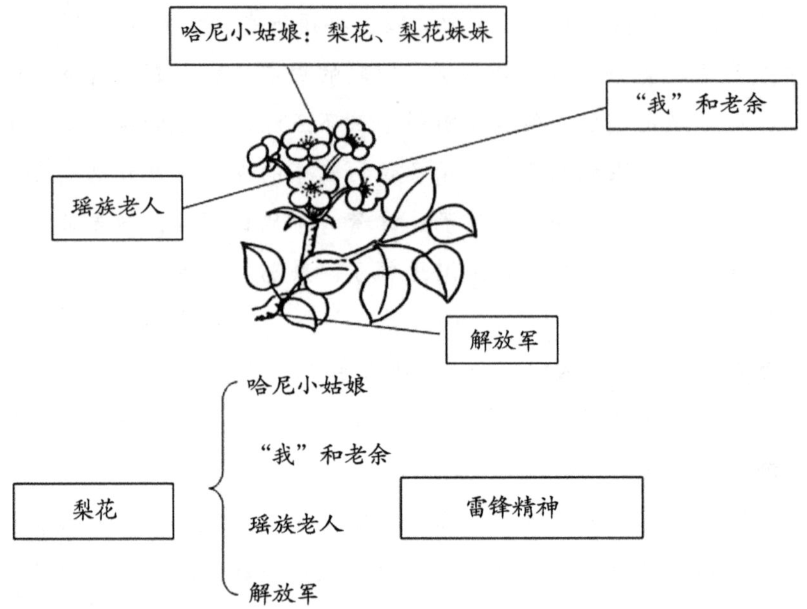

【布置作业】

1. 以《最美的一朵》为题目，以班中的好人好事为话题写一篇500字左右的记叙文。

温馨提示：注意选材与构思

2. 查找“驿路梨花处处开”的出处，并背诵此诗。

闻武均州报已复西京

陆游

白发将军亦壮哉，西京昨夜捷书来。
胡儿敢作千年计，天意宁知一日回。
列圣仁恩深雨露，中兴赦令疾风雷。
悬知寒食朝陵使，驿路梨花处处开。

【教学反思，成效评价】

相对第三单元《老王》的内容来说，《驿路梨花》这篇文章的内容比较容易理解，所以用1课时完成本课的教学。

本课以初一上学期所学习的朱自清的《春》导入本课，起到温故而知新的作用。学生能够迅速联想到梨花，随之自然地进入了本课的学习。

本篇课文结合大单元教学的背景，主要运用到了第一、二、三单元教学目标中的精读和本单元教学中的略读，精读、略读相互交融。在略读中，运用跳读、默读的方法，迅速把握了文章的主要内容，人物所做的事。寻找文中的美景、美物、美人。在精读细读中，又关注到了本课教学目标中的巧妙构思和题目的深刻含义。精读深思人物的语言描写、环境描写，把握情感是本节课的重点环节，重点引导学生感悟美，感悟乐于助人、无私奉献的精神，进而传承中华传统美德。在引导学生分析小木屋的主人的时候，学生出现了思想较为单一的情况，认为谁盖的木屋，谁就是小木屋的主人，这对于初一的学生来说，是可以理解的。所以在授课的时候，我进行了较为有效的引导，进而把握全文的主题。

引导如下：小木屋是解放军建的，但是解放军是为了拥有这个小木屋吗？学生围绕这个问题展开讨论，得出最终答案：解放军建小木屋，不是为了拥有小木屋，而是为了方便过路的人，而哈尼小姑娘、瑶族老人、“我”和老余照料小木屋也是为了方便过路人，他们的目的是一样的，都是帮助他人，所以他们都是小木屋的主人。

同时，为了强化巩固本单元人文素养方面的教学目标，学习中华传统美德、传承美德，结合当代作家毕淑敏的《带白蘑菇回家》进行课堂知识迁移。练习环节是检测本堂课精读、略读是否有成效的关键环节，但有两点问题比较突出：（1）学生对于关键语句的理解不够全面或者比较浅薄。（2）对主题的把握不够准确。针对这两点问题，需要在平常的教学中提醒学生注意对关键句含义的理解，并有意识地训练学生如何准确、全面地把握文章主题。

最后在作业的设计上，以《最美的一朵》为题目，以班中的好人好事为话题写一篇500字左右的记叙文。这样的作业设计，意在培养学生善于发现身边的美，弘扬正能量。这是对第四单元和本课中华优秀传统美德弘扬传承的人文素养培养目标的进一步延伸，达到了寻找“美”，感悟“美”，传承“美”的核心素养培养的目标。这也使本节课的教学环环相扣。

总的来说，本篇课文教学（1课时）在教学目标达成情况、学生对知识的掌握情况上，都完成得比较理想。把“明珠课堂”实施的导、悟、练、改、评策略也较好地渗入到本节课教学中。希望在今后的教学中能够把“明珠课堂”教学策略运用得更加娴熟。

不足的是，本节课的教学还缺少一定的新意，一定的灵性，比较传统，希望在今后的教学中，能够让课堂教学灵动起来，为达到这一目标，还需不断学习新的理论知识，接受新的教学理念。正所谓：问渠那得清如许？为有源头活水来。

附件：《驿路梨花》课堂教学路线图

导	创设情境 温故知新	盼望着，盼望着，东风来了，春天的脚步近了。桃树、杏树、梨树，你不让我，我不让你，都开满了花赶趟儿。红的像火，粉的像霞，白的像雪。这白的像雪的花是什么花呢？整体感知，梳理人物、事件	温故知新，展开联想
悟	精读略读 探究问题	1.跳读文章，寻找美景、美物、美人。 2.学生小组合作解决问题	小组合作探究，激发学生的鉴赏语言的能力
	展示解答	师生互动，展示学生的答案，其他同学及时补充	答案展示，加深印象
用	新知呈现	1.探究小茅屋的主人 2.探究众人照料小茅屋 3.探究文章构思 4.探究本文作者	略读精读相融合，新知提炼。关注文章构思，小组讨论，答案呈现
改	练习迁移 巩固深化	阅读毕淑敏的散文《带着白蘑菇回家》，感受陌生人乐于助人的美德以及“我”对母亲的孝顺	1.略读文章，迅速把握文章大概内容，圈点、勾画出文章出现的人物。 2.感悟作品中的传统美德，进一步提升人文素养
	概括总结 布置作业	1.以《最美的一朵》为题目，以班中的好人好事为话题写一篇500字左右的记叙文。温馨提示：注意选材与构思。 2.查找“驿路梨花处处开”的出处，并背诵此诗	1.阅读与写作相结合，通过写作，巩固、强化主题，弘扬、传承中华美德。巩固、强化语文知识：巧妙构思、象征手法。 2.积累相关古诗，提升语文素养
评	成效评价 及时反思	对于“小木屋的主人是谁”这一中心问题，学生需要进一步引导才能回答，对于人文素养的培养要渗透到平常的教学中，并在以后的教学中一直延伸	从设计到教学效果，及时反思，并加以改正

《紫藤萝瀑布》

珠海市第五中学　徐贵芬

一、文本解读

从“流动的瀑布”到“沉淀的哲思”

——《紫藤萝瀑布》文本解读

读《紫藤萝瀑布》，首先读到的就是题目。题目从“紫藤萝”和“瀑布”两个事物切入，让不了解本文的人误以为是“紫藤萝旁边有瀑布”或者“瀑布旁开满紫藤萝”。等读完了文章，才发现“瀑布”一词大有玄机。它不仅是流动的紫藤萝瀑布，还流过岁月，流进作者的内心，最后沉淀成为生命的哲理。下面就以“流”字来解读文本。

（一）流动的瀑布

原来，“紫藤萝瀑布”是像瀑布一样的紫藤萝花。

究竟是怎样的紫藤萝花才被形容成“瀑布”呢？我们眼前不禁出现“飞流直下三千尺，疑是银河落九天”那气势磅礴、宏伟壮观的景象。

回扣文本，从第二段到第六段，就出现了“辉煌”“从空中垂下，不见其发端，也不见其终极”“流动”“银光”“迸溅的水花”“闪光”“沉淀”“帆”“舱”“仙露琼浆”这些与“瀑布”或“水”相关的词句。

藤萝开得繁盛、壮观，所以“辉煌”“从空中垂下，不见其发端，也不见其终极”。

藤萝的色泽有深紫浅紫，所以浅紫的部分在阳光下像“迸溅的水花”“泛着银光”，“和阳光互相挑逗”，可爱而又充满生机。

每一朵藤萝花的外形都有“张满的帆、鼓鼓的舱”，存着饱胀的生命力，蓄着满满的势，准备一往无前地向前冲。

每一朵藤萝花的情态都是忍俊不禁，笑容里裹满了琼浆。它们推着挤着、活泼热闹。

这繁盛的、壮观的、辉煌的、生机勃勃的紫藤萝花的瀑布就这样猝不及防地闯入作者的眼前、流过作者的心上。

（二）流变的岁月、流淌的思绪

为什么眼前的紫藤萝瀑布会流过作者的心上呢？为何又“带走这些时一直压在我心上的关于生死的疑惑，关于疾病的痛楚”？

文章第七、八段涉及到本文的写作背景，也解释了作者被紫藤萝花触动的原因。

本文写于1982年5月，十多年前的紫藤萝花因为“那时的说法是花和生活腐化有什么必然联系”而“稀落、伶仃”。“随即得了一场重病。偏偏没有死。许多许多人去世了，我还活着。”（《1966年夏秋之交的第一天》）“人道是锦心绣口，怎知我从来病骨难忍受。”（《野葫芦引》）宗璞是经历过身体病痛折磨的人，写作本文之时，心理上也正承受着小自己三岁的弟弟身患绝症，生命垂危的痛苦。宗璞的弟弟冯钟越“能娴科技，能娴艺文，全才罕遇”，他是中国杰出的飞机结构强度专家，对于飞机结构强度研究积累了丰富的学识经验，正好迎来了国家改革开放的大好时机，也正是他精力充沛、大有作为的时候，但是，刚刚50岁出头的冯钟越却突然被查出身患胃癌，命悬一线（1982年10月去世）。作为亲如手足的姐姐，作者此时多希望弟弟的病情能够有所好转。

花开花谢如同人生命运的浮沉，花荣花枯反映着时代社会的兴衰。十多年前稀落、伶仃的紫藤萝花如今重获生机，忍受疾病折磨的弟弟是否也可以有所好转呢？

作者被紫藤萝花的经历所感染，沉浸在“精神的宁静和生的喜悦”中。这紫色的瀑布“不断地流着，流着，流向人的心底”，并在心底沉淀成为对生命的哲思。

（三）沉淀的哲思

宗璞在紫藤萝瀑布旺盛生命力的影响下，思绪由花事流淌向人事，进而悟出生命的哲思。“花和人都会遇到各种各样的不幸，但是生命的长河是无止境的。”花有荣枯、开谢，人有生老病死，但自然与社会永恒的真谛，是“沉舟侧畔千帆过，病树前头万木春”的生死更替与生生不息，是希望，是光明，是生命力的强大、延续和永恒。

这万花中一朵一朵的花，组成了万花灿烂的流动的瀑布。这一个个前赴后继的生命，组成了人类生命的永恒。作者受紫藤萝花顽强生命力的鼓舞，振作精神，勇敢面对生活。

本文以“流动”串联全篇，由花而事而情而理，步步深入，最终完成对“瀑布”一词所代表的生命力的阐发，把生机勃发、生命不屈、生命永恒的哲理阐释竟尽。

二、单元内容解析

（一）课时安排

第五单元选文体裁多样，无论是散文还是诗歌，均蕴含了丰富的人生哲理，直接或间接地表达着作者的人生思考。在第四单元的《陋室铭》和《爱莲说》中已经接触到托物言志的手法，本单元继续学习托物言志的手法，重点学习作者如何观察、体验“景”“物”，怎样形象描摹“景”“物”，从而得出所言之“志”。

在这一单元的授课中，讲读课文散文《紫藤萝瀑布》从紫藤萝花炫人眼目的美写到十多年前家门外那株藤萝，并引发对生命的感悟，教学时长1课时，自读课文散文《一棵小桃树》回忆小桃树的成长过程和自己的人生经历，借此抒写自己的理想和情志，教学时长1课时。自读课文诗歌《外国诗二首》选普希金的《假如生活欺骗了你》表达积极向上的人生态度，选弗罗斯特的《未选择的路》阐发如何抉择生活道路的哲理，教学时长2课时。讲读课文诗歌《古代诗歌五首》选陈子昂、杜甫、王安石、陆游、龚自珍等人的诗作，表达对自然、生命、世界的感悟，教学时长2课时。写作指导紧扣这一单元写景状物或托物言志的主题，在各篇课文渗透的基础之上，又是对前面单元学习抒情的延伸，需要2个课时。完成本单元教学任务共需用时8课时。

（二）本单元内容结构图表

<table>
<tr><th></th><th></th><th>讲读课文</th><th>自读课文</th><th>写作</th></tr>
<tr><td rowspan="4">第三单元</td><td rowspan="2">人文素养</td><td>《紫藤萝瀑布》：对苦难、对生命的思考——以饱满的生命力和乐观积极的态度对待生命</td><td>《一棵小桃树》：抒写理想与情志——面对生活的困苦和磨难，要顽强斗争，不懈追求</td><td rowspan="2">有条不紊地表情达意</td></tr>
<tr><td>《古代诗歌五首》：对人生、社会的关注与思索——生命短暂、时不我待；积极进取；无私奉献</td><td>《外国诗二首》：面对生活中的挫折，对人生之路的选择与思考</td></tr>
<tr><td rowspan="2">语文要素</td><td>《紫藤萝瀑布》：1.体会写景状物的妙处。2.梳理作者情感变化，理解作者寄托在物上的志</td><td>《一棵小桃树》：1.引导自读，概括物的特点，体会作者情感。2.进一步学习托物言志手法</td><td rowspan="2">厘清思路、连贯表达；推敲字句、文从字顺的习惯和能力</td></tr>
<tr><td>《古代诗歌五首》：1.诵读诗歌，感受韵律。2.体会情感，理解哲理</td><td>《外国诗二首》：1.诵读诗歌，品味语言。2.品析诗句，理解哲理</td></tr>
</table>

三、课文教学设计（1课时）

【课文教学内容及解析】

（一）内容

本篇课文内容结构图（思维导图）

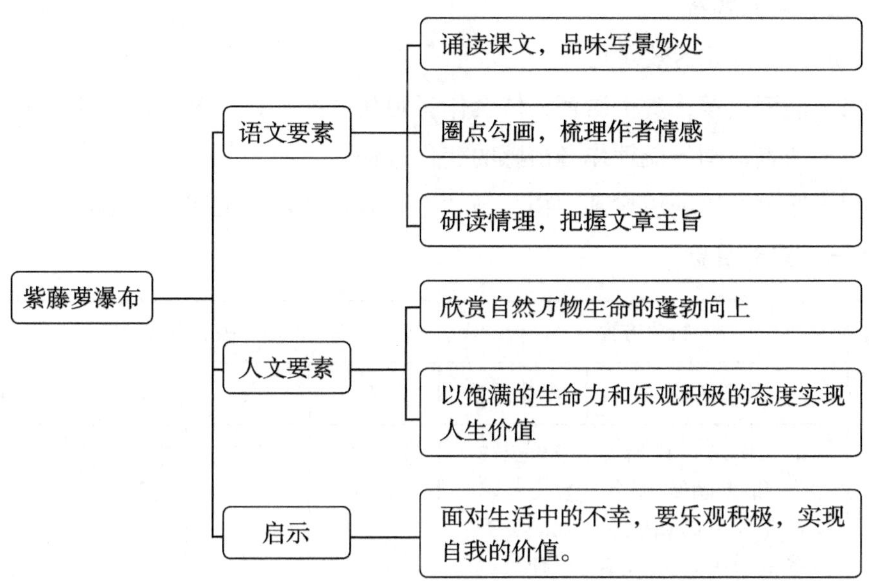

本文是一篇借景抒情、托物言志的散文，文章由赞美眼前的紫藤萝花，到回想旧日的紫藤萝花，由对自然的感悟升华到对生命的感悟，使人体会到生命的美丽与永恒，让人思考如何对待生活中的坎坷与不幸。本课共1课时，安排赏析写景妙处，梳理作者情感，把握文章主旨这些内容。

（二）内容解析

本单元的文章或托物言志，或借景抒情。作者的情感、志趣都建立在对“景”或“物”熟悉并描摹的基础上。观察体验并形象描摹，进行类比联想，比较阅读是本单元的主要任务。所以，本节课在语文要素上主要体现了赏析语言、情感把握和主题探究三个方面。人文素养方面学会感受自然事物蓬勃的生命力；生命是永恒的，要勇敢豁达面对，努力实现人生的价值。由此得出面对不幸，要勇敢乐观，实现自我价值的启示。

【课文学习目标及解析】

（一）学习目标

（1）通过诵读，品味关键语句，体会写景状物的妙处。

（2）梳理作者的情感变化，学习托物言志的写法。

（3）了解作者含蓄深沉的思想感情，自我反思，乐观豁达地面对生活。

（二）目标解析

达成上述目标的效果是：

（1）诵读文章，赏析语言，体会作者观察“物”，描摹“物”的方法。

（2）圈点勾画，梳理作者情感的变化过程。

（3）通过类比联想找到“物”与“志”的相似点，把握文章主旨。

（三）素养目标

内容方面	行为方面		核心素养			
	教师活动	学生活动	1	2	3	4
导	从单元提示“托物言志”和《陋室铭》《爱莲说》的回顾引起学生兴趣，导入本课学习。 让学生通过查找资料、提出疑惑的方式进行自主预习，再结合导入部分老师在课堂上分享的资料链接	学生踊跃发言，其他同学予以补充	语言建构与运用		审美鉴赏与创造	
悟	引导学生赏析语言，把握情感，归纳主旨	快问快答，自主回答。小组合作解决问题	语言建构与运用	思维发展与提升	审美鉴赏与创造	
用	知识迁移，引导学生结合自身经历或见闻，理解文章主旨	学生举手，畅所欲言	语言建构与运用	思维发展与提升	审美鉴赏与创造	文化传承与理解
改	学以致用，老师讲解，学生写作，及时指导纠正	自由创作，查漏补缺	语言建构与运用	思维发展与提升	审美鉴赏与创造	文化传承与理解

【教学重点、难点】

1. 重点

（1）体会写景状物的妙处。

（2）探究文章主旨。

2. 难点

（1）结合时代背景，分析作者情感变化原因。

（2）理解紫藤萝的象征意义。

【教学问题诊断分析】

问题1：学生对文章语言赏析的角度狭窄。

应对策略：提供更全面的赏析角度，与已学课文勾连、举例、比较，引导学生多角度赏析。

问题2：对文章写作背景陌生，影响学生理解作者情感变化的原因。

应对策略：课前布置查阅资料，课上结合学生及老师所查阅资料进行交流，带学生进入文本情境中去理解作者的情感变化。

【教学过程】

（一）学习目标

（1）通过诵读，品味关键语句，体会写景状物的妙处。

（2）梳理作者的情感变化，学习托物言志的写法。

（3）了解作者含蓄深沉的思想感情，自我反思，乐观豁达地面对生活。

（二）课前学习任务单

（1）同学们提前查找资料，了解写作本文时作者的弟弟病重的情况。

（2）走近宗璞，借助资料及作者的相关著作，大致了解作者一家在十年动乱中的经历。

（3）诵读全文，预习文本，扫清文字障碍，完成整体感知。

（4）思考问题：面对生活中的挫折或不幸，你怎么对待？

（三）教学准备

1. 资料链接

小弟去了。我长小弟三岁。从我有比较完整的记忆起，生活里便有我的弟弟，一个胖胖的、可爱的小弟弟，跟在我身后。他虽然小，可是在玩耍时，他常常当老师，照顾着小朋友，让大家坐好，他站着上课，那神色真是庄严。他虽然小，在昆明的冬天里，孩子们都生冻疮，都怕用冷水洗脸，他却一点不怕。他站在山泉边，捧着一个大盆的样子，至今还十分清晰地在我眼前。

“小姊，你看，我先洗！”他高兴地叫道。

这一年多，从他生病到逝世，真像是个梦，是个永远不能令人相信的梦。我总觉得他还会回来，从我们那冬夏一律显得十分荒凉的后院走到我窗下，叫一声“小姊——”。

那一段焦急的悲痛的日子，我不忍写，也不能写。每一念及，便泪下如雨，纸上一片模糊。

我还曾希望在我自己走到人生的尽头，跨过那一道痛苦的门槛时，身旁的亲人中能有我的弟弟，他素来的可倚可靠会给我安慰。哪里知道，却是他先迈过了那道门槛啊！这一天本在意料之中，可是我怎能相信这是事实呢！他躺在那里，但他已经不是他了，已经不是我那正当盛年的弟弟，他再不会回答我们的呼唤，再不会劝阻我们的哭泣。

（节选自宗璞《铁箫人语·哭小弟》）

2. 写作背景

这篇文章写于1982年5月6日，宗璞的弟弟冯钟越是中国飞机结构强度研究所副所长兼总工程师（623所），杰出的飞机结构强度专家，对于飞机结构强度研究积累了丰富的学识经验，正好迎来了国家改革开放的大好时机，也正是他精力充沛、大有作为的时候，但是，刚刚50岁出头的冯钟越却突然被查出身患绝症（1982年10月病逝），作为亲如手足的姐姐宗璞十分悲痛，“关于生死的疑惑，关于疾病的痛楚”，一直压在她的心上。作者徘徊于院中，看见一树盛开的紫藤萝花，睹物释怀，从花儿的由衰到盛，感悟到了生的美好和生命的永恒，于是写成了这篇散文。

3. 作者简介

宗璞，1928年生，原名冯钟璞，笔名有任小哲、丰非等。著名哲学家冯友兰（著有教科书级别的哲学书《中国哲学简史》）之女，自幼生长于清华园，吸取了中国传统文化与西方文化之精粹，学养深厚，气韵独特。作品主要有短篇小说《红豆》《桃园女儿嫁窝谷》《不沉的湖》《后门》《知音》等。短篇小说《弦上的梦》获全国优秀短篇小说奖，中篇小说《三生石》获全国优秀中篇小说奖。1981年北京出版社出版了《宗璞小说散文选》。后来宗璞又抱病奋力创作反映中华民族知识分子命运的长篇小说《野葫芦引》，其第一部《南渡记》已于1987年问世，获得了好评。她的小说，刻意求新，语言明丽而含蓄，流畅而有余韵，颇具特色。她的散文情深意长，隽永而耐人寻味。女性的细腻，观察生活的细心，学养的高深，坚持自我的独见成就了她的文名。

（四）课堂教学实践

导：联想与结构

（学生先阅读第五单元的单元提示）本单元学习托物言志的手法，上一单元我们学习了《陋室铭》《爱莲说》，了解到作者借“陋室”表达了安贫乐道、高洁傲岸的情操，借“莲”表达了洁身自好、不慕名利的志向。今天让我们跟随宗璞来欣赏紫藤萝花，看看她在紫藤萝身上寄托了怎样的情思志向。

析题：观看紫藤萝的图片，说出紫藤萝花与瀑布的相似之处。

明确：茂盛、壮观、流动、辉煌、生机勃勃（生命力旺盛）

概括内容。

明确：作者在紫藤萝花前驻足欣赏了花的美，回忆十年前藤萝的样子，悟出了人生的道理。

悟：活动与体验

1. 绘景——流动的瀑布

（1）在书中勾画能体现紫藤萝特点的句子，并体会写景状物的妙处。（小组合作）

句子：

赏析句子并以“这一处藤萝，有”总结。

要求：①小组交流预习作业，看看其他同学摘抄的语句及点评。

②小组内选择最想在全班分享的一句。

③小组齐读句子，个人分享点评。

示例1：仔细看时，才知道那是每一朵紫花中的最浅淡的部分，在和阳光互相挑逗。

赏析：“挑逗”把花的颜色拟人化，写出花的色彩明丽。将贬词褒用，更是写出了紫藤萝花的可爱和顽皮，和阳光相映成趣。这一处藤萝，有静有动。（化静为动）

明确：

示例2：这里除了光彩，还有淡淡的芳香，香气似乎也是浅紫色的，梦幻一般轻轻地笼罩着我。

赏析：运用通感，将嗅觉和视觉互通，花香也有了颜色，写出作者面对紫藤萝瀑布的愉悦梦幻之感。这一处藤萝，有色有味。（多感官互通）（通感）

示例3：紫色的瀑布遮住了粗壮的盘虬卧龙般的枝干，不断地流着，流着，流向人的心底。

赏析：在眼前紫藤萝瀑布和旧日紫藤萝花的对比中，作者对生命有了新的感悟。花与“我”交融在一起，共同感受生命的真谛，情感抒发更强烈。这一处藤萝，有物有我。（物我交融）

示例4：每一朵盛开的花像是一个张满了的小小的帆，帆下带着尖底的舱，船舱鼓鼓的；又像一个忍俊不禁的笑容，就要绽开似的。

赏析：用帆和船舱做比喻，细致地描绘了紫藤萝花盛开的状态，给人以生机勃勃的感受；比作笑容，就有美好可爱的感觉，也抒发了喜悦之情。这一处藤萝，有静有动。（化静为动）

示例5：“我在开花！”它们在笑。“我在开花！”它们嚷嚷。

赏析：“笑”和“嚷嚷”运用了拟人的手法，写出了这紫藤萝如孩子一般具有无限的生命活力，是那样自由、无拘无束而快乐。突出了紫藤萝的生机和活力，表达作者内心的喜悦和对紫藤萝的喜爱之情。这一处藤萝，有动有静。（化静为动）

（2）小结写景状物的方法

①比喻、拟人等修辞；②化静为动；③物我交融；④通感；⑤点面结合；⑥对比。

2. 忆事抒情——流淌的思绪

环节一：紫藤萝有过怎样的变迁？填写表格

紫藤萝	眼前的	十年前的
长势	不见其发端，也不见其终极	稀落、东一穗西一串伶仃地
颜色	辉煌的淡紫色，深深浅浅的紫，点点银光	
情态	和阳光挑逗、推着挤着，在笑，在嚷嚷，活泼热闹，忍俊不禁的笑容	好像在察言观色，试探什么
结局	开得这样盛	花架拆掉，改种果树

明确：“十多年前”家门外有一株大紫藤萝，“稀落、东一穗西一串伶仃地挂在树梢”，后来“索性连那稀零的花串也没有了”，被拆掉毁坏了。过了这么多年，紫藤萝花又盛开了，“繁盛、生机盎然”。（补充“花和生活腐化有什么必然关系”的社会背景资料）

环节二：作者的情感经历了怎样的变化？为何会有这样的变化？

明确：以前焦虑和悲痛“一直压在我的心上”，在繁密的花朵的光辉和浅紫色的芳香中，我“有的只是精神的宁静和生的喜悦”，由此悟出生命的道理而振奋起来。

情感变化原因：（补充写作背景资料）作者通过紫藤萝的变迁联想到类似的家庭境况和人生际遇（十年动乱中家庭遭遇迫害；比作者小三岁的弟弟身患绝症，生命垂危），多年来焦虑和悲痛一直压在作者心头。现在面对生机勃勃的紫藤萝花，触景生情，深受启发和鼓舞，产生了精神上的宁静和生的喜悦，进而感悟出人生的哲理。

3.悟理——沉淀的哲思

作者从紫藤萝的经历中感悟到什么哲理？

明确：花和人都会遇到各种各样的不幸，但是生命的长河是无止境的。

家门前的紫藤萝花在特殊年代被有错误思想的人铲除，“我”弟弟因病痛折磨而求生无望。但个体生命的消亡不会影响世界整体生命的发展，整体生命蓬勃旺盛没有止境。不要因挫折、不幸、生命消亡而悲观，应放眼生命长河为世界生命力的蓬勃而振作，并珍爱生命，努力绽放，为生命长河增添光彩与芳香。

用：本质与变式

如果要把“花和人都会遇到各种各样的不幸，但是生命的长河是无止境的”这句话送给一个人，你会送给谁？

明确：每个人都应当像紫藤萝的花朵一样以饱满的生命力投身到生命的长河中去，让生命更加绚丽多彩。

拓展到对“生命的广度和深度”的思考：

明确：邓稼先——在西北荒漠，邓稼先无怨无悔地付出了自己的生命，但还有无数人在前仆后继地为中国核事业付出自己的一生。

袁隆平——袁隆平为杂交水稻技术奉献了自己的一生，斯人已逝，但在他身后，他的精神和生命以另外一种方式继续无止境地延续下去。……

改：迁移与应用

总结托物言志的手法，选择自然中一种花，描写其特点，揭示其象征意义（100字左右）。

明确：所谓托物言志，也称寄意于物，通过描绘客观事物某一个方面的特征来表达作者情感或揭示作品的主旨。

示例：爬山虎：它没有挺拔粗壮的躯干，依然可以长到几层楼那么高，是那牢牢附在墙上的爬山虎的脚让它登上高处；它没有硕大的叶子遮下一片阴凉，依然可以装点一面墙壁，是那蔓延开的绿叶不放弃每个角落。这就是爬山虎，勇攀高峰、锲而不舍的爬山虎。

【教学反思，成效评价】

本节课教学思路的确定，力求遵循托物言志手法由“物”到“志”的推进，按照作者的行文思路设计教学，作者文章行文流畅，把紫藤萝花比喻为“瀑布”，由“物”流到心流到沉淀哲理，自成一个系统，所以选择“流”这个词串起课堂活动。

课堂活动的安排。恰当的课堂活动更有利于学习目标的达成，赏析语言运用了小组合作的方式，让学生发挥集体的力量，赏析更全面深入。对比两处藤萝运用填写表格的方式，训练学生圈点勾画，寻找关键信息的能力。对主旨的把握采取“把这句话送给某人”的方式，更能激发学生表达的欲望。

教学重点难点的选择上，这节课主要解决了语文要素中把握情感和主旨两个问题，主要运用了诵读和圈点勾画、对比阅读的方法。在赏析语言的环节，学生对修辞手法掌握得较为熟练，对化静为动、通感、物我交融等手法较为陌生，还需要引导巩固。另一个难点是结合历史背景，了解作者情感变化的原因，虽然学生课前预习阶段查阅了部分资料，对课文内容的理解还是较牵强，课堂上补充的翔实材料更能帮助学生把握作者情感的变化，领会主旨。

学生对主旨的理解及拓展掌握得比较好，使课堂的气氛达到高点。学生能从身边事例、学过的文章和重要时事中感悟到“生命的长河无止境”，这一目标顺利达成。

在“托物言志”手法练笔上，学生的思路比较狭窄，停留在《陋室铭》《爱莲说》或梅兰竹菊狭小的范围内，还可以多启发学生关注身边的一草一木，寻找身边事物的价值与意义。还可以采取看图写作的方式进行引导。

【板书设计】

紫藤萝瀑布

绘景——流动的瀑布（生命力旺盛）

忆事抒情——流淌的思绪托物言志

悟理——沉淀的哲思（生命的长河是无止境的）

【布置作业】

以《我喜欢花》为题，把小练笔扩充成一篇作文。

附件：《紫藤萝瀑布》课堂教学路线图

导	勾连已知建构知识	本单元学习托物言志的手法，上一单元我们学习了《陋室铭》《爱莲说》，了解到作者借“陋室”表达了安贫乐道、高洁傲岸的情操，借“莲”表达了洁身自好、不慕名利的志向。今天让我们跟随宗璞来欣赏紫藤萝花，看看她在紫藤萝身上寄托了怎样的情思志向。 整体感知，梳理结构	开门见山，直奔主题
悟	制定策略探究问题新知呈现	1.赏析句子，体会写景状物的妙处。（小组合作） 2.分析情感变化原因。 3.探究生命哲理	小组合作探究，激发学生的潜能。 熟读精思，新知提炼
	展示解答	师生互动，展示学生的答案，其他同学及时补充	答案展示，加深印象
用	运用新知巩固深化	设计活动：把体现主旨的句子送给某个人	学以致用，拓展延伸
改	运用新知巩固深化	总结托物言志的手法，选择自然中一种花，描写其特点，揭示其象征意义	学以致用，拓展延伸
评	成效评价及时反思	句子赏析中的化静为动、通感手法还需进一步引导。情感把握部分对资料的占有帮助了学生理解。主旨探究部分学生发挥得比较理想	从设计到时效，学会反思，并加以改正
	概括总结布置作业	以《我喜欢花》为题，进行作文训练	拓展延伸，巩固所学

《紫藤萝瀑布》

珠海市第九中学　郭晓东

一、单元内容解析

（一）课时安排

我们学习七年级上册第一单元时感受了大自然的生生不息，四时美景的美不胜收，作者用美的语言抒发了亲近自然、热爱生活的情怀。本单元我们继续阅读描写景物的诗文，感受山川溪泉中作者的情感。

这一单元的授课中，讲读散文《紫藤萝瀑布》教学时长3课时，自读散文《一棵小桃树》教学时长1课时，阅读外国诗两首《假如生活欺骗了你》和《未选择的路》教学时长1课时，学习《古代诗歌五首》教学时长1课时，另外本单元的写作指导紧扣散文语言的“文从字顺”教学时长2课时。

（二）本单元内容结构图表

<table>
<tr><td rowspan="3">第五单元</td><td></td><td>讲读课文</td><td>自读课文</td><td>写作</td></tr>
<tr><td rowspan="2">人文素养</td><td>《紫藤萝瀑布》：感受生命的美好神秘，珍惜生命，乐观生活</td><td>《一棵小桃树》：在人生的风雨中如一棵小桃树永远不放弃对幸福生活的梦想</td><td>行文通顺流畅，表达准确</td></tr>
<tr><td>《古代诗歌五首》：1.古代诗人在登台、登山时抒发的不同情怀。2.古代诗人被贬后，依然心怀祖国，献身报国的伟大精神</td><td></td><td></td></tr>
</table>

续 表

		讲读课文	自读课文	写作
第五单元	语文要素	《紫藤萝瀑布》：1.通过关键句梳理散文结构层次。2.托物言志的写法	《一棵小桃树》：1.体会作者托物言志，以小桃树的身世自寓的深情。2.引导自读，对比类似文章的写法的异同	1.避免出现歧义；2.注意语句的连贯；3.通过自读和他读修改文中拗口、含混和不顺畅的地方
		《古代诗歌五首》：1.反复诵读五首诗，结合背景资料体会诗歌表达的思想感情。2.按照情感和意象整理古诗词中的名句		

二、课文教学设计（3课时）

【“集体备课”之“教什么”“怎么教”】

（一）教师研讨“教什么”

教师甲：本文是一篇写景散文。我们可以教学如何读懂散文，把握作者的情思。

张雅东先生曾这样评价宗璞的作品：“宗璞的作品以其深刻的思想内涵，独到的见解，高超的语言能力，纯熟的艺术技巧，丰富优美的情感世界，特有的个性魅力，在散文的园地里独树一帜。”[1]

我们可以体会描写中的喜爱、快乐和震撼，可以把握作者在回忆中的困惑和遗憾，更要抓住“紫藤萝花”这个物象，体会作者是如何获得人生的启示，提升自己的思想境界的。

教师乙：本文作为一篇语言和章法都十分精致的散文，我们可以训练学生梳理散文的结构层次。如本文的关键语句在散文的结构中起着怎样重要的作用。

教师丙：本文是景物描写的经典名篇。我们可以指导学生观察当季的花朵，学习描写。

以第二段为例，其写作思路是：在现实和想象之间转换。

表达结构是：“看到什么+像什么”。

运用比喻和拟人的修辞手法，写出紫藤萝花的辉煌、旺盛的生命力，有动有静，神秘而可爱。

（二）名师点拨“怎么教”

詹丹教授：教学时要注意《紫藤萝瀑布》中的“三个系统”。[2]

“瀑布”“水花”“帆船”“河流”都统御在“水流”这个系统之下，作者选择的物象是有密切关系的。这是第一个系统——“喻体组合的体统”。

瀑布作为一个喻体线索贯穿全文时，文章同时还有另一条线索，那就是借助比拟暗示的人的欢笑。这一闹腾腾的欢笑，与瀑布构成了并列关系，同样是贯穿始末的。相对于瀑布的比喻和欢笑的比拟，河流是在象征层次中把植物和人类的更具普遍意义的生命、生命的元素统一起来的。所以，河流的意象在思维层次上和瀑布、笑容并不完全等同。也可以说，生命之河统摄了紫藤萝和人，也把人的思维带向了一个更开阔、更深邃的世界。

第二个系统是“人、社会和自然关联的体统”。我们可以指导学生对比阅读“眼前的紫藤萝”和“十多年前的紫藤萝”，以求得“同中见异”，发现时代的变化和作者心底的思绪沉浮。引入宗璞写作本文时的背景资料，特别是《忆小弟》一文，体会作者写作紫藤萝时的感受和行为，与小弟的生命息息相关。

第三个系统是“抒情主体和外部世界交融的系统”。“不论是病危中的小弟，还是处于心灵煎熬中的‘我’，都需要进入这一生命之流中，以获得一种支撑、一种如紫藤萝一样盛开的力量。”这就是作者获得启示提升思想境界的关键所在。人与自然的交融就获得自然生生不息的力量。

肖培东老师：朗读教学是教学本文的好方法。

“散文教学的路径应建立在学生已有经验与这一篇散文所传达的作者自我经验的链接上，其基本着力点应聚合在学生自己对文本言语形式的充分触摸、发现、咀嚼和体味上。这种触摸、发现、咀嚼和体味，源于学生对散文的主动阅读。”[3]

“散文文本的内容和结构，散文中的寓意物、生发点、动情点等，都是通过读来感悟和把握的。好文不厌百回读，让学生有滋有味地诵读，在一遍遍的诵读中感受语言的节奏和韵律，把握文章的内容，以读代讲，以读代析，以读代悟，逐步深入体会那一簇簇紫藤萝花的美好与生动。”

【课文学习目标及解析】

（一）学习目标

（1）课文主要内容是什么，引起你怎样的共鸣。

（2）课文写景状物的妙处是什么，学习本文的写法。

（3）体会宗璞写作本文的目的，总结你的收获。

（二）目标解析

达成上述目标的效果是：

（1）通过梳理散文内容，理清宗璞写作《紫藤萝瀑布》的主要思路。

（2）通过品读散文中景物描写的部分，学习本文托物言志的写法。

（3）结合生活和文中的关键语句，理解宗璞写作文章的主要目的，总结学习要点。

（三）素养目标

内容方面	行为方面		核心素养		
	1	2	1	2	3
导	从旧知识出发，或从题目和作者引起学生的兴趣，从而进行导入让学生通过查字典、读课文等方式进行自主学习，再结合导入部分老师在课堂上分享的资料链接	学生踊跃发言，其他同学予以补充	语言建构与运用		审美鉴赏与创造
悟	引导学生朗读课文，整体感知，把握情感。学生结合已学过知识，畅谈自己对散文内容的理解	朗读课文，自主回答。小组合作解决问题	语言建构与运用	思维发展与提升	审美鉴赏与创造
用	知识迁移，运用已学过的知识对散文内容进行分析梳理，情感把握和主题探究	学生举手，畅所欲言	语言建构与运用	思维发展与提升	审美鉴赏与创造
改	学以致用，老师讲解，师生反思，及时纠正	及时纠错，查漏补缺	语言建构与运用	思维发展与提升	审美鉴赏与创造

【教学重点、难点】

学习本文写景状物的方法，理解散文中哲理句的含义，进而读懂理解文意。

【教学问题诊断分析】

问题1：学生不理解所读文章的背景，特别对于“生死离别”认识不到。

应对策略：引导学生查找资料，了解特定历史情况下的社会环境，并通过文章阅读体会作者的心境。

问题2：学生阅读散文的经验还有所欠缺，特别是梳理散文的结构。

应对策略：老师指导学生有效迁移，利用学过的“关键句”的知识，梳理散文结构。

【教学过程】

第一课时

（一）学习目标

（1）根据关键语句梳理散文内容，概括层意。

（2）把握文章所写之物，它引起了你怎样的共鸣。

（二）课前学习任务单

（1）走进宗璞，借助资料及作者的相关著作，大致了解宗璞一家的经历。

（2）诵读全文，预习文本，扫清文字障碍，完成整体感知。

（3）思考问题：同样是托物言志，你还学过哪些文章?

（4）熟读课文，留意文章的精彩段落和关键语句，做批注。

（三）教学准备

1. 写作背景

本文写作的时候，正值宗璞唯一的弟弟不幸身患绝症。“小弟去了。小弟去的地方是千古哲人揣摩不透的地方，是各种宗教企图描绘的地方。也是每个人都会去，而且不能回来的地方。”但现在却轮到了小弟，他刚刚五十岁。小弟是作者最钟爱的弟弟，也是老父亲最器重的儿子。这位50年代毕业于清华大学航空系的飞机强度总工程师，毕业之后三十余年在外奔波，积劳成疾。宗璞在间断叙述了小弟弟身前身后之后，写了如下的话：“那一段焦急的悲痛的日子，我不忍写，也不能写。每一念及，便泪下如绠，纸上一片模糊。”

2. 作者简介

宗璞，原名冯钟璞，女，当代作家，常用笔名宗璞，生于北京，著名哲学家冯友兰之女。从事小说与散文创作。代表作品有短篇小说《红豆》《弦上的梦》《丁香结》，系列长篇小说《野葫芦引》和散文《紫藤萝瀑布》等。

课上提问，鼓励学生积极回答问题，并适当引导，避免脱离课堂片面陈述历史。对学生回答的问题进行总结，展示PPT，加深印象。

（四）课堂教学实践

导：联想与结构

同学们，我们今天来读《紫藤萝瀑布》。（板书标题）

说标题：

请同学们看标题，“紫藤萝瀑布”是什么？不要看书。试着说说。

……

是的，“紫藤萝”是一种观赏性藤本植物，“瀑布”不是流水的瀑布，而是对“紫藤萝花”的描述。

“宗璞”怎么读？“璞”是什么意思？（查字典比赛）看谁最快，给你加分。

……

“璞”读“pú”

（1）未雕琢过的玉石，或指包藏着玉的石头：~玉浑金（亦喻天然美质，未加修饰）。

（2）喻人的天真状态，质朴，淳朴：抱~。返~归真。

那么，作者的这篇散文写了什么内容？

我们这节课主要来把握这篇文章的内容和结构。

悟：活动与体验

朗读：

请同学们朗读课文，说一说，文章写了什么？你有什么感受？

点三名同学依序朗读全文。落实读音和生词。

“学生可能会有疑问”的重点词语：

迸溅（bèng jiàn）：向四处迸射溅落。

枯槐（kū huái）：已经枯萎的槐树。

忍俊不禁（rěn jùn bù jīn）：忍不住笑。

伶仃（líng dīng）：（1）孤独；没有依靠：孤苦~。（2）瘦弱：瘦骨~。

仙露琼浆（xiān lù qióng jiāng）：比喻酒非常鲜美；后指极少、不多见的美酒。

伫立（zhù lì）：（1）长时间地站立，没有动作。（2）泛指站立。

盘虬卧龙（pán qiú wò lóng）：盘：盘旋，弯曲。虬：古代传说中有角的小龙（意说刚长出角的幼龙）。（1）盘绕横卧着的虬龙。盘曲的虬，卧居的龙。比喻隐藏的人才。（2）形容树木枝干十分弯曲的样子，给人十分有力量的感觉。

酒酿（jiǔ niàng）：古称醴，是中国传统的特产酒。

说说课文写了什么？哪里引起你的共鸣？

本文写了作者在路上被盛开的紫藤萝花吸引，饱含深情地描写了紫藤萝花盛开的样貌，并被藤萝花所打动，引起有关紫藤萝花的回忆，不仅带走了压在心上的疑惑和关于疾病的痛楚，而且提升了作者对生命和生活的理解和认识。

（学生自由谈，可以说出自己“模糊的认识”，教师根据学生理解的情况决定下面的教学重点）

用：本质与变式

分层（进行此环节的缘由：对本文内容把握不全面，要分层梳理；对作者写作本文的目的不清楚，要理解关键句）

要准确把握散文内容，就要对文章内容进行梳理。

怎么梳理内容呢？

勾画“关键句”。

提示方法：

我们采用勾画“标志课文内容转换的关键句”的方法。

哪些句子是“标志课文内容转换的关键句”？

总起句、总结句和过渡句。

研讨：

（1）“我不由得停住了脚步。”

指导：

总起句，激起读者阅读兴趣，引起下文。

散文的第一部分“观赏紫藤萝瀑布”——“赏花”

（2）“但是我没有摘。我没有摘花的习惯。我只是伫立凝望，觉得这一条紫藤萝瀑布不只在我眼前，也在我心上缓缓流过。流着流着，它带走了这些时一直压在我心上的焦虑和悲痛，那是关于生死谜、手足情的。我沉浸在这繁密的花朵的光辉中，别的一切暂时都不存在，有的只是精神的宁静和生的喜悦。”

指导：

由“眼前花”过渡到“心中情”，由“实”过渡到“虚”。

引出下文“关于紫藤萝花的回忆”——“忆花”。

（3）“花和人都会遇到各种各样的不幸，但是生命的长河是无止境的。”

指导：

由“记叙和描写”过渡到“议论和抒情”，议论“紫藤萝花带给自己的新的人生感悟和启示”——议（悟）花。

（4）“在这浅紫色的光辉和浅紫色的芳香中，我不觉加快了脚步。”

指导：

回扣标题和开头，点出自己心灵上的变化，收束全文。

改：迁移与应用

梳理散文内容方法总结：

由此，本文可以分为三个层次。

（1）赏花（1—6）。

（2）忆花（7—9）。

（3）议花（10—11）。

我们把握散文内容时，要从结构上梳理文章每部分的意思，并概述每部分的意思，这样的概括才是完整的。

“本文写了作者在路上被盛开的紫藤萝花吸引，饱含深情地描写了紫藤萝花盛开的样貌，并被藤萝花所打动（1），引起有关紫藤萝花的回忆（2），不仅带走了压在心上的疑惑和关于疾病的痛楚，而且提升了作者对生命和生活的理解和认识（3）。”

但是我们还没有领会作者的情感和生命的感悟到底说了什么，这一点，我们留到下节课来解决。

【教学反思，成效评价】

本课主要完成目标中人文要素的部分。主要是通过阅读，把握散文的读法：通过梳理结构层次理解文意；通过结合生活和背景资料，理解作者写作本文的目的；通过品读学习本文景物描写的方法。这1课时主要是完成梳理散文理解文意的部分。

学生在梳理散文时会遇到抓不住“过渡句”的情况，不知道文章内容发生转换的地方在哪里。我们应该及时指导学生从时空逻辑、内容转换、表达方式等角度去思考。我们在学后对方法进行总结，在本单元的阅读中可以继续训练。

【板书设计】

紫藤萝瀑布　宗璞

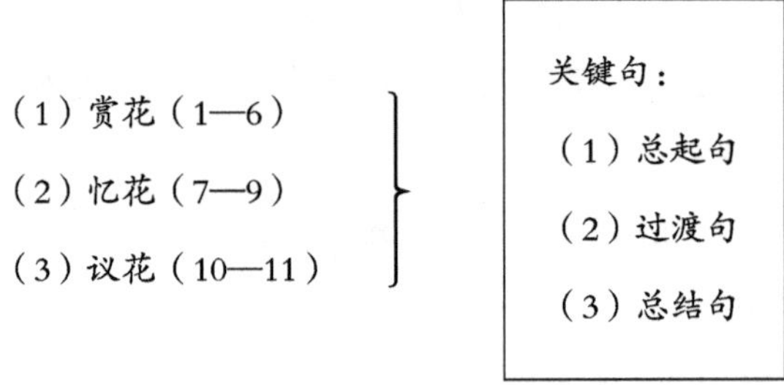

【布置作业】

1. 你还学过哪些课文可以通过关键句划分层次，请列出来；

2. 有感情朗读课文5遍。

第二课时

（一）学习目标

（1）赏析散文语言，反复揣摩，体会写景状物的妙处。

（2）学习散文的写法，理解作者写作本文的目的。

（二）课前学习任务单

（1）背诵课文1—2段，体会作者写景的方法和妙处。

（2）打印并阅读宗璞《哭小弟》一文，在文中批注你的阅读感受。

（三）课堂教学实践

导：联想与结构

我们上节课学习了梳理散文内容的方法：根据关键句，给散文划分层次，分层概述每一部分的内容，完整概括全文内容。上节课提到作者提升了自己对生命和生活的认识，到底是怎样的认识呢？我们来看作者的写作思路。

“停下脚步”—“赏花”—“忆花”—“议花”—“加快脚步”

可见作者“认识”的“触发点”和“关键”就是“赏花”，就是本文描写的核心——紫藤萝花，作者称之为“紫藤萝瀑布”。这节课，我们就来学习这段描写，在学习作者精彩的写法的同时，思考作者到底收获了什么？

悟：活动与体验

我们重点来赏读“赏花”：读课文2—6段。

读出层次：

2—6段作者的描写也是有层次的，你发现作者描写的层次变化了吗？我们可以用抓关键词的办法梳理层次。

比如第2段作者描写的中心是这些词语：“藤萝”“瀑布”“大条幅”，这是紫藤萝花从“整体”上给作者的印象。

3—6段，描写核心是

“每一穗花”（一串花朵）——“每一朵盛开的花”

作者描写的顺序是从“整体”到“局部”。

用：本质与变式

研讨写法：

研讨主题：第2段：“紫藤萝瀑布”。

研讨内容：作者是怎样把紫藤萝花写得这样具体生动的？

解说练习：“每一穗花”“每一朵花”。

展示：

1.“紫藤萝瀑布”

重点分析第二段描写思路

从未见过开得这样盛的藤萝，只见一片辉煌的淡紫色，像一条瀑布，从空中垂下，不见其发端，也不见其终极。只是深深浅浅的紫，仿佛在流动，在欢笑，在不停地生长。紫色的大条幅上，泛着点点银光，就像迸溅的水花。仔细看时，才知道那是每一朵紫花中的最浅淡的部分，在和阳光互相挑逗。

评价要点：

（1）眼前色彩“辉煌”——想象“瀑布”；

（2）眼前色彩“深深浅浅”——想象“流动”“欢笑”“生长”；

（3）眼前大条幅“点点银光”——想象“水花”——细看“最浅淡的部分”——想象“挑逗”。

写作思路：

在现实和想象之间变换。

表达结构是：“看到什么+像什么”。

运用比喻和拟人的修辞手法，写出紫藤萝花的辉煌、旺盛的生命力，有动有静，神秘而可爱。

改：迁移与应用

解说练习：看到什么+像什么。

2.“每一穗花”

这里春红已谢，没有赏花的人群，也没有蜂围蝶阵。有的就是这一树闪光的、盛开的藤萝。（过渡句）花朵儿一串挨着一串，一朵接着一朵，彼此推着挤着，好不活泼热闹！

“我在开花！”它们在笑。

“我在开花！”它们嚷嚷。

每一穗花都是上面的盛开、下面的待放。颜色便上浅下深，好像那紫色沉淀下来了，沉淀在最嫩最小的花苞里。

3.“每一朵花”

每一朵盛开的花就像是一个小小的张满了的帆，帆下带着尖底的舱，船舱鼓鼓的；又像一个忍俊不禁的笑容，就要绽开似的。那里装的是什么仙露琼浆？我凑上去，想摘一朵。

总结：赏花时，是什么触动了作者的心？

神秘梦幻生机勃勃乐观向上

作者的言外之意是什么？作者为何在赏花时有这样的感受？

朗读课文7—9段，并结合《哭小弟》一文，说说作者的言外之意。

作者一家，在“十年动乱”中深受迫害，“疑惑”和“痛楚”一直压在作者的心头。再加上当时作者的小弟身患绝症，自然心中悲痛万分。紫藤萝花自衰到盛的生命经历，却使得作者睹物释怀，感悟到人生的美好和生命的永恒。于是，“在这浅紫色的光辉和浅紫色的芳香中，我不觉加快了脚步”。

拓展：

肖培东老师说：细读课文，我们还会发现，作者寄寓的生命思考和人生哲理还可以从紫藤萝花叫嚷的话语中感受出来，它更形象、更生动，更适合学生去阅读和理解。

“我在开花！”宗璞给紫藤萝花设计语言，为什么是这句，而不是“我很美丽”或者“喜欢我吗”等话语呢？

就是因为“我在开花”一句是紫藤萝花的生命追求和生活信仰。

如何读？重音落在哪个字上？

重读“我”，是对平凡生命的热爱；重读“在”，是对现在时光的珍视；重读“开”，强调去做，勇于实践；重读“花”，则是注入了对理想、对美好的追求和热爱。

这样，我们就会读出花与人共同的生活情感和生命宣言，无论是在凄风苦雨中，还是在灿烂阳光下，生命都要用开花的姿态去绽放，“我要开花”，“我在开花”，如此而已！

【教学反思，成效评价】

本节课的讲授，主要是围绕语文要素中的部分展开学习和研讨。学习本文的描写方法就要指导学生理清作者的写作思路，从细节看出作者描写的顺序。并在品读、总结的基础上学以致用进行训练。

读散文还要结合作者和本文的写作背景，读出此人此篇文章的情思。指导学生拓展阅读《哭小弟》，结合背景资料，借助肖培东老师的朗读设计，体悟宗璞写作此文的真实感受。

【板书设计】

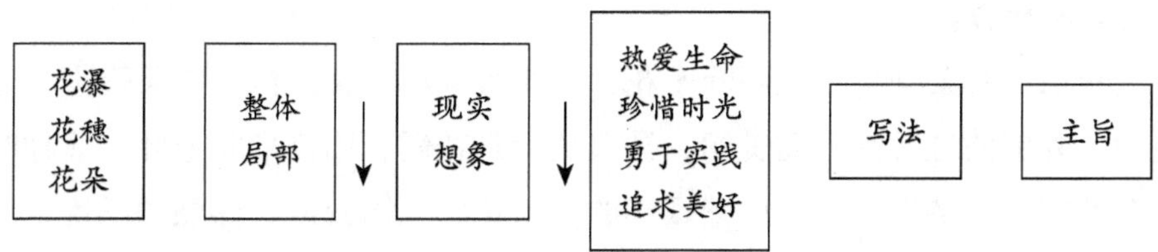

【布置作业】

背诵课文3—6段；整理课上片段描写。

第三课时

（一）学习目标

（1）描写当地常见的一种艳丽花朵，要写出花的主要特征。

（2）你觉得宗璞通过本文想要告诉我们什么？

（二）课前学习任务单

（1）走进大自然，观察了解当地当季盛开的花是什么花，进行观察、拍照（要求分整体和局部特写，拍两张）。

（2）写一段话描写你拍摄的花。

（三）课堂教学实践

导：联想与结构

我们通过上两节课的学习，学到了梳理散文内容的方法：抓住关键句给课文分层，分层概述每部分的内容。

我们也学习了本文的描写手法：在现实和想象之间变换，看到什么，再想象到什么，形象具体地描写眼前景。

同时，我们也了解到，作者在赏花时，被紫藤萝瀑布的神秘梦幻、生机勃勃、乐观向上的精神打动。

悟：活动与体验

写作展示：

（1）小组内互读作品，进行初步修改评价。

（2）推荐一篇优秀作品，全班展示。

用：本质与变式

看三角梅的图片观察：

三角梅简介：

三角梅，紫茉莉科，又叫叶子花，它花很细小，黄绿色，三朵聚生于三片红苞中，外围的红苞片大而美丽，被误认为是花瓣，因其形状似叶，故称叶子花。花期很长。冬春之际，姹紫嫣红的叶子花给人以奔放、热烈的感受，又得名贺春红。

花语：热情，坚韧不拔，没有真爱的悲伤（代表着三角恋，不会随意赠送）。

寓意和象征：它花色很绚丽，有着吉祥、欢庆的寓意，象征着顽强、奋进的精神。它是厦门市的市花，也是赞比亚的国花。

写作训练：

（1）写一段话描写“灿烂的三角梅”。

（2）以“从未见过开得这样盛的三角梅，……”开头。

（3）试着以“现实+想象”的结构，从“整体”到“局部”描写三角梅。

（4）写作同类花的同学对作品进行修改。

示例：

从未见过开得这样盛的三角梅，街旁的花墙上落满了一片又一片灿烂的紫色，像晚霞醉红了的脸庞。仔细看每一朵花，三片紫色的叶子拱卫着一朵白色的小花，那小花灿烂皎洁，如同紫色天空里的星星，吹着小喇叭，欢叫着，欢笑着。这红霞也好像看不见尽头，汇聚在一起，汇聚成一条生命的河。

改：迁移与应用

如何分析托物言志类的散文主旨？

那么，作者写作本文到底要告诉我们什么呢？请大家结合本文说一说。

老师的方法提示：

托物言志文的主题分析法		
对比项	共同经历	不同
物：紫藤萝瀑布	遭遇不幸	生机勃勃、神秘梦幻、乐观向上
人	焦虑和悲痛，生死谜、手足情	从压抑到释放
作用、影响	共鸣、共情、接受	启示

作者得到启示的部分就是自己在“物象”身上看到，而自己不足的部分。就是在紫藤萝身上那种即便身处逆境，我也要热爱生命和生活，努力绽放的精神。这种生生不息的精神，激励了作者，让她“不由得加快了脚步”。

我们学习“托物言志”的文章都可以通过人物对比法来分析作者的写作目的。

本课内容总结：

梳理散文内容：分层（关键句法）——概述

描写方法：层次清晰的描写——整体到局部，现实到想象

主题概括：人物对比法——人和物不同的部分，人缺少的部分，就是启示所在。

拓展：背课文比赛。

任务：1—6段。

形式：分小组竞赛。

【教学反思，成效评价】

本节课的讲授，主要是围绕语文要素中写作能力训练，先通过作业自行体验景物描写。再通过小组互读评价，选出优秀作品进行展示，达到“兵教兵”的目的。老师再出示花朵照片，限制要求进行现场再次创作，以达到学以致用的效果。

【板书设计】

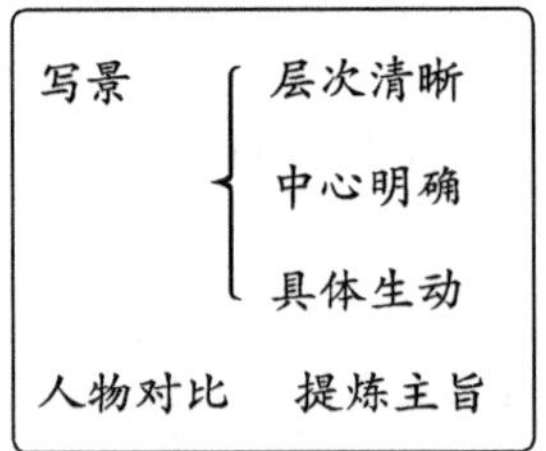

【布置作业】

完成课后第二题。

参考文献

［1］张雅东.宗璞散文的艺术魅力与特质［J］.理论观察，2010（2）.

［2］詹丹.谈《紫藤萝瀑布》的系统性［J］.七彩语文（中学语文论坛），2020（3）.

［3］肖培东.《我要开花！我在开花！——紫藤萝瀑布》教学思考［J］.语文建设，2019（21）.

《古代诗歌五首》

——古诗群文阅读

珠海中山大学附属中学　王 焕

一、单元内容解析

（一）课时安排

本教材的第五单元，选文体裁多样，无论是诗歌还是散文均蕴含了丰富的生活哲理，直接或间接地表达着作者的人生思考。本单元的文章或托物言志，或借景抒情，本单元的学习，要重点引导学生学习作者如何观察、体验“景”“物”，然后学习怎样描摹“景”“物”。

在这一单元的授课中，教读课文状物散文《紫藤萝瀑布》中作者笔下的紫藤萝的外在情态与内在精神并举，而自身对自然的感触又升华为对生命的感悟，使读者体会到生命的美丽与永恒，更让人思考如何对待生活中的坎坷与不幸。教学时长2课时。《古代诗歌五首》选了陈子昂、杜甫、王安石、陆游、龚自珍等人的诗作，诗人们用隽永而富有哲理的诗句表达了对自然、生命、世界的感悟。

五首诗歌中都有蕴含深刻哲理的诗句，学习中要引导学生在理解基本内容、体会诗人情感的基础上，通过补充的资料、学生生活实际，理解诗歌中蕴含的哲理。教学时长2—3课时。自读课文状物散文《一棵小桃树》是一篇状物抒情、托物言志的散文，作者叙写黄昏时分坐在窗前，看风雨中摇曳的小桃树的情景，中间采用插叙的方式，回忆了小桃树的生长过程和自己的人生经历，借此抒写自己的理想和情志：面对生活的困苦和磨难，要顽强地斗争，不懈地追求。教学时长2课时。《外国诗两首》选择了俄国诗人普希金的《假如生活欺骗了你》和美国诗人弗罗斯特的《未选择的路》。《假如生活欺骗了你》写于诗人被监禁时期，在这样的情景下，诗人仍满怀生活热情，以劝告的口吻，热情坦率地表达自己乐观坚强、积极向上的人生态度。《未选择的路》语言浅显，蕴含深邃哲理。诗人抓住林中岔道这一具体意象，用象征手法阐发如何抉择人生道路这一生活哲理，表达了人们的共同感受，学习时要引导学生通过诵读感受诗歌的美，结合实际，体会哲理对生活的现实意义。教学时长2课时。写作指导专题是《文从字顺》，要求通过观察、描述景物，培养学生厘清思路、连贯表达的能力；通过交流、修改文章，培养学生推敲字句的习惯和能力，提升文从字顺的能力。需要2课时。

（二）本单元内容结构图表

<table>
<tr><td rowspan="5">第五单元</td><td></td><td>教读课文</td><td>自读课文</td><td>写作</td></tr>
<tr><td rowspan="2">人文素养</td><td>《紫藤萝瀑布》：体会生命的美丽与永恒，思考如何对待生活中的坎坷与不幸</td><td>《一棵小桃树》：面对生活的困苦和磨难，要顽强地斗争，不懈地追求</td><td rowspan="2">《文从字顺》：培养学生推敲字句的习惯和能力，提升文从字顺的能力</td></tr>
<tr><td>《古代诗歌五首》：品味隽永而富有哲理的诗句，体会诗人们对自然、生命、世界的感悟</td><td>《外国诗两首》：学习诗人在逆境中乐观坚强、积极向上的人生态度；思考如何抉择人生道路这一生活哲理</td></tr>
<tr><td rowspan="2">语文要素</td><td>《紫藤萝瀑布》：1.学习浏览的阅读方式，厘清故事情节，提高阅读速度。2.关注细节，抓准典型场面和人物</td><td>《一棵小桃树》：1.浏览课文，提高速度。2.引导自读，边读边圈画。3.熟读体会巧妙的想象</td><td rowspan="2">《文从字顺》：培养学生厘清思路、连贯表达的能力——1.用词恰当，表意明确。2.句子连贯，思路清楚。3.多读多改，明白如话</td></tr>
<tr><td>《古代诗歌五首》：1.通过浏览把握文章结构特点。2.关注信息的筛选、区分、提取</td><td>《外国诗两首》：1.熟读精思，加深文意理解。2.独立思考，学会质疑问难</td></tr>
</table>

二、教学设计（1课时）

【活动教学内容及解析】

（一）内容：活动核心素养结构图

古诗群文阅读《登幽州台歌》《登飞来峰》《望岳》

诗语文要素	语言建构与运用：	关注是诗歌言语形式，聚焦言语主体和言语环境的关系，领会登临之地、登临所观与诗人表达的情感之间的关系。
	思维发展与提升：	比较阅读，知人论世，领会三首诗中表达的感情，提高古诗欣赏能力。
	审美鉴赏与创造：	熟读成诵，品味节奏和韵律；积累意象，丰富生活体验和写作素材。
	文化传承与理解：	了解登临诗的特点，探究中国古代文人登临的心理实质，传承登临文化。

人文要素——借助意象，发挥想象，体会诗人情感，感受丰富的人生哲理，与诗人产生情感共鸣，丰富对自然、生命、世界的感悟。

启示——诗歌语言是凝练的，蕴含着深刻的哲理，通过补充相关材料，通过学习，可以进一步领悟人生哲理。

本节课主要学习古代诗歌五首中的前三首《登幽州台歌》《望岳》《登飞来峰》，欣赏诗歌离不开对意象的掌握，尤其是对核心意象的把握，“古诗之妙，专求意象”（胡应麟语）。这节课要通过引导学生把握核心意象，进而理解诗中蕴含的深刻哲理，丰富学生欣赏诗歌的方法。

（二）内容解析

统编教材七年级下册第五单元教读课文《古代诗歌五首》选了陈子昂、杜甫、王安石、陆游、龚自珍等人的诗作，诗人们用隽永而富有哲理的诗句表达了对自然、生命、世界的感悟。五首诗歌中都有蕴含深刻哲理的诗句，学习中要引导学生在理解基本内容、体会诗人情感的基础上，通过补充的资料、学生生活实际，理解诗歌中蕴含的哲理。诗歌中蕴含着深刻的哲理，初中生理解起来有难度，教学时从两个方面入手，一是诗歌本身的内容，即题材内容、意象选择、遣词造句、手法运用等；二是知人论世，即从作者所处时代、身世遭际、思想倾向和具体创作背景等。教学时长2—3课时。本课聚焦前面三首登临诗，熟读成诵，体会诗人抒发情感，了解登临诗的特点，探究中国古代文人登临的心理实质。

（三）学情分析

登临诗，是指作者或抒情主人公登临某处（楼、山、亭、台、阁等）而生发某种或某些情思的诗词。学生小学时学过王安石的《泊船瓜洲》、张籍的《秋思》、孟浩然的《宿建德江》、王建的《十五夜望月》、杜甫的《春夜喜雨》等古诗，对情景关系有了一定的了解。

学生在七年级上册学过的登临诗有曹操的四言诗《观沧海》（学习重点有二，一是发挥联想和想象，边读边想象诗中画面，进入诗人登山临海的诗境；二是结合曹操统一北方之后，想进一步统一全国的雄心壮志的写作背景，初步领会诗歌情景交融的特点。）学生对知人论世的教学法有初步了解。岑参的《行军九日思长安故园》，学生对核心意象——故园菊，突破了单纯的惜花的思想，更寄托着对饱经战争忧患的人民的同情和对和平的渴望的写法有了一定的理解，谭嗣同的《潼关》，学生对寓情于景的写法，对诗中的少年意气有了一定了解。

本单元的单元重点之一是感受课文中蕴含的丰富的哲理，激发学生对自然、社会、人生的思考；这三首古诗中都有隽永而富有哲理的诗句，需要引导学生结合已积累的古诗和生活体验进一步感悟哲理，激发思考；另一个重点是运用比较的阅读方法，感受作品的异同，加深对课文的理解，要引导学生进一步结合诗歌意象、写作手法、知人论世等深入领会诗中表达的情感，与诗人产生情感共鸣。

因此，结合班级学情，为课堂学习创设实际情境，以观察积累、交流整合和自主探究为主要活动方式，引导学生感受诗歌语言的魅力，促进文化的理解与传承，促进学生人文素养与科学素养的共同进步。

（四）集备要点

本次课，既是珠海市明珠课堂（初中语文）的一堂试水课，也是古诗群文阅读的展示课。明珠课堂注重单元视野、深度理念、话题意识、活动效益、成效评价，这对古诗的教学是一个挑战，而古诗群文阅读注重思辨，将二者结合起来，一开始就有组内成员提出异议，担心容量大，一节课无法完成教学任务。但是我依旧坚持把两种理念结合起来，即便不是成功的尝试，也不愿意做一成不变的教学。

在内容选择上，我选择了古诗中的前面三首，从诗歌体裁的判断、登临的文化传统、核心意象的掌握和诗歌中蕴含的哲理等方面着手，做了初步的设计。在二轮集备时，结合组员的意见，去除了对于初中生来说比较难的知识，比如诗歌体裁的判断等，重点从把握核心意象，结合知人论世的方法入手，引导学生积累诗歌鉴赏的方法，并尝试引导学生写鉴赏文字。最后还通过作业的形式，进一步引导学生思考如何面对人生生活中的得失。

【课文学习目标及解析】

（一）学习目标

（1）熟读成诵，感受诗歌的韵律美。

（2）知人论世，了解作者的身世遭际、思想倾向、具体的创作背景，体会诗人表达的情感，感受“名句”之“名”。

（3）比较阅读，探究登临诗的一般特点和中国古代文人登临的心理实质。

（二）目标解析

达成上述目标的效果是——

（1）诵读古诗，字正腔圆，自然流畅。

（2）交流分享诗人对自然、生命、世界的感悟，丰富名作、名句的积累，丰富写作素材。

（3）梳理整合，探究评价，传承登临文化。

（三）素养目标

引导明确、悟感深刻、练习有效、改进精准。

内容方面	教学行为		核心素养			
	1	2	1	2	3	4
导	从复习七年级上册岑参的《行军九日思长安故园》出发，从核心意象故园菊与陈子昂的《登幽州台歌》的核心意象“幽州台”的相似性引起学生的兴趣，从幽州台的故事开始进入本课	学生齐诵或个诵《行军九日思长安故园》，复习核心意象故园菊，突破了单纯的惜花的思想，更寄托着对饱经战争忧患的人民的同情和对和平的渴望。 创设思考的情境，引入本课学习要点	语言建构与运用		审美鉴赏与创造	文化传承与理解
悟	引导学生分享阅读感悟，提出理解困难之处，引导学生归纳读诗的方法	展示从诗歌的题材内容、意象选择、遣词造句、手法运用、知人论世等方面领会的诗歌感情。 小结登临诗的读法	语言建构与运用	思维发展与提升	审美鉴赏与创造	
用	知识迁移，根据品读鉴赏诗歌需要，鼓励学生寻找“名句”，谈理由。 共同评选“名句”	学生寻找“名句”，谈理由	共同评选“名句”	语言建构与运用	思维发展与提升	审美鉴赏与创造
改	学以致用，老师讲解拓展本土登临诗名句，根据诗词鉴赏需要，快速识别“名句”	学生根据学到的鉴赏的角度和方法快速寻找名句，巩固知识	语言建构与运用	思维发展与提升	审美鉴赏与创造	文化传承与理解

【教学重点、难点】

1. 重点

（1）熟读成诵，感受诗歌的韵律美。

（2）知人论世，了解作者的身世遭际、思想倾向、具体的创作背景，体会诗人表达的情感，感受“名句”之“名”。

2. 难点

比较阅读，探究登临诗的一般特点和中国古代文人登临的心理实质。

【教学问题诊断分析】

问题1：学生积累的古诗，尤其是登临诗较少。

应对策略：梳理小学学过的作品和耳熟能详的登临诗。

问题2：学生难以准确理解诗中抒发的情感。

应对策略：鼓励学生先从诗歌本身（题材内容、意象选择、遣词造句、手法运用）和知人论世的角度准确把握诗歌中抒发的情感。

问题3：本土诗歌缺乏梳理。

应对策略：鼓励学生多积累，可以与家长一起了解以本地资源入诗的作品，提升文化自信。

【教学过程】

第一课时

（一）学习目标

（1）熟读成诵，感受诗歌的韵律美。

（2）知人论世，了解作者的身世遭际、思想倾向、具体的创作背景，体会诗人表达的情感，感受“名句”之“名”。

（3）比较阅读，探究登临诗的一般特点和中国古代文人登临的心理实质。

（二）课前学习任务表

古诗常识

体裁：古体诗——没有一定格律，有四言诗、五言古诗、七言古诗、杂言诗（同一首古诗中的字数有变化）。

近体诗——有严格的格律，句数、字数、押韵、平仄等都有一定的规律，一般包括律诗、绝句。

古诗读法：内部——注释、意象（核心意象）、用典、诗眼、炼字等；

外部——知人论世（身世遭际、思想倾向、具体的创作背景）

（1）要求准确读三首诗歌各5遍（准确：读音正确、句内停顿正确）。

（2）结合注释，从字、词、句、典故等入手，琢磨、体会诗意，完成下表。

题目	体裁	题材内容	意象（或关键意象）	遣词造句	手法运用	品读时的疑问
登幽州台歌						
登飞来峰						
望岳						

①三首诗歌的体裁分别是什么，有什么依据？

明确：《登幽州台歌》——古体诗，《登飞来峰》——七言绝句，《望岳》——五言古诗。

②《望岳》中最能体现诗人远大抱负的是哪一句？

明确：会当凌绝顶，一览众山小。

③《望岳》一诗中“造化钟神秀，阴阳割昏晓”中的“钟”“割”用得好，请你说说好在哪里？

明确：“钟”是聚集的意思，运用拟人的修辞手法，把大自然写得充满情义，生动地描写出泰山的神奇秀丽。借大自然对泰山的钟爱有加，表达作者对泰山的喜爱之情。“割”是切割的意思，写出了泰山如同一把刀把阳光切断，使山南山北形成两种不同的景观，突出了泰山高耸入云、巍峨高大的特点。

（3）知人论世，结合作者的生平、思想、文学主张、作品的写作背景等，深入理解并归纳诗歌的主题思想。

①比较三首诗的异同，思考：同是登高，从主要意象出发，谈谈《登幽州台歌》中的诗人为何“独怆然而涕下”，《登飞来峰》中的诗人为何心气清朗。

②《望岳》这首诗的意象有哪些？哪些是核心意象（或者关键意象）？

（三）教学资料准备

拓展阅读和课前学习任务表。

课上提问，鼓励学生积极回答问题，并适当引导、讲解，帮助学生积累欣赏古诗的方法。对学生回答的问题进行总结，结合课件，加深印象。

（四）课堂教学实践

导：联想与结构

预习检测：

（1）朗读三首古诗，并听写重点字词。

怆　涕　决眦　绝顶

提示：古诗默写要避免因为字形相近而讹误（鲁鱼亥豕）

（2）复习七年级上册岑参的《行军九日思长安故园》，从核心意象“故园菊”与陈子昂的《登幽州台歌》的核心意象“幽州台”的相似性引起学生的兴趣，从幽州台的故事开始进入本课。

《登幽州台歌》中幽州台的典故多次出现在古代文学作品中，今天我们就来了解一下这个典故。

学生讲述幽州台的典故，并结合诗歌的创作背景谈对《登幽州台歌》这首诗的理解。

明确：幽州台，是战国时燕昭王招纳天下贤士所建。这首诗写于武则天万岁通天元年（696），当时，武则天命建安王武攸宜征伐契丹，陈子昂任右拾遗参谋军事。武攸宜缺乏将略，军事失利，陈子昂屡次进言，不仅不被采纳，还被贬为军曹。在极度苦闷忧愤下，陈子昂登上幽州台，抒发了壮志难酬、生不逢时、怀才不遇的惆怅和孤寂。

（3）这首诗采用长短参差的楚辞体句法，音节抑扬变化，增强了诗歌的艺术感染力。

变式读揣摩虚词“之”“而”产生的无可奈何之感，读出荡气回肠之气。

（4）读这首诗，你读到了一个怎样的诗人形象?

诗人登高而望，俯仰古今，只见宇宙苍茫，不禁悲从中来，悲伤落泪，这是一个具有悲剧性格的抒情主人公。

思考：诗人在幽州台上看到了什么？为什么会（在苍茫、广阔的背景下）“独怆然涕下”？

意境的营造——“独”，请学生试着描绘诗歌营造的意境，理解诗人为何而悲，与诗人产生情感共鸣。可以引入唐代诗坛的名言“诗思在灞桥风雪中驴子上。”点拨造境的审美价值。（如果学生难以理解，可以不讲。）

思考：陈子昂登上幽州台的时候（697），距离燕昭王招贤纳士的战国时代已近千年，登上幽州台的陈子昂可能会看到什么景象，心中会想些什么，又为何“独怆然而涕下”。请用“陈子昂为（　　）而悲伤落泪”这样的句式写一段话，形成排比。

陈子昂为（　　）而悲伤落泪，陈子昂为（　　）而悲伤落泪，陈子昂为（　　）而悲伤落泪……

（世无明君、生不逢时、怀才不遇、未能建功立业、无人理解、接连受挫、命运坎坷、人生短暂、国家战败、百姓流离……）

悟：活动与体验

合作探究，归纳方法：

学习《登飞来峰》，引导学生分享阅读感悟，提出理解困难之处，引导学生归纳读诗的方法。

活动：寻找《登飞来峰》这首诗的意象，并寻找核心意象。

意象：飞来峰、千寻塔、日升、浮云

补充浮云意象的知识：《新语·慎微篇》："故邪臣之蔽贤，犹浮云之障日也。"西汉人常用浮云比喻奸佞小人。

结合诗的写作背景，此时，诗人正值壮年，抱负不凡，借《登飞来峰》表达宽阔情怀，抒发了对前途的信心。

快速做好笔记，进行赏析诗歌的小结：把握核心意象或关键意象，结合诗歌写作背景，理解诗人在诗歌中蕴含的道理。

用：本质与变式

任务一：结合你对杜甫《望岳》这首诗的理解，自选角度，为这首诗写一段鉴赏文字。

温馨提示，可以从注释、意象（核心意象）、用典、诗眼、炼字等方面，结合知人论世的方法自选角度自由书写。

《望岳》全诗没有一个"望"字，却紧紧围绕诗题"望"字着笔，由远望到近望，再到凝望，最后是想象中的俯视。从多个角度描写描绘泰山雄伟磅礴的景象，热情赞美了泰山高大巍峨的气势和神奇秀丽的景色，流露出了对祖国山河的热爱之情，并引发了诗人的攀登欲望，诗人触景生情，想象"一览众山小"的豪迈，让人感受到了诗人不畏艰险、勇于攀登、俯视一切、积极进取的精神。

一个"钟"字把天地万物一下写活了，整个大自然如此有情致，把神奇和秀美都给了泰山。山南水北为阳，山北水南为阴，由于山高，天色的一昏一晓被割于山的阴、阳面，所以说“割昏晓”。这本是十分正常的自然现象，可诗人用一个“割”字，则写出了高大的泰山一种主宰的力量，这力量不是别的，泰山以其高度将山南山北的阳光割断，形成不同的景观，突出泰山遮天蔽日的形象，这里诗人用此笔使静止的泰山顿时充满了雄浑的力量。

“决眦”二字尤为传神，生动地体现了诗人在这神奇缥缈的景观前像着了迷似的，想把这一切看个够，看个明白，因而使劲地睁大眼睛张望，故感到眼眶有似决裂。这情景使泰山迷人的景色表现得更为形象鲜明。“归鸟”是投林还巢的鸟，可知时已薄暮，诗人还在望。其中蕴藏着诗人对祖国河山的热爱和对祖国山河的赞美之情。

……

任务二：组内交流，推选最好的鉴赏文字，并每组选派一名学生展示。

其他学生积累鉴赏文字的精彩之处，并写下理由。

任务三：进一步归纳鉴赏诗歌的方法。

改：迁移与应用

任务一：诗画本一体，如果要用本课学习的三首诗中的诗句为三幅插图题字，你会选择哪些诗句呢？说说你的理由。

任务二：探究古代登临诗

（1）何谓登临诗？

（2）课堂交流：你读过哪些古代登临诗？你认为古代的登临诗，寄寓了诗人怎样的情感？

小结：歌颂美好风物，赞美大好山河。

抒发远大理想，表达豪情壮志。

怀才不遇之慨，忧国忧民之思。

羁旅漂泊之苦，思乡怀人之悲。

【教学反思，成效评价】

本课主要解决了语文要素中的思维发展与提升、审美鉴赏与创造等问题。结合大单元教学的背景，主要运用到了七年级上册古诗教学中提到的核心意象，并由复习七年级上册岑参的《行军九日思长安故园》出发，从核心意象“故园菊”与陈子昂的《登幽州台歌》的核心意象“幽州台”在抒发诗人情感所起作用上的相似性引起学生的兴趣，从幽州台的故事开始进入本课。

学生在鉴赏诗歌时，使用的语言不够准确，在把握诗歌中抒发的情感和蕴含的哲理时也不够全面、准确，但是，通过老师的示范、引导，和课前补充资料的准备，课堂气氛虽然没有教授现代文时那样活跃，但是学生在鉴赏古诗方面迈出了勇敢的一步。

为了检验学生对古诗名句的把握，尝试使用给插图题字的方法，并让学生谈谈选择的理由，学生进一步把握了那些能传达出作者情感和蕴含哲理的句子，也更深入地理解了古诗中的核心意象。

为了提高学生古诗鉴赏的能力，大胆引导学生从注释、意象（核心意象）、用典、诗眼、炼字等方面，结合知人论世的方法自选角度自由书写，虽然写的鉴赏文字还比较生涩，但这些也都在意料之中，凡事都有第一步，古诗的学习绝不仅仅是读读背背那么功利。《登幽州台歌》中抒发的怀才不遇的愤懑令人同情，也能让人感受到天地悠悠、生命短暂的唏嘘，启发人们更多地思考人生的价值；《登飞来峰》让人感受到了诗人登高临险、目极万里的壮阔情怀，更让人感受到了诗人不畏艰难的勇气和为了理想勇往直前的力量；《望岳》写于诗人落第之后，诗人追求先贤孔子“登东山而小鲁，登泰山而小天下”的情怀，展现了逆境中积极向上、朝气蓬勃、不怕困难的勇气。诗歌语言是凝练的，且是充满力量的，能给我们以精神的滋养。在作业布置环节，让学生围绕“诗人的失意与得意”，结合本节课学习的三首诗蕴含的哲理和生活体验，谈谈如何对待生活中的得失，实际上就是在引导学生积极思考人生的价值，用更加积极乐观的态度对待逆境、磨难。

【板书设计】

古代诗歌五首（古诗群文阅读）1课时

《登幽州台歌》——怀才不遇——天地悠悠、生命短暂

《登飞来峰》——不畏艰难、满怀信心、抱负不凡——掌握正确的观点、方法，透过现象看本质

《望岳》——渴望登顶——自信乐观、勇于攀登，才能俯瞰一切

古诗读法：内部——注释、意象（核心意象）、用典、诗眼、炼字等

外部——知人论世（身世遭际、思想倾向、具体的创作背景）

【布置作业】

1. 结合课堂学到的知识，完善课前预习单上的表格。

2. 围绕“诗人的失意与得意”，结合本节课学习的三首诗蕴含的哲理和你的生活体验，谈谈如何对待生活中的得失（200字左右）。

【补充材料】

（一）

幽州台即黄金台，又称蓟北楼，为战国燕昭王所建，当时是战国时候燕国的国都。燕昭王在公元前213年执政后，励精图治，广招贤士，为了使原来国势衰败的燕国逐渐强大起来，燕昭王建黄金台，置金于黄金台上，延请天下奇士，很快就招到了乐毅等贤能之人，国家迅速强大，后来乐毅带领大军攻打齐国，攻陷了齐国七十多座城池，使齐国几乎灭亡。

燕昭王在建黄金台之前还曾建碣石宫，把梁人邹衍延请入内，师礼事之，广筹振兴国家大计，并树立了自己贤明哲睿、招贤纳士的良好声誉。

（二）

《登飞来峰》写于皇祐二年（1050）夏，此时，王安石在浙江鄞县知县任满回江西临川故里探亲时，途经杭州，写下此诗，是王安石初涉宦海制作。王安石此时正值壮年（30），满怀抱负。

（三）

岱宗：泰山亦名岱山或岱岳，五岳之首，在今山东省泰安市城北。古代以泰山为五岳之首，诸山所宗，故又称“岱宗”。历代帝王凡举行封禅大典，皆在此山，这里指对泰山的尊称。

（四）

唐玄宗开元二十三年（735），诗人到洛阳应进士，结果落第而归，开元二十四年（736），二十四岁的诗人开始过一种不羁的漫游生活。作者北游齐、赵（今河南、河北、山东等地），这首诗就是在漫游途中所作。

（五）

登泰山而小天下，表示孔子登上泰山，天地一览无余。表面上指泰山之高，实际指人的眼界、视点要不断寻求突破，超越自我。用超然物外的心境来观看世间的变幻纷扰。出自《孟子·尽心上》。

孟子曰："孔子登东山而小鲁，登泰山而小天下。"人的视点越高，视野就越宽广。随着视野的转换，人们对人生也会有新的领悟。

《带上她的眼睛》

珠海市第十六中学　钟丽清

一、文本解读

本文是我国著名科幻小说作家刘慈欣的转型代表作，受到许多读者的喜爱，不同于纯“硬科幻”作品，它构思巧妙，想象奇妙又合理，同时又兼具科学性。

初读文章，首先会引发的疑问是“眼睛”能被带走吗？顺着这样的疑问，跟着线索人物“我”的行动、心理和遭遇，我们又会产生更多的疑问，如：“她”是谁？看到草原景色，为什么发出那么多奇怪的感叹？为什么对这个世界的情感丰富到不正常的程度？这些疑问在文章揭开真相，叙述她真正的处境时，读者的阅读期待终于得到了满足，这样贯穿全篇的悬念显示了作者高超的故事技巧。此外，文章中多处埋下伏笔，最后的谜底既出人意料又在情理之中，例如“失重的铅笔”“我怕封闭”“热得像地狱”“窄小的控制舱和隔热系统异常发达的太空服”等都暗示着她所处的地方是一个狭窄、封闭、极热的空间。

《伟大的悲剧》给人以一种震撼心灵的悲剧美，本篇文章同样具有悲剧美，更确切地说是悲壮美，我们从对比中能感受到这种悲壮美。例如，地面的宽广、美丽、清凉，与地心的狭窄、残酷、像“地狱”一般的热，身处地心世界的“她”，将在不到10立方米的控制舱里度过50年至80年，数字的对比，让我们感受到她的处境的残酷，换作其他人，这样的环境下哪还有心思欣赏美景，而她却把地面世界的美好刻在心上，陪伴自己继续完成科学研究，我们能感受到她对美好的向往。再如，飞船下沉到6300公里深处，那里是地球的最深处，她是第一个到达地心的人，却也是唯一一个，地心世界如此深邃广大，而此处却唯有她一人，何其悲壮，这种为科学献身的精神令人敬佩。最后，文章的“我”也与“她”形成了对比，原先我的世界是“灰色”的，感知不到平凡世界的美好，被忙碌的日常生活蒙蔽，变得漠然，失去生活的热情。这样的状态在带上她的眼睛度假后发生了改变，我灰色的世界似乎有了新生，星星点点的“嫩绿”慢慢增多，当我在她的影响下，燃起对生活的希望，重拾对生命的感知力时却发现她才是真正处在“灰色”世界中，本应绝望的人，但她却“身在井隅，心向星空”。“我”终于真正理解她的精神，产生了类似“天涯共此时”的感觉。“我”这个形象似乎就像生活在现代都市中忙于生计、渐渐变得麻木漠然的你和我，能引起我们对人生的思考。

科幻小说的独特性当然体现在“科”和“幻”，实际教学中，我们常有这样的经历，让学生写一篇科幻小说，交上来的大多有“幻”却无“科”，由此可见学生即使学完科幻小说也没有贴近其本质，没有搞清楚科学与幻想的关系。这篇文章告诉我们幻想并非天马行空，而是需要建立在科学知识上面，例如“传感眼镜”与现在的“VR眼镜”等产品；中微子通话技术也让我们想到“神舟十二号”的天地通话技术；地心、地核等地质学知识；失重、控制舱、太空服等航天知识等。从创作上来讲，如果学生能理解“科”“幻”之间的关系，像作者一样，在科学知识的基础上设置“科幻场”、科幻主题和科幻人物，那么他们的故事会令人信服得多。

二、单元内容解析

（一）课时安排

本单元选编的课文包括了探险和科幻两部分内容。《伟大的悲剧》要在斯科特等人为探险事业而牺牲的事迹中理解标题含义，激发学生探索未知世界的兴趣；在《太空一日》中体会航天员的英雄气概，及认真严谨、一丝不苟的工作作风；《带上她的眼睛》构思巧妙，大胆又合理的幻想，能激发学生的想象力和对科学的兴趣；笔记小说《河中石兽》启发学生质疑思辨的能力。

本单元重点学习浏览。浏览时，可以一目数行地扫视文段，迅速提取字里行间的主要信息。另外，还要在阅读文章的基础上，有所思考和质疑。本单元大部分课文篇幅较长，但文字并不艰涩，适宜于进行浏览训练。还应该组织课外阅读训练，不断提高浏览的能力。

教读课文《伟大的悲剧》2课时，《太空一日》2课时，《河中石兽》2课时；自读课文《带上她的眼睛》1课时；写作《语言简明》1课时；综合性学习《我的语文生活》1课时；名著导读《〈海底两万里〉快速阅读》与第四单元及本单元学习的阅读方法“略读”“浏览”相呼应，可安排2课时；课外古诗诵读教学2课时，完成本单元教学任务需13课时。

（二）本单元内容结构图表

<table>
<tr><td rowspan="7">第五单元</td><td></td><th>教读课</th><th>自读课</th><th>写作</th></tr>
<tr><td rowspan="3">人文素养</td><td>《伟大的悲剧》：体会作者对英雄的赞叹之情；理解崇高的精神品质；思考“生命的价值与意义”</td><td rowspan="3">《带上她的眼睛》：体会小姑娘为科学献身的精神、向往美好的品质、坦然面对命运的精神</td><td rowspan="3">《语言简明》：培养学生用简明的语言表达中心的能力</td></tr>
<tr><td>《太空一日》：体会作者置个人安危于度外的英雄气概以及严谨、科学的态度</td></tr>
<tr><td>《河中石兽》：独立思考、质疑思辨</td></tr>
<tr><td rowspan="3">语文要素</td><td>《伟大的悲剧》：学习浏览的阅读方式，尽可能在10分钟内读完；浏览时画出每一段的段首句，抓住时间、地点等信息理清故事情节；用自己的语言表达“伟大的悲剧”的含义；了解“传记文学”的特点</td><td rowspan="3">《带上她的眼睛》：运用浏览的阅读方式，感受构思的巧妙；以对比为抓手，感受人性的壮美；拓展阅读，探究科学与幻想的关系，了解科幻小说的特点</td><td rowspan="3">《语言简明》：学生学会以下技巧：1.去次留主；2.删繁就简；3.巧用词语</td></tr>
<tr><td>《太空一日》：运用浏览的阅读方式，尽可能在12分钟内读完；体会作者严谨、科学的态度；揣摩细节，感受人物当时的情感</td></tr>
<tr><td>《河中石兽》：积累文言词汇，关注古今词义的异同；了解故事情节，把握作者观点</td></tr>
</table>

三、课文教学设计（1课时）

【课文教学内容及解析】

（一）内容

《带上她的眼睛》共1课时，为自读课文，“教是为了不教”，主要是运用前面教读课文中训练过的“浏览”，梳理故事情节，感受文章构思之巧；小组合作，以对比为抓手，探究处于复杂环境中的人性悲壮之美；寻读科技元素，探究文章“科幻场”的建立，了解科幻作品的合理性要建立在科学知识和生活真实上；课后作业拓展其他科幻作品，分析科幻小说主人公的共性，总结科幻小说的共同主题，激发想象力和创造力尝试创作。

（二）内容解析

在前面三篇教读课文中，学生已经训练过“浏览”，本篇课文稍长，更适宜用“浏览”的方式，同时注意根据自读课文的要求放手让学生自行浏览。本学期的必读名著《海底两万里》，是“现代科学幻想小说之父”凡尔纳的经典之作，统编教材六年级选入阿西莫夫的《他们那时候多有趣啊》也让学生对科幻小说有了一定了解，但缺乏深入的探究。因此，根据单元目标、自读课文的特点和学生学情我们确定以上教学内容，本篇课文在语文要素上体现在手法探究、形象分析及了解“科幻小说”三个方面，在人文素养上体现在体会科学家们的敬业精神、为科学献身的精神及对命运坦然接受、对美好无限向往的崇高之美上。

【课文学习目标及解析】

（一）学习目标

（1）浏览课文，把握故事内容，感受本文构思的巧妙。

（2）小组合作，以对比为抓手，体会小姑娘坦然接受命运、向往美好、为科学献身的崇高之美。

（3）对比阅读，了解科幻小说的特点，激发自己的想象力和创造力。

（二）目标解析

达成上述目标的标志是：

（1）能在10分钟内浏览完全文，并筛选主要信息，用“人物+事件”的方式概括；

（2）能在浏览过程中标出自己产生的疑问（悬念），找出照应之处；

（3）能找出文章对比之处，从中体会“我”的感情变化和“她”的伟大与悲壮；

（4）能找出文章中的科技元素，探究作者用何种方式来建立“科幻场”，明确科学与幻想的关系；

（5）能在对比阅读后总结出科幻小说主人公和主题的共同点，并尝试自己写作。

（三）素养目标

内容方面	行为方面		核心素养			
	教师活动	学生活动	1	2	3	4
导	播放《流浪地球》结尾刘培强父子告别片段，引起学习兴趣，引入刘慈欣及“科幻小说”	学生观看，抢答关于刘慈欣及科幻作品的问题	语言建构与运用			
悟	围绕“浏览”和课文旁批开展阅读活动，指示批注有疑问之处，引导学生感受悬念的作用	学生浏览课文，批注有疑问之处，概括情节	语言建构与运用	思维发展与提升	审美鉴赏与创造	
用	以对比为抓手，引导学生感受“我”的感情变化和“她”在极端环境下的人性之美	自主探究，小组合作，在对比中体会人性之美	语言建构与运用	思维发展与提升	审美鉴赏与创造	
改	拓展《海底两万里》及《朝闻道》，引导学生揣摩科幻小说主人公及主题的共同点	迁移与应用，带动学生整本书阅读	语言建构与运用	思维发展与提升	审美鉴赏与创造	文化传承与理解

【教学重点、难点】

1. 教学重点

（1）运用浏览的阅读方式，梳理故事情节。

（2）感受本文构思的巧妙。

（3）分析文章对比之处，体会小姑娘坦然接受命运、向往美好生活、为科学献身的崇高之美。

（4）了解科幻小说的特点。

2. 教学难点

（1）感受本文构思的巧妙。

（2）分析文章对比之处。

（3）了解科幻小说的特点。

【教学问题诊断分析】

问题1：对文章悬念的理解，大多集中于“设悬”，对于“释悬”把握不准。

应对策略：引导学生关注情节的关联，结合具体语句，让学生认识到悬念包括“设悬”和“释悬”，是为了造成读者的紧张和期待心理。

问题2：对人物形象的理解，比较浅显，可能仅停留在敬业精神和为科学献身的精神上，或仅集中于对“她”的分析。

应对策略：引导学生对“她”的实际处境和“眼睛”所看到的景色进行对比，理解“她”对美好的向往、坦然接受命运的精神；把“她”与“我”对比，把“我”之前与之后的感情对比，理解“我”在“她”的感召下激起对生活的勇气、希望与信心。

问题3：把科幻等同于幻想，忽略了科幻小说的“科学元素”。

应对策略：寻读文章的科学元素，探究作者“科幻场”的设置，依靠的是科学知识和细节，理解科幻小说中的“幻想”要建立在科学知识基础上。

【教学过程】

第一课时

（一）学习目标

（1）浏览课文，把握故事内容，感受本文构思的巧妙。

（2）小组合作，以对比为抓手，体会小姑娘坦然接受命运、向往美好、为科学献身的崇高之美。

（3）对比阅读，了解科幻小说的特点，激发自己的想象力和创造力。

（二）教学准备（预习任务单附后）

1. 资料链接

科幻小说历来有“软”“硬”之分。缺乏理工科知识背景的科幻作家往往回避小说中的科技原理，以传统的小说元素如情节、人物、心理描写见长，是为“软科幻”；反之具备理工科知识的科幻作家往往对小说涉及的科技原理尽量运用、理性诠释，而往往忽略小说的人文关怀要素，是为“硬科幻”。刘慈欣的小说，可谓兼两者之长而去其短，作品中有依据科学原理的大胆猜想和假设，又有充盈丰沛的人文关怀精神。

2. 作者简介

刘慈欣，中国科幻小说代表作家之一。《带上她的眼睛》获得1999年中国科幻银河奖一等奖，作品蝉联1999—2006年中国科幻小说银河奖，2015年8月23日，凭借《三体》获第73届世界科幻大会颁发的雨果奖最佳长篇小说奖，为亚洲首次获奖，也是中国科幻走出国门走向世界的重要一步。《三体》三部曲被普遍认为是中国科幻文学的里程碑之作。2019年2月5日，刘慈欣作品改编电影《流浪地球》上映，在中国内地获得票房46亿。

（三）课堂教学过程

导：联想与结构

教师播放《流浪地球》结尾刘培强父子告别片段，引起学习兴趣，引入刘慈欣及“科幻小说”。

提问：电影是由刘慈欣同名科幻作品改编的，刘培强为人类牺牲的精神令人感动，大家对刘慈欣了解多少呢？

悟：活动与体验

（1）关注旁批1：“眼睛”还能被人带走？为什么？在原文哪里能找到原因？

预设：第8段。浏览是阅读长文的重要方法。浏览时，可以一目数行地扫视文段，迅速提取字里行间的主要信息。

（2）10分钟内浏览全文，在浏览过程中标出疑问之处（悬念），并筛选主要信息，用“人物+事件”的方式概括四个部分的情节。

① 情节：“我”受主任委托带上了“她的眼睛”；“我”带上“她的眼睛”去草原度假；我知道了真相——“她”是“落日六号”地航飞船的地航

员，飞船失事，“她”将在地心度过余生；最后，我在地球永远思念“她”。

② 浏览过程中，你产生了哪些疑问？你是否能在文章中找到这些疑问的答案？

预设：

设悬	释悬
她是谁	第32、40段：她是“落日六号”的领航员，是第一个到达地心的人
为什么她那儿“热得像地狱”	第38段：“落日六号”仿佛是处于一个巨大的炼钢炉中
为什么她对这个世界（如花草、溪水、微风）的情感已丰富到不正常的程度	第43段：飞船上的生命循环系统还可以运行50—80年，她将在这不到10立方米的地心世界里度过自己的余生
为什么她叹息“看不到日出”	第41、42段：飞船里中微子通讯设备的能量最后耗尽，这种联系在两个月前就中断了，具体时间是在我从草原返回航天中心的途中。那个没有日出的细雨蒙蒙的草原早晨，竟是她最后看到的地面世界

总结：悬念包括两个方面，设悬是为了引起读者的紧张心理和阅读期待，释悬是揭开谜底。这篇科幻小说以“我”的角度叙事，能让读者不自觉化身为“我”，由此跟着情节的发展而产生疑问和紧张心理，在揭开谜团之后又陷入深深的反思。这就体现了小说的悬疑之美、构思之巧。

用：本质与变式

小组合作，再次阅读文章，从环境、感情、人物等方面进行对比，说说小姑娘的性格特点和精神品质。

预设：

（1）地心的封闭与地面的宽广形成了鲜明的对比，体现出她身处绝境时对美好的追求。第6段“这是高山与草原的交接处，大草原从我面前一直延伸到天边，背后的群山覆盖着暗绿色的森林，几座山顶还有银色的雪冠”。体现出地面的广阔无垠，而“她在地心的世界是那个活动范围不到10立方米的闷热的控制舱”，唯一与地面世界保持联系的只是飞船里的中微子通讯设备，因此才感叹“太怕封闭了”，这样一个年轻的生命，却要在这不到10立方米的世界里度过自己的余生，因此在见到地面的每一朵野花、每一棵小草、每一缕阳光等自然景物时才啧啧惊叹，这是发自内心的对美好世界的向往和追求。自然美反衬了她现实处境的残酷：年轻的生命，处在如“巨大的炼钢炉”中的地心，是第一，更是唯一，何其悲壮！

（2）我对世界的漠然与她的丰富情感形成了鲜明的对比，体现了她对生活、生命的眷恋。“又回到了灰色的生活和忙碌的工作中”“世界在我的眼中仍是灰色的”“孤独寂寞的精神沙漠”等语句表明，在带上她的眼睛去草原之前，现实生活的忙碌让“我”的精神世界孤独又寂寞，忽略了生活的美好与诗意，失去对生活的热情；而她对草原上的一朵小花、一条小溪，任何我司空见惯的景色都发出赞叹，让我感到“她对这个世界的情感已丰富到不正常的程度”。

（3）“灰色”的生活与“嫩绿”的出现形成了鲜明的对比，体现了她在我重拾对生活的热情与自然的感知上起的重要作用。第25段“当一天的劳累结束后，我已能感觉到晚风吹到脸上时那淡淡的诗意，鸟儿的鸣叫已能引起我的注意，我甚至黄昏时站在天桥上，看着夜幕降临城市……世界在我的眼中仍是灰色的，但星星点点的嫩绿在其中出现，并在增多”。表明那颗热爱生活、热爱生命的种子已经在我的意识中萌芽，我的生命由“灰色”转为“嫩绿”，由失望转为希望。

（4）她看到自然时的“激动”与最后通信录音的“平静”形成了鲜明的对比，体现出她强烈的敬业精神和为科学探索献身的精神。第17段“她渴望看草原上的每一朵野花，每一棵小草，看草丛中跃动的每一缕阳光；一条突然出现的小溪，一阵不期而至的微风，都会令她激动不已”。表现出她对各种美好的生命的喜爱，幸好有传感眼镜，让她在炽热、封闭、狭窄的控制舱中感受到花香、水清、风凉、月明，让她在余生能有美好回忆做伴，继续科学研究，继续保留住对未来的希望。

第44—45段她最后的录音很“平静”，却给人以巨大的震撼，人类勇于探索未知世界的过程不是一帆风顺的，是经历多少类似“她”一样的科学家的奉献和牺牲而成的。

此外如“如炼钢炉般”残酷的地心世界与优美清凉的自然景色形成了鲜明的对比；深广的地球深处与孤寂的“她”形成了对比；肥大的太空服与娇小的她的对比；数字的对比（如“10立方米”与“50年至80年”“6000多公

里”“5000摄氏度”与“一个人”）等，不再细述。

改：迁移与应用

（1）教师出示教材162页对凡尔纳的介绍：

曾经有这样一个人：

在人类还没发明电视的时候，他小说中的人物已经在观看影像化的新闻；

在人类还没制造出飞机的时候，他小说中的人物已经驾驶直升机来往；

在人类还没有着手登月工程的时候，他小说中的人物已经坐在一颗大炮弹里被巨炮发射到月球上。

这段话告诉我们什么道理？

明确：科幻小说的幻想可能领先于科技发展水平，有人甚至断言：20世纪的一切努力都不过是把凡尔纳的预言变为现实的过程而已。

（2）寻读课文：哪些情节是建立在科学知识上的幻想？为什么我们会觉得这些情节如此真实？

预设：

①“在肥大的太空服中，她显得很娇小，她面前有一支失重中的铅笔飘在空中”；“她身处的环境常在我的脑海中出现，那封闭窄小的控制舱，奇怪的隔热太空服”；“那在她头顶上打转的失重的铅笔”；“那支飘浮的铅笔又在我的眼前出现了”；“她在大屏幕上，还在那个封闭的控制舱中，穿着那件‘太空服’”这些都建立在对“失重”“宇航服”“控制舱”的幻想上。

②“传感眼镜”是建立在虚拟现实眼镜的基础上的想象。

③“中微子通信技术”让人联想到今日神舟十二号航天员与地面的“天地通话技术”。

④ 第18段“老式机器人”建立在对“机器人”的想象上。

⑤ 第36段“从地层雷达的探测中得知，航行区的物质密度急剧增高，物质成分由硅酸盐类突然变为以铁镍为主的金属，物质状态也由固态变为液态，飞船显然误入了地核区域。”第38段“飞船被裹在6000多公里厚的物质中，船外别说空气和生命，连空间都没有，周围是温度高达5000摄氏度，压力可以把碳在一秒钟内变成金刚石的液态铁镍！”建立在地核、地核物质、地核深度等地质学知识的想象上。

总结：科幻小说的幻想之所以给人以真实感，是因为建立在真实的科学知识上。

（3）对比阅读预习单的《海底两万里》《朝闻道》片段，说说科幻小说的主人公的共同点，以及科幻小说的共同主题。

明确：

科幻小说主人公的共同点：探索未知的精神和为科学献身的精神；对自然和星球的热爱；强烈的敬业精神；为人类命运担忧的悲悯；勇敢坚强，崇尚正义；爱国主义精神等。

科幻小说的共同主题：

对科技发展和人类未来的思考；

为人类命运自我牺牲的英雄主义精神的颂扬；

对战争的厌恶和鄙弃；

灾难中的抗争；

对未来的想象和对未知世界的探索。

【教学反思，成效评价】

本节课在语文要素上体现为继续学习浏览、手法探究、形象分析及了解“科幻小说”的特点，在人文素养上体现为体会科学家的奉献精神及坦然接受命运、向往美好的崇高之美。本单元重点学习浏览，又与第四单元略读相呼应。在浏览过程中，感受作者构思的巧妙；以对比为抓手，分析小姑娘的形象是本节课的重点和难点。在引导学生感受作者构思的巧妙时，学生很快能找到“设悬”，“释悬”需要进一步引导；找对比之处对学生来说也比较容易，但通过对比来分析小姑娘形象时，学生的理解仅停留在敬业精神和为科学奉献的精神上，因而需要引导他们从小姑娘的内心情感变化、环境变化和“我”与小姑娘的对比来分析。

为了检测学生浏览和手法的学习效果，结合科幻类作品《海底两万里》《朝闻道》进行课堂知识迁移与应用，探索科幻小说主人公的共同特征及科幻小说的共同特点，这也符合由易到难、由特殊到一般、由单篇到一类的思维规律。此环节主要问题有：1.学生的浏览速度和对情节的把握不够，需要提示；2.学生对人物形象和主题的提炼不够全面；3.忽略科幻小说的科学性元素。针对这些情况，仍需在日常教学中扎实阅读，指导学生学会揣摩细节，理解科学和幻想的关系。

【板书设计】

带上她的眼睛　刘慈欣

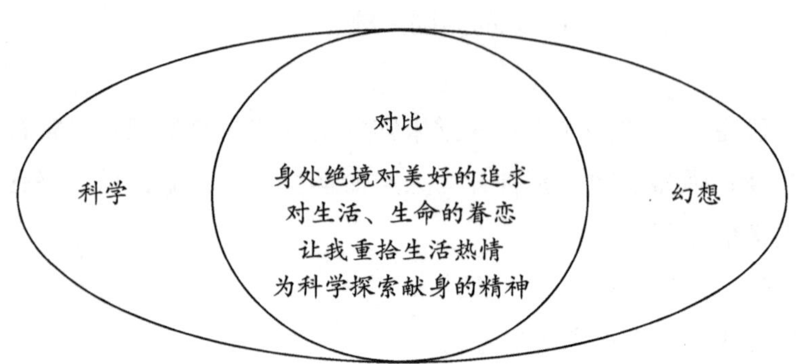

【布置作业】

1. 就课堂上三个话题写一篇《海底两万里》的读书报告，300字左右。（如：构思巧妙之处，情节对比之处，科幻神奇之处。）

2. 推荐阅读刘慈欣的《三体》。

附：《带上她的眼睛》预习任务单

1. 本学期必读名著《海底两万里》也是一部科幻小说，请你根据平常的阅读经验说说主人公尼摩船长的性格。

2. 浏览刘慈欣《朝闻道》片段《交换》，揣摩主人公丁仪的性格特点。

生命和真理的交换开始了。

第一批八位数学家沿着长长的坡道向真理祭坛上走去。这时，沙漠上没有一丝风，仿佛大自然屏住了呼吸，寂静笼罩着一切，刚刚升起的太阳把他们的影子长长地投在沙漠上，那几条长影是这个凝固的世界中唯一能动的东西。

数学家们的身影消失在真理祭坛上，下面的人们看不到他们了。所有的人都凝神听着，他们首先听到祭坛上传来的排险者的声音，在死一般的寂静中这声音很清晰：

“请提出问题。”

接着是一位数学家的声音：“我们想看到费尔玛和哥德巴赫两个猜想的最后证明。”

“好的，但证明很长，时间只够你们看关键的部分，其余用文字说明。”

排险者是如何向科学家们传授知识的，以后对人类一直是个谜。在远处的监视飞机上拍下的图像中，科学家们都在仰起头看着天空，而他们看的方向上空无一物，一个普遍被接受的说法是：外星人用某种思维波把信息直接输入到他们的大脑中。但实际情况比那要简单得多：排险者把信息投射在天空上，在真理祭坛上的人看来，整个地球的天空变成了一个显示屏，而在祭坛之外的角度什么都看不到。

一个小时过去了，真理祭坛上有个声音打破了寂静，有人说：“我们看完了。”

接着是排险者平静地回答：“你们还有十分钟的时间。”

真理祭坛上隐隐传来了多个人的交谈声，只能听清只言片语，但能清楚地感受到那些人的兴奋和喜悦，像是一群在黑暗的隧道中跋涉了一年的人突然看到了洞口的光亮。

“……这完全是全新的……”，“……怎么可能……”，“……我以前在直觉上……”，“……天啊，真是……”

当十分钟就要结束时间，真理祭坛上响起了一个清晰的声音：“请接受我们八个人真诚的谢意。”

真理祭坛上闪起一片强光，强光消失后，下面的人们看到八个等离子体火球从祭坛上升起，轻盈地向高处飘升，它们的光度渐渐减弱，由明亮的黄色变成柔和的桔红色，最后一个接一个地消失在蓝色的天空中，整个过程悄无声息。从监视飞机上看，真理祭坛上只剩下排险者站在圆心。

“下一批！”他高声说。

在上万人的凝视下，又有十一个人走上了真理祭坛。

“请提出问题。”

“我们是古生物学家，想知道地球上恐龙灭绝的真正原因。”

古生物学家们开始仰望长空，但所用的时间比刚才数学家们短得多，很快有人对排险者说：“我们知道了，谢谢！”

“你们还有十分钟。”

“……好了，七巧板对上了……”，“……做梦也不会想到那方面去……”，“……难道还有比这更……”

然后强光出现又消失，十一个火球从真理祭坛上飘起，很快消失在沙漠上空。

……

一批又一批的科学家走上真理祭坛，完成了生命和真理的交换，在强光中化为美丽的火球飘逝而去。

一切都在庄严与宁静中进行，真理祭坛下面，预料中生离死别的景象并没有出现，全世界的人们静静地看着这壮丽的景象，心灵被深深地震慑了，人类在经历着一场有史以来最大的灵魂洗礼。

一个白天的时间不知不觉过去了，太阳已在西方地平线处落下了一半，夕阳给真理祭坛撒上了一层金辉。物理学家们开始走向祭坛，他们是人数最多的一批，有八十六人。就在这一群人刚刚走上坡道时，从日出时一直持续到现在的寂静被一个童声打破了。

“爸爸！！”文文哭喊着从草坪上的人群中冲出来，一直跑到坡道前，冲进那群物理学家中，抱住了丁仪的腿，“爸爸，我不让你变成火球飞走！！”

丁仪轻轻抱起了女儿，问她：“文文，告诉爸爸，你能记起来的最让自己难受的事是什么？”

文文抽泣着想了几秒钟，说：“我一直在沙漠里长大，最……最想去动物园，上次爸爸去南方开会，带我去了那边的一个大大的动物园，可刚进去，你的电话就响了，说工作上有急事，那是个天然动物园，小孩儿一定要大人们带着才能进去，我也只好跟你回去了，后来你再也没时间带我去。爸爸，这是最让我难受的事儿，在回来的飞机上我一直哭。”

丁仪说：“但是，好孩子，那个动物园你以后肯定有机会去，妈妈以后会带文文去的。爸爸现在也在一个大动物园的门口，那里面也有爸爸做梦都想看到的神奇的东西，而爸爸如果这次不去，以后真的再也没机会了。”

文文用泪汪汪的大眼睛呆呆地看了爸爸一会儿，点点头说：“那……那爸爸就去吧。”

方琳走过来，从丁仪怀中抱走了女儿，眼睛看着前面矗立的真理祭坛说：“文文，你爸爸是世界上最坏的爸爸，但他真的很想去那个动物园。”

丁仪两眼看着地面，用近乎祈求的声调说：“是的文文，爸爸真的很想去。”

方琳用冷冷的目光看着丁仪说：“冷血的基本粒子，去完成你最后的碰撞吧，记住，我绝不会让你女儿成为物理学家的！”

这群人正要转身走去，另一个女性的声音使他们又停了下来。

“松田君，你要再向上走，我就死在你面前！”

说话的是一位娇小美丽的日本姑娘，她此时站在坡道起点的草地上，把一支银色的小手枪顶在自己的太阳穴上。

松田诚一从那群物理学家中走了出来，走到姑娘的面前，直视着她的双眼说：“泉子，还记得北海道那个寒冷的早晨吗？你说要出道题考验我是否真的爱你，你问我，如果你的脸在火灾中被烧得不成样子，我该怎么办？我说我将忠贞不渝地陪伴你一生。你听到这回答后很失望，说我并不是真的爱你，如果我真的爱你，就会弄瞎自己的双眼，让一个美丽的泉子永远留在心中。”

泉子拿枪的手没有动，但美丽的双眼盈满了泪水。

松田诚一接着说：“所以，亲爱的，你深知美对一个人生命的重要，现在，宇宙终极之美就在我面前，我能不看她一眼吗？”

“你再向上走一步我就开枪！”

松田诚一对她微笑了一下，轻声说：“泉子，天上见。”然后转身和其他物理学家一起沿坡道走向真理祭坛，身后脆弱的枪声、脑浆溅落在草地上的声音和柔软的躯体倒地的声音，都没使他们回头。

物理学家们走上了真理祭坛那圆形的顶面，在圆心，排险者微笑着向他们致意。突然间，映着晚霞的天空消失了，地平线处的夕阳消失了，沙漠和草地都消失了，真理祭坛悬浮于无际的黑色太空中，这是创世前的黑夜，没有一颗星星。排险者挥手指向一个方向，物理学家们看到在遥远的黑色深渊中有一颗金色的星星，它开始小得难以看清，后来由一个亮点渐渐增大，开始具有面积和形状，他们看出那是一个向这里漂来的旋涡星系。星系很快增大，显出它磅礴的气势。距离更近一些后，他们发现星系中的恒星都是数字和符号，它们组成的方程式构成了这金色星海中的一排排波浪。

宇宙大统一模型缓慢而庄严地从物理学家们的上空移过。

……

当八十六个火球从真理祭坛上升起时，方琳眼前一黑倒在草地上，她隐约听到文文的声音：

“妈妈，那些哪个是爸爸？”

最后一个上真理祭坛的人是史蒂芬·霍金，他的电动轮椅沿着长长的坡道慢慢向上移动，像一只在树枝上爬行的昆虫。他那仿佛已抽去骨骼的绵软的身躯瘫陷在轮椅中，像一支在高温中变软且即将熔化的蜡烛。

轮椅终于开上了祭坛，在空旷的圆面上开到了排险者面前。这时，太阳落下了一段时间，暗蓝色的天空中有零星的星星出现，祭坛周围的沙漠和草地模糊了。

“博士，您的问题？”排险者问，对霍金，他似乎并没有表示出比对其他人更多的尊重，他面带着毫无特点的微笑，听着博士轮椅上的扩音器中发出的呆板的电子声音：

“宇宙的目的是什么？”

天空中没有答案出现，排险者脸上的微笑消失了，他的双眼中掠过了一丝不易觉察的恐慌。

“先生？”霍金问。

仍是沉默，天空仍是一片空旷，在地球的几缕薄云后面，宇宙的群星正在涌现。

“先生？”霍金又问。

“博士，出口在您后面。”排险者说。

“这是答案吗？”

排险者摇摇头：“我是说您可以回去了。”

“你不知道？”

排险者点点头说：“我不知道。”这时，他的面容第一次不仅是一个人类符号，一阵的悲哀的黑云涌上这张脸，这悲哀表现得那样生动和富有个性，这时谁也不怀疑他是一个人，而且是一个最平常又最不平常的普通人。

“我怎么知道。”排险者喃喃地说。

3. 结合以上文段，你认为科幻小说的主题可能有哪些？

综合性学习·我的语文生活——奇妙的对联

珠海市第五中学　孙北平　张茹菀

一、单元内容解析

（一）课时安排

本教材的第六单元，单元目标中的人文主题是“探险”。探险精神是创新精神的前提，因此，初步确定“探险—创新”为本单元人文素养目标。此外，单元目标还明确指出了重点学习“浏览”这一阅读策略，结合课程标准要求“能较熟练地运用略读和浏览的方法，扩大阅读范围”，因此，初步确定“浏览—技能”为本单元语文要素目标。开展“双线组元”下的单元整体教学，以期实现单元整体教学效益的最大化。

在这一单元的授课中，教读课文传记文学《伟大的悲剧》（为他人作传）、《太空一日》（自传），自读课文科幻小说《太空一日》，分别讲述了斯科特一行人在南极进行的一次极地探险、杨利伟作为中国航天第一人开启的太空探险，以及小姑娘在未来世界的地心探险。三位主人公的探险行为，都源自对国家荣誉、科学真理和突破自我的追求。理解了探险者的探险动机，还要理解探险在人生中的价值意义，它不仅是对外在世界的开拓，更是人类观念的创新。我们的成长和社会的进步都需要创新和发展，因此人类文明离不开探险。通过课文学习，让学生体验到一种与生俱来的永不停息的伟大的探险精神，从而激励学生培养科学态度和创新精神。同为教读课的笔记小说《河中石兽》，记叙了人们寻找石兽的经过及其令人惊讶的结局，从而悟出了天下事“但知其一，不知其二者多矣”，不可“据理臆断”的道理，旨在培养学生独立思考的习惯，训练质疑思辨的能力，这也是创新精神的一种体现。

本单元的写作指导课紧扣单元传记文学和科幻作品语言简明的特点，引导学生通过去次留主、删繁就简、巧用替代等方法锤炼语言，使其更加简明，培养良好的写作习惯。综合性学习《我的语文生活》开展三个语文活动，即“正眼看招牌”“我来写广告词”“寻找‘最美对联’”，给学生创设实践的环境，以增加学生实践的机会，让学生在实践中领悟文化内涵和语文应用规律。综合性学习活动的开展离不开真实情境，强调学生能力的迁移与运用。解决了生活中各种实际问题，久而久之自然就转化为学生的关键能力。名著导读为《海底两万里》的快速阅读，是对前几单元的精读、熟读、略读教学以及本单元浏览教学的延伸拓展。作为“现代科学幻想小说之父”，儒勒·凡尔纳的代表作品《海底两万里》讲述了尼摩船长驾驶设计制造的潜水艇“诺第留斯号”遨游海底世界的故事，彰显了作者非凡的想象力和探险精神。

第六单元	课型	教读课文			自读课文	写作指导	综合性学习	名著导读
	篇目	《伟大的悲剧》	《太空一日》	《河中石兽》	《带上她的眼睛》	《语言简明》	《我的语文生活》	《海底两万里》
	课时	3	2	2	1	2	3	2

综合以上分析，本单元教学课时安排如下：

（二）本单元内容结构图表

第六单元		教读课文	自读课文	写作	综合性学习	名著导读
	人文素养	《伟大的悲剧》：理解悲剧英雄身上所具有的探险精神，激发探索未知世界的兴趣，培养团结协作、勇于牺牲的精神	《带上她的眼睛》：理解作者对为科学而献身的人的崇敬与赞美，激发热爱科学的感情，树立勇于探索的奉献精神	《语言简明》：积累阅读和写作经验，培养良好的写作习惯	《我的语文生活》：1.培养观察生活中语文现象的习惯。2.树立在生活中学习语文的意识	《海底两万里》：1.体会科幻小说与预言科技成就之间的关系。2.感受人类探索未知世界的勇气与梦想
		《太空一日》：理解探险英雄的责任担当意识，作者对祖国、航天事业、亲友的热爱，体会作者严谨、科学的态度				
		《河中石兽》：培养独立思考的习惯，训练质疑思辨的能力				

续表

		教读课文	自读课文	写作	综合性学习	名著导读
第六单元	语文要素	《伟大的悲剧》：1.学习用浏览的方式速读课文，理清故事情节，把握主要内容。2.抓住细节，体悟关键语句	《带上她的眼睛》：1.运用快速浏览的方式，根据情节线索，把握故事内容。2.体会伏笔的妙处，理解文章的构思	《语言简明》：把握使语言简明的方法技巧：1.去次留主法。2.删繁就简法。3.巧用替代法。4.消除歧义法	《我的语文生活》：1.提高规范用字的能力。2.了解广告词、对联写作的基本要求，积累经典广告词、对联，并尝试撰写	《海底两万里》：1.掌握以默读为主的快速阅读技巧，提高阅读速度。2.抓住关键信息和主要线索，把握核心人物和主要内容。3.专题探究
		《太空一日》：1.运用浏览的方法速读课文，把握文章结构特点。2.根据小标题的提示，把握文章主要内容				
		《河中石兽》：1.了解故事情节，把握作者观点。2.积累文言词汇，训练阅读浅显文言文的能力				

二、集体备课

夏云：课前指导学生多收集一些景区、商铺等地的对联，激发学生的学习兴趣。对联因使用场所不同，所用词汇也不尽相同，如中药铺和丝织品店就存在着明显的区别。对联除了实用的需求以外，还可以用于表情达意，比如民族英雄林则徐少年立志，撰写对联“海到无边天作岸，山登绝顶我为峰”。总之，对联可长可短，内容可俗可雅。

孙北平：随着时代的进步，对联的内容也在与时俱进。比如“脱单脱贫不脱发，高个高颜求高分”，年轻人把这样接地气的愿望写进对联。还有把网络流行文化套用到对联中，从学生的“不挂科”，到白领的“不加班”，以及养宠人士的“喵言妙语”，各种脑洞大开的现代对联，越来越受到人们的关注。老师在指导学生收集、撰写对联时，除了考虑张贴场所、作者自身特点外，还要体现出一种健康的审美趣味和追求。

丁世民：对联是古代优秀文化的重要组成部分，也是语文应用能力的体现。教会学生对联的基本常识，注重对联文化的熏陶。可以设计相关的学习活动，使学生在文化的理解与继承中，加深对语言文字的喜爱，从而带动对古代诗文的理解，让对联在当下的文化生活中焕发出新的生机与活力。

张健丽：对联的学习要注意与传统文化相链接，充分挖掘传统文化的内涵。通过这节课，老师要让孩子们体验到中国语言文字的美，中华文化的博大精深。推荐阅读叶嘉莹的《说诗讲稿》，此书是叶嘉莹先生融会古今中外文艺理论的精华，对中国古典诗歌的全新解读。她以互动亲切的语言，深入浅出地讲解了中国古典诗歌以及相关的文艺理论，相信对教学这节课会有很大帮助。

吴学敏：对联是中国传统文化的瑰宝，一字一句无不体现着中华文化的博大精深。因其上下句字数相等、结构相似、平仄相对，所以读起来朗朗上口，极有韵致。对联对于当代学生来说，既充满着吸引力和趣味性，又极具挑战。所以在教学中要注意调动学生的学习兴趣，以丰富多样的对联示例作为知识性学习的支撑，让学生在充满趣味的学习中感受中国语言文字的独特魅力。

张茹菀：对联教学有利于学生掌握字词的妙用，感受到中华文化的博大精深。因此，本节课在教学设计上，应以学生为主体，以课堂为载体，结合教学内容，设计任务明确的教学活动，在自主—合作—探究的情境中，通过朗读、点拨、讨论、欣赏、练习等互动方式来调动学生的学习兴趣，提升思维层次，拓展人文底蕴，最后达到初步学会欣赏对联、拟写对联的要求，培养驾驭语言文字的能力。

三、教学设计——奇妙的对联（1课时）

【活动教学内容及解析】

（一）内容：活动核心素养结构图（思维导图）

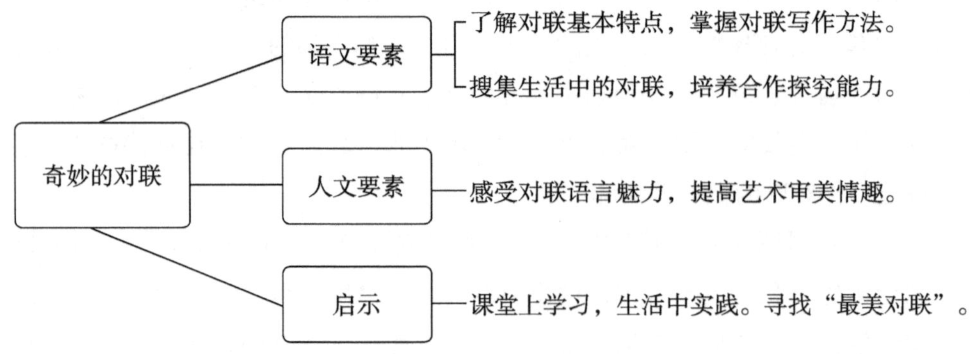

（二）内容解析

统编教材七年级下册第六单元综合性学习，“我的语文生活”设置了“正眼看招牌”“我来写广告词”“寻找‘最美对联’”三个活动板块，共3课时，本课聚焦“寻找‘最美对联’”。

统编教材七年级下册每个单元的教学侧重点各有不同，但都体现了“双线组元”“三位一体”的编写理念。如第一单元注重精读教学，突出读写结合；第二单元注重朗读训练，突出涵咏品味；第三单元注重自主阅读，突出重点定位；第四单元注重略读训练，侧重理解感悟；第五单元注重比较阅读，突出文体特点。由此可见，学生经过几个单元的学习，已经掌握了阅读理解的基本方法，会在第六单元的学习中实践探究。本单元注重训练浏览的阅读方法，并在阅读时间、内容等方面提出了明确的要求，即每分钟不少于400字，了解文章的主要人物、事件经过以及结果。同时，培养学生的科学态度和敢于质疑的科学精神。

新课标对综合性学习的具体要求是，能提出学习和生活中感兴趣的问题，能自主组织文学活动，搜集资料，调查访问，相互讨论，能用文字、图表、图画、照片等展示学习成果。在活动过程中，体验合作与成功的喜悦。结合班级学情和课时学习任务，笔者与徒弟张茹菀老师进行同课同构，共同设计学习活动，制作“奇妙的对联”挑战赛任务卡、课堂活动任务卡，为课堂学习创设生活情境，以观察积累、交流整合和自主探究为主要学习方式，引导学生走出校园、走向社会、走向生活，搜集、整理、鉴赏我国历代流传的经典对联，以及当地有特点的对联，并注意引导学生从语文的角度鉴赏“最美对联”。

【课文学习目标及解析】

（一）学习目标

（1）了解对联、广告词写作的基本要求，积累并欣赏经典对联和广告词。

（2）养成在生活中规范用字的良好习惯，提高分类整理规范用字的能力。

（3）培养观察生活中的语文现象的习惯，树立在生活中学习语文的意识。

（二）目标解析

达成上述目标的效果是：

（1）观察积累，涵咏品味，欣赏经典对联，掌握写广告词的基本方法。

（2）搜集整理，探究评价，学习规范用字，引导感受语言文字的魅力。

（3）调查访问，交流整合，增强综合实践，养成学习语文的良好习惯。

（三）素养目标

内容方面	教学行为		核心素养			
	教师活动	学生活动	1	2	3	4
导	从本单元选编课文的探险精神出发，激发学生参与对联挑战赛的兴趣，运用信息技术辅助教学，通过数据分析，有针对性地开展教学活动	参与比赛的四个环节，即看对联，猜人物；补对联，填成语；组对联，明词序；配对联，选场景。学生在平板电脑上答题，引入本课学习的要点	语言建构与运用		审美鉴赏与创造	文化传承与理解
悟	讲解对联的基本常识，引导学生关注古代对联的规律，展示学生课前搜集到的生活中的对联，归纳整理对联的写作技巧	朗读《声律启蒙》，探究对联规律；标词性、划节奏，了解对联奥秘，掌握对联写作的基本技巧		思维发展与提升	审美鉴赏与创造	文化传承与理解
用	知识迁移，梯度训练学生补写下联，运用古诗句指导学生补写对联。归纳对联写作的方法，展示校园中的对联，以及教师原创对联书法作品	参与课堂互动，补写下联并说明理由。积累对联写作方法，创写体育艺术节对联，组内分享评价，平台上传，全班展示，选出最佳作品	语言建构与运用	思维发展与提升	审美鉴赏与创造	
改	学以致用，展示教师对联作品，激励学生学习。结合简单的手工折纸，指导学生张贴对联	简单的手工折纸，誊写体育艺术节对联，明确对联张贴的技巧	语言建构与运用	思维发展与提升	审美鉴赏与创造	文化传承与理解

【教学重点、难点】

1. 重点

了解对联基本特点，感受对联语言魅力。

2. 难点

掌握对联写作方法，提升艺术审美情趣。

【教学问题诊断分析】

问题1：不了解对联的起源故事。

应对策略：引导学生借助书籍、网络搜集对联起源的知识和小故事，注意摘抄并制作知识卡片，每张卡片上列举一个对联知识。

问题2：搜集整理对联能力较低。

应对策略：引导学生利用书刊、网络，以及实地搜集身边的对联。根据对联的种类、适用场合等，小组合作分类整理，制汇总表。

问题3：平板电脑操作不够熟练。

应对策略：教师课前在Forclass智慧课堂设计PPT、DCF格式课件，指导学生熟练使用计时抢答、拖拽填空、上传图片等功能。

【教学过程】

（一）学习目标

（1）了解对联基本特点，掌握对联写作方法。

（2）搜集生活中的对联，培养合作探究能力。

（3）感受对联语言魅力，提升艺术审美情趣。

（二）课前学习任务表

学生课前广泛收集、整理生活中的对联，完成挑战赛任务卡。了解对联的内容、张贴场所、对联的起源，以及对联有关的小故事等。（见附件1）

（三）教学资料准备

（1）教师准备：云教室、平板电脑；制作PPT、DCF课件；设计制作导学案、学习任务卡、对联词卡、A4打印纸；奖品若干。

（2）学生准备：搜集整理生活中的对联、制作小组组牌、完成学习任务卡（见附件）。

（四）课堂教学实践

导：联想与结构

探险，是人类对未知世界的探寻，也是对自身的挑战。斯科特一行人的南极探险虽败犹荣，成就了伟大的悲剧；杨利伟的太空探险之旅，讴歌了我国航天员置个人安危于度外的英雄气概；小姑娘因探险而永生被困地心却依旧努力工作，突显了在极端环境中人性的光辉和力量；老河兵根据实际经验做出正确判断，具有独立思考和质疑思辨的能力。写作要求语言简明，紧扣单元传记文学和科幻作品的语言特点，培养良好的写作习惯。今天，我们要开启一场语文学习的探险之旅，邀请各位同学共赴“奇妙的对联”之约，下面我们一起来了解挑战规则吧！

本场比赛共有四个环节，分别是：看对联，猜人物；补对联，填成语；组对联，明词序；配对联，选场景。学生在平板电脑上答题，用时最短、正确率最高的一个小组获胜，并评选出三名“对联之星”。

对联挑战赛：

1. 看对联，猜人物

要求：根据对联内容猜出所指人物。

横眉冷对千夫指，俯首甘为孺子牛。（鲁迅）

淡泊以明志，宁静而致远。（诸葛亮）

青山有幸埋忠骨，白铁无辜铸佞臣。（岳飞）

千古诗才，蓬莱文章建安骨。一身傲骨，青莲居士谪仙人。（李白）

2. 补对联，填成语

要求：在括号中填写充合适的成语。

世本无先觉之验人贵有（自知之明）；

忍一时风平浪静退一步（海阔天空）。

良言入耳三冬暖（恶语伤人）六月寒；

光阴似箭催人老（日月如梭）趱少年。

（近水楼台）先得月向阳花木早逢春；

（业精于勤）荒于嬉行成于思毁于随。

3. 组对联，明词序

要求：小组合作将打乱顺序的对联词卡，组成一副完整的对联，并区分上下联。

妙手回春医百病；灵丹济世乐千家。

救死扶危，医护柔肩擎大爱；克难制胜，军民铁臂济时艰。

朝花夕拾书写和蔼师长；弃医从文拯救国民精神。

天增岁月人增寿；春满乾坤福满门。

黑发不知勤学早；白首方悔读书迟。

四面河山归眼底；万家忧乐到心头。

福如东海长流水；寿比南山不老松。

长天欢翔比翼鸟；大地喜结连理枝。

4. 配对联，选场景

根据老师给出的以下图片，还原场景，选择场景相对应的对联。

长天欢翔比翼鸟，大地喜结连理枝——婚联

（婚嫁时使用的对联。在嫁娶之日贴在大门旁，非常吉祥、喜庆，表达着对新婚夫妇的赞美及良好祝愿。）

福如东海长流水，寿比南山不老松——寿联

（寿联是庆贺寿辰时所用的交际性的对联，祝愿寿星幸福安康，感情色彩庄重而热烈。）

天增岁月人增寿；春满乾坤福满门——春联

（春节贴春联增添节日的喜庆气氛，表达人们对美好愿景、幸福生活的殷殷期盼。）

四面河山归眼底，万家忧乐到心头——名胜联（湖南岳阳楼）

（刻于名胜古迹之处的对联，大都是名人所撰，旨深意远，如诗如画，是宝贵的文化遗产。）

黑发不知勤学早，白首方悔读书迟——行业联（书店）

妙手回春医百病，灵丹济世乐千家——行业联（医馆）

（行业联张贴于各行各业的门庭、店堂的大门上，具有显明广告的特征，以美的形式、美的意境招徕八方顾客。）

总结：这些对联有婚联、寿联、春联、名胜联、行业联，或传情达意、或开阔视野、或广告宣传、或节日祝福，用对联书写生活，分享人生感悟。

悟：活动与体验

知识我在行：

5. 读对联，寻奥秘

齐读《声律启蒙》，观察对联的形式，探究对联内容，了解对联的奥秘。

云对雨，雪对风，晚照对晴空。

来鸿对去雁，宿鸟对鸣虫。

三尺剑，六钧弓，岭北对江东。

人间清暑殿，天上广寒宫。

两岸晓烟杨柳绿，一园春雨杏花红。

探究古人在对对联时讲究的规律：

对联的奥秘：节奏一致、字数相等、种类相近、内容相关、平仄相合、词性相同。

（1）一字、二字、三字、五字、七字对，联讲究字数相等。

（2）雨云、雪风、晚照晴空、来鸿去雁、宿鸟鸣虫、三尺剑六钧弓、岭北江东，这些意象的种类是相近的。

（3）人间清暑殿，天上广寒宫。两岸晓烟杨柳绿，一园春雨杏花红。所表达的内容相关。

对联读起来朗朗上口，很有韵律美，这与对联中用字的声调有很大关系。诗词中用字的声调有“平仄”之分，“平”指平直，“仄”指曲折。普通话的四声中，平为第一声、第二声，用“—”表示，仄为第三声、第四声，用“|”表示。

用：本质与变式

6. 划对联，明规律

标出以上四句尾字的平仄、四句的词性，划分节奏，从中发现对联用词的规律。

（1）对联上句最后一个字是“仄”，下句最后一个字是“平”，即仄起平收。所以我们也可以根据这条规则来区分上下联。

（2）找出后四句的词性，“天上”“人间”是方位词，“清暑殿”“广寒宫”是名词；“两岸|晓烟|杨柳|绿，一园|春雨|杏花|红”分别是数量词、名词、名词、名词、名词、形容词，词性相同。

出示一组对联验证是否符合上述规律：

书山有路勤为径，学海无涯苦作舟。

7. 写对联，知方法

给上联，尝试写出下联。

水——（山）

碧水——（青）山

碧水环绕——青山（巍峨）

门前碧水环绕——（屋后）青山巍峨

运用《悯农》诗的有关词句，将对联补充完整。

上联：杯里酒口口都香甜，量力而饮；

下联：盘中餐粒粒皆辛苦，弃之可惜。

写作对联的锦囊妙计：

（1）联想法：相似、相反。

（2）化用法：灵活运用诗文名言或者成语典故。

改：迁移与应用

8. 赏对联，悟文化

搜集生活中、校园里的对联，感受对联的文化美。

上联：弘扬书画艺术；

下联：演绎立体传承。

横批：创意打印（3D打印社团）

上联：十月金秋结硕果；

下联：丹桂飘香铸师魂。（教师节校园公众号）

上联：跃龙门，金榜题名惊天地；

下联：抟扶摇，志存高远铸豪情。（初三学长百日誓师）

展示孙北平老师原创对联书法作品：

上联：姐妹情真说对联，字斟句酌推敲细；

下联：师徒意浓传文化，语精文妙造诣深。

创设情境：学校即将迎来一年一度的体育艺术节，请你为体艺节拟一副对联。先在小组内分享评价，再由小组推选出一副对联在全班分享。

示例：体育项目不计其数；艺术作品异彩纷呈。

唱歌跳舞展艺术成就；田径足球显体育精神。

艺术节歌声飘万里；运动会汗水洒千家。

蹦蹦跳跳运动场上争分夺秒；写写画画才艺室内斗艳争芳。

激情挥洒赛场上；劲歌热舞台中央。

9. 赠对联，寄厚望

横批是挂于一副对联上头的横幅，所谓“横”，指的是横着的书写方式；“批”，含有揭示、评论之意，对整副对联的主题内容起概括、提炼的作用。

张茹菀老师赠联，为学生加油打气：

上联：志当存高远；

下联：勤必争朝夕。

横批：奋发有为。

拿出A4纸，横放后左右对折，做成一个“门”形。将对联内容写在相应位置上，明确上下联所写的位置。根据“仄起平收”的规律区分上下联，即面向门，仄声收尾为上联，应贴右边；平声收尾为下联，则贴左边。

孙北平老师赠对联并张贴。

【教学反思，成效评价】

为了上好这节课，笔者与徒弟张茹菀老师做了充分的准备工作。阅读大量学术论文，搜集整理对联的起源种类、有趣的对联故事、对联的修辞手法、对联的写作方法等，然后根据学情确定教学目标，设计教学活动。指导学生收集生活中的对联，了解对联的基本特点，掌握对联的写作方法，尝试写出简单的对联。引导学生多读、多品，感受对联的语言魅力，提高艺术审美情趣。

本节课分为两个大环节，第一环节为“对联挑战赛”，第二环节为“知识我在行”。又分为九个小步骤。即看对联，猜人物；补对联，填成语；组对联，明词序；配对联，选场景；知对联，寻奥秘；划对联，明本质；写对联，懂方法；赏对联，悟文化；赠对联，寄厚望。先以“对联挑战赛”的形式调动学生已有的对联知识，激起学生的学习兴趣，培养学生合作探究的能力。“知识我在行”板块，将教学难度层层深入，联系生活实际，着眼于学生语文综合素养的提高。

本节课的亮点如下：

（1）教学组织形式为小组合作探究学习，充分调动了学生学习的积极性。课前布置学习任务，课堂上以小组为单位参与竞猜挑战赛，旨在关注全体学生。

（2）教学设计分两个环节进行，难度递增。设置生活情境，强调语文与生活之间的紧密联系，学以致用。循序渐进的学习过程，让学生一步步感知对联的特点。学生手脑兼用，灵活运用所学知识。

（3）充分挖掘课堂内容与学生生活之间的联系。引导学生欣赏身边的对联，如校园公众号、校园艺术节、运动会、中考送考、社团活动等，这些对联随处可见，拉近与日常生活的距离，提高学生的审美情趣。

（4）熟练使用Forclass智慧课堂，运用信息技术辅助教学。Forclass平台将学生的平板电脑设备和教师的教学平台联系起来，使之能够即时互动，运用信息技术分析学生题目的完成情况，更有针对性地进行教学。

本节课需要提高的地方还有很多，笔者和徒弟张茹菀老师首次进行同课同构的尝试，配合上还不够默契。教学过程中，略有紧张情绪，教学时间的把控不够精准，和学生的点评互动，我们二人都相对单一，仍需提高。再者，对联平仄知识的讲解应当给予学生更多的朗读机会，让学生自己边读边悟。这次合作让我们都深刻地体会到：学生的潜力是无限的，作为一名老师，我们更应该给他们提供发展的空间和展示的平台，当他们取得一点进步或者有所特长时，适时鼓励他们。作为一名稍有经验的老师，我会踏实认真，时时学习、事事思考，带领徒弟和其他后辈深耕于三尺讲台。“路漫漫其修远兮，吾将上下而求索”！

【板书设计】

左板：

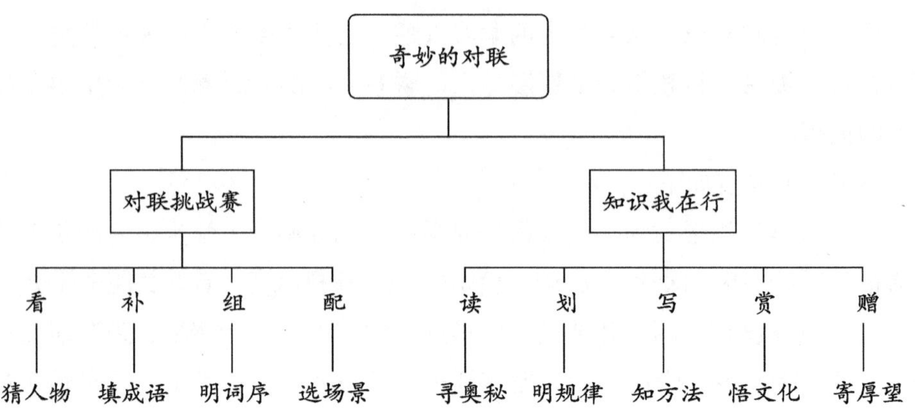

右板：

对联的奥秘

节奏一致字数相等

种类相近内容相关

平仄相合词性相同

【布置作业】

完成对联练习题（见附件）。

附件1：

“奇妙的对联”挑战赛任务卡

班级：________　　姓名：________　　学号：________

日常生活中对联处处可见，可是关于对联知识你知道多少？今天就请发挥你的聪明才智，一起来参加“奇妙的对联”挑战赛吧！以下任务是需要你完成的，are you ready? Let's go!

任务一：你是否在生活中留心过对联？比如给爷爷奶奶过寿、参加婚礼、过春节、餐厅用餐、书店看书、外出旅游……请你用文字或图片的形式记录下这些对联，按照以下格式在组内分享：

我搜集到的对联是____，

我是在________________________________，看到的（地点、场景）

这副对联讲了____

____（内容）。

任务二：你知道对联是怎样产生的吗？请你借助书籍或网络搜集、整理对联起源的相关知识，并在组内分享给其他人吧！

____

____

任务三：你一定也听过不少有趣的对联小故事，不妨把这些故事讲给同学们听吧！

____

____

任务四：勤学好问的你，要永远保持好奇心和求知欲哦！关于对联你还想知道什么？请写下来吧！

____

____

附件2：

“奇妙的对联”课堂任务卡

班级：________　　姓名：________　　学号：________

任务一：请画出下面四句诗歌的节奏，标出词性及尾字的平仄。观察一下，你发现了什么？

（1）人间清暑殿，天上广寒宫。

____

____

（2）两岸晓烟杨柳绿，一园春雨杏花红。

____

____

（3）我发现了：

____

____

任务二：下面是某餐馆门上张贴的对联。请你运用《悯农》诗的有关词句，将对联补充完整。

上联：杯里酒口口都香甜，量力而饮；

下联：________________，弃之可惜。

任务三：学校即将迎来一年一度的体育艺术节，你能不能为体艺节拟写一副对联？完成后，先在小组内分享评价，再由小组推选出一副对联在全班分享。

____

____

附件3：

对联练习题

班级：________ 姓名：________ 学号：________

1.【2019广东省】阅读下面的文字，完成题目。

历史上，广东不仅是丝绸、瓷器、茶叶等中国大宗传统商品的出口集散地，也是世界时尚用品的重要产地，其代表就是广东的扇子。扇子，东西方都有，但来自广东的扇子卖得特别火，风靡欧美，畅销世界。

1699年英国东印度公司首次在广东订制了8万件扇子，这些扇子一抵达欧洲市场，就备受青睐。欧洲的宫廷贵妇都以拥有一柄精致华美、充满异国情调的广东扇子为时尚。19世纪，在美国东部海岸城市，几乎没有一位女士不拿着一把来自广东的扇子出现在夏日晚会或时装舞会上。

根据对联常识，将下面六个短语组合成一副对联。

无处随时不清风动来举起消酷暑

____

____

2.【2018湖北省黄石市】在我国许多旅游胜地，精彩的对联比比皆是，自成一道风景。下面这副对联来自黄石市团城山公园的凝碧亭，上联已给出，下联有待整理，请将整理后的下联填到横线上。

盛世山高声随月亮歌临风

上联：把酒问鲇鱼谁道磁湖水浅

下联：________________

3.【2018山东省青岛市】请从下面给出的四个语句中，选择合适的句子，将四副对联补充完整，使之符合节日和对联的特点。只填序号即可。

① 银花火树开元夜　②避恶遍插茱萸枝　③几处笙歌留朗月　④角粽投江祭诗魂

（1）元宵节

上联：____________　下联：紫气丹光拥玉台

（2）端午节

上联：龙舟竞技怀屈子　下联：____________

（3）中秋节

上联：____________　下联：万家箫管乐中秋

（4）重阳节

上联：延年畅饮菊花酒　下联：____________

4.【2018重庆市B卷】班上准备举办“音乐带我飞”的主题晚会，请你完成下列任务。

（1）晚会拟用一副对联来渲染气氛，现已确定好了上联，请你从下面选项中，选出最合适的下联。

上联：笛音飘声声传情　下联：选______项

A. 丝竹韵悠悠绵长　　B. 鼓点响阵阵送暖

C. 琴音起首首入梦　　D. 琵琶响嘈嘈切切

5.【广西河池市】楹联是我国非物质文化遗产之一，因古时多悬挂于楼堂宅殿的楹柱而得名。楹联又称对联或对子，要求字数相同，词性相对，词义相关，对仗工整，平仄协调。班级开展“品赏楹联，传承文化”的语文实践活动，请你完成以下任务。

请从下面的句子中，找出能够组成一副对联的两句话，抄写在横线上。

A. 立志读尽人间书　　B. 人生唯因读书好

C. 悬梁刺股求学路　　　　　　D. 发愤识遍天下字

____

6.【2019黑龙江省绥化市】社区里有一家中医馆即将开业，有人给写了一副对联，被家中的宠物咬碎了，只能隐约辨别出以下词语，请你帮忙恢复这副对联，为中医馆做宣传。

妙手回春　灵丹济世　乐　医　百病　千家

____

综合性学习·我的语文生活之海洋小卫士，共写广告词

珠海市文园中学　陈　璐

一、单元内容解析

（一）课时安排

本课来自部编教材七年级下册第六单元。本教材的第六单元选取了反映探索与科幻题材的文章，通过本单元的学习，让学生理解并体验到这种探险与科学幻想在人类科学发展历史中的伟大价值。

在这一单元的授课中，教读课文传记文学《伟大的悲剧》《太空一日》让学生体验到一种人类与生俱来的永不停息的伟大的探险精神，从而激励自己并培养科学态度与创新精神。篇幅较长，但文字并不艰涩，适宜进行浏览训练。教学时长2—3课时。笔记小说《河中石兽》让学生体验作者对僧人、讲学家的批评态

度，发展和提升学生从实际出发进行独立思考的能力，教学时长2课时。自读课文科幻小说《带上她的眼睛》想象奇特，构思巧妙，读来令人兴趣盎然，学生通过运用前两课所学方法进行浏览，了解科幻小说特点，教学时长1课时。同时写作指导紧扣这一单元主题的科幻性，要求学生通过修改、锤炼，使得写作语言更加简明，需要1—2个课时。本单元综合性学习《我的语文生活》提出开展三项活动："正眼看招牌""我来写广告词""寻找'最美对联'"，要求学生将语文学习的目光拓宽到课外，校内外丰富积累，学会应用，可安排各1课时的学习。名著导读之《海底两万里》快速阅读教学，是对前几单元的精读、熟读、略读教学以及本单元浏览教学的延伸拓展，也可以和综合性活动结合，安排1—2课时。

（二）本单元内容结构图表

<table>
<tr><th rowspan="7">第六单元</th><th></th><th>教读课</th><th>自读课</th><th>写作</th><th>综合性学习</th><th>名著导读</th></tr>
<tr><td rowspan="3">人文素养</td><td>《伟大的悲剧》：颂扬人类勇于探索、为事业献身和强烈的集体主义精神</td><td rowspan="3">《带上她的眼睛》：感受人类探索未知世界的崇高情怀</td><td rowspan="3">《语言简明》：培养良好的写作习惯</td><td rowspan="3">《我的语文生活》：培养在生活中学习语文的意识</td><td rowspan="3">《海底两万里》：感受人类自古以来渴望上天下海、自由翱翔的梦想</td></tr>
<tr><td>《太空一日》：体会作者严谨、科学的态度和对祖国、航天事业、亲友的热爱</td></tr>
<tr><td>《河中石兽》：谦虚务实，熟能生巧的"工匠精神"</td></tr>
<tr><td rowspan="3">语文要素</td><td>《伟大的悲剧》：1.学习浏览的阅读方式，厘清故事情节，提高阅读速度。2.关注细节，抓准典型场面和人物</td><td rowspan="3">《带上她的眼睛》：1.浏览课文，提高速度。2.引导自读，边读边圈画。3.熟读体会巧妙的想象</td><td rowspan="3">《语言简明》：1.去次留主法。2.删繁就简法。3.巧用替代法。4.消除歧义法</td><td rowspan="3">《我的语文生活》：1.培养观察生活中语文现象的习惯。2.提高规范用字的能力。3.增强对广告词、对联的欣赏能力</td><td rowspan="3">《海底两万里》：1.快速阅读，整体感知。2.章节熟读，把握内容。3.抓住关键信息。4.专题研究</td></tr>
<tr><td>《太空一日》：1.通过浏览把握文章结构特点。2.关注信息的筛选、区分、提取</td></tr>
<tr><td>《河中石兽》：1.熟读精思，加深文意理解。2.独立思考，学会质疑问难</td></tr>
</table>

（三）集体备课要点

为了让本课更具操作性、实用性和趣味性，更好地落实所在单元学习目标，实现学生核心素养的提升，备课组的各位老师在集体备课中提供了很好的思考，具体如下：

谢凤梅：综合性学习需要引导学生就活动中的所得进行及时归纳，让学生既能投入到活动当中，力当“小卫士”，也能够在知识的海洋里收获广告词拟写的要领。

刘伟：由于综合性学习以学习活动为主，七年级学生容易陷进活动的形式当中，为了提高参与度，有必要向学生明确本课任务。有需要还可以在课前预习中，和学生一起预估重难点。以往重难点的预估大都是语文老师的工作，事实上，让学生尝试重难点预估也是一种学习方式。

潘博书：教学内容是很能吸引学生参与的，从环保的大背景出发，以社团社长的介绍吸引学生进入本课，以及学生亲自积累的广告词，都很能调动学生的能动性，内容也很充实，很考验教师和学生之间的配合，为了确保完成度，是不是要有详略的处理？如何突出重点呢？

周蕴横：为了活动的完成，课前的准备要很充分，要给学生充足的时间去准备，建议利用周末，实地进行搜集，避免学生只在线上找。目的是为了让学生感受到“语文来自生活”的道理。

二、教学设计——我的语文生活“我来写广告词”（1课时）

【活动教学内容及解析】

（一）内容：活动核心素养结构图

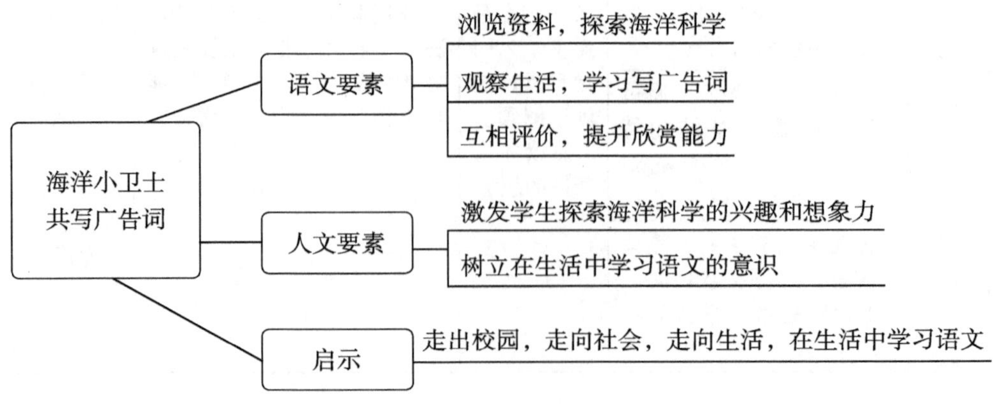

（二）内容解析

统编教材七年级下册第六单元综合性学习“我的语文生活”设置了“正眼看招牌”“我来写广告词”“寻找‘最美对联’”三个综合性学习活动，共3个课时，本课聚焦“我来写广告词”。

学生在之前的一、二单元学习过程中已经连续掌握了精读能力，本单元是学生在熟读深思上的进一步学习。在教学方面要求学生要在课堂教学中进行有效的浏览阅读训练，明确要求每分钟不少于400字。还要有内容了解方面的要求以及掌握浏览技巧，做到边浏览边勾画关键词句，根据小标题整合有效信息，以深入了解学习内容，培养质疑的能力。

根据新课标中对语文综合性学习目的的指示，活动需拓宽学生学习空间，增加学生语文实践机会，以促进学生语文素养的整体推进和协调发展。加强与其他课程学习的沟通，提高综合能力，促进人文素养与科学素养的共同进步。

因此，结合班级学情和本地丰富的海洋资源，与本班的生物社团社长及有关社员共同设计学习活动，为课堂学习创设实际情境，以观察积累、交流整合和自主探究为主要活动方式，引导学生认真观察积累生活中的广告词，在生活中学习语文，并运用到实际中来，激发探索海洋科学的兴趣和想象力。

【课文学习目标及解析】

（一）学习目标

（1）培养观察生活中语文现象的习惯。

（2）增强对广告词的欣赏、写作能力。

（3）激发探索海洋科学的兴趣，培养在生活中学习语文的意识。

（二）目标解析

达成上述目标的效果是：

（1）观察积累，交流分享，充分收集生活中不同类型的广告词素材。

（2）梳理整合，探究评价，探究广告词的写作方法并尝试创作，组内和组间进行欣赏评价。

（3）浏览速读，信息提取，了解本地海洋资源科学资讯，运用本课知识进行实践。

（三）素养目标

内容方面	教学行为		核心素养			
	1	2	1	2	3	4
导	从本单元的名著《海底两万里》出发，从海洋探索的相似性引起学生的兴趣，从而进行本课开展	生物社团社长及社员展示本地海洋资源，介绍中华白海豚的生存困境，创设广告词征集实践情境，引入本课学习要点	语言建构与运用		审美鉴赏与创造	文化传承与理解
悟	引导学生分享展示课前搜集的生活中的广告词。 引导学生归纳广告词写作方法及注意点	展示收集的广告词。 小结广告词写作方法及注意点	语言建构与运用	思维发展与提升	审美鉴赏与创造	
用	知识迁移，根据实际公益宣传需要，鼓励学生进行自由创作。 共同评选最优广告词	学生自由创作，小组内分享评价，推选出小组最佳作品，进行组间评选。 生物社团组员共同选出最优广告词	语言建构与运用	思维发展与提升	审美鉴赏与创造	
改	学以致用，老师讲解拓展本土海洋科学相关资讯，根据实际需要，拟写广告词	自由创作，查漏补缺	语言建构与运用	思维发展与提升	审美鉴赏与创造	文化传承与理解

【教学重点、难点】

1. 重点

（1）写出切合实际需要的广告词。

（2）能够较为全面地欣赏评价广告词。

2. 难点

在大量的背景资料浏览速度中筛选出关键信息，归纳广告词的创作方法并进行创作。

【教学问题诊断分析】

问题1：浏览速读效率较低。

应对策略：在单元教学中注重浏览速读的训练，课前再次明确具体速度，复习浏览速读方法。

问题2：广告词创作没有头绪。

应对策略：鼓励学生先从模仿开始，教师可根据实际情况，进行模仿示范。

问题3：本土资讯了解欠缺。

应对策略：鼓励学生多读报，提升边阅读边捕捉关键信息的能力。建议家长在家进行亲子阅读，形成阅读氛围。

【教学过程】

（一）学习目标

（1）培养观察积累生活中语文现象的习惯。

（2）增强对广告词的欣赏、创作能力。

（3）激发探索海洋科学的兴趣，树立在生活中学习语文的意识。

（二）课前学习任务表

学生课前广泛收集生活中的广告语，按照一定的分类（如衣食住行用）整理、记录在学习记录表（见附件）。

（三）教学资料准备

拓展阅读一、阅读二和阅读三以及课堂小组学习记录表（见附件）。

（四）课堂教学实践

导：联想与结构

凡尔纳在《海底两万里》文末写道：“在人迹罕至的海底进行这样的探险，确实是匪夷所思，但是随着科学技术的不断进步，总有一天，人们可以在这海底自由通行。”是的，人们对海洋的探索始终没有停步。美丽的大珠海，就有丰富的海洋资源，值得我们探索，请听听生物社团社长的介绍——

1. 浏览资讯，了解背景

（1）生物社团社长介绍珠海海洋生物的多样性。

感受：本地海洋生物资源的丰富多样。

（2）生物社团现需面向全班同学征集三条优质海报广告词。

强调：全班分成六组，评选方式为每组推选最优广告词参与评选、拉票，由生物社社员和语文老师共同投票产生最优广告词，每人两票。

悟：活动与体验

2. 合作探究，归纳方法

活动一：归纳广告词创作方法

展示搜集的广告词，共同归纳广告词创作方法。

活动二：记录广告词写作方法并识记

快速做好笔记，进行广告词知识小结。

用：本质与变式

3. 现场创作，小组比拼

任务一：配合海报，创作公益广告词。

提示：由海报设计者简述设计理念，海洋宣传日海报广告作品展示。

任务二：组内交流，推选参选广告词。

每组选派一名学生板书展示参选广告词。

其他学生选出认为最好的广告词，并写下理由。

任务三：组员预测，评价参选广告词。

根据归纳的方法，对参选广告词进行评价。

改：迁移与应用

本月长江江豚保护暨科普宣传主题活动在珠海长隆海洋王国进行。请大家快速浏览阅读一，按要求完成新任务。

【教学反思，成效评价】

本课主要解决了语文要素中的欣赏、创作广告词和浏览速读两大问题。结合大单元教学的背景，主要运用到了第三单元教学目标中的圈点勾画，借用名著阅读《海底两万里》进行课文导入，情境创设。

学生在归纳广告词创作方法的时候可能会遇到语言不够凝练、不够精准的问题。实际创作时，也有可能受到认知上的约束，缺乏创意。这些问题都是可以理解的，教师要注意鼓励、引导。

为了检测学生对广告词创作方法的掌握，借由生物社团海报广告词征集活动，开展广告词创作、自荐拉票活动。练习环节是检测本堂课是否有成效的关键环节，预测的问题主要有以下两点：1.学生创作的广告词有可能不够精简。2.表述不明确或没有配合海报内容。3.创作时间较长。针对这些情况，需要提醒学生在日常生活中多积累优秀例子，继续养成在生活中学语文的习惯。

课堂教学以公益广告词的创作为主，为了让学生更全面地接触广告词写作，加强浏览速读的练习，利用本地海洋科学资讯，进行任务发布，落实知识迁移。

【板书设计】

海洋小卫士　共写广告词

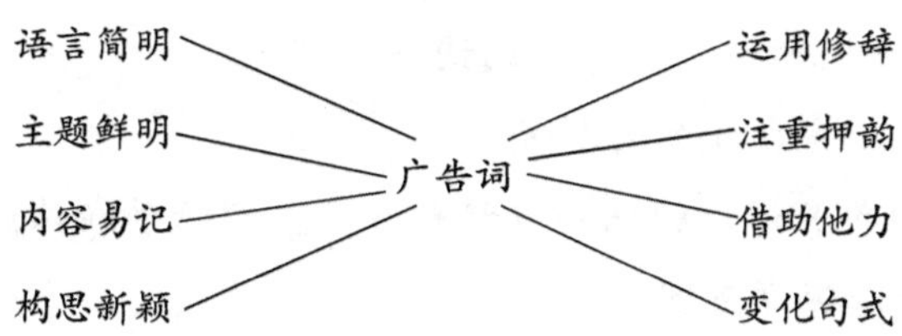

【布置作业】

1. 完成阅读二关于中华白海豚的拓展阅读。
2. 珠海海洋科学发展喜人。请浏览阅读三，按要求完成相关阅读任务。
3. 自选角度，做一份有关于珠海海洋资源的宣传剪报。

附件：

小组学习记录表

年　月　日　　初一（　　）班　　第　　组

语文知识点： 1.广告：就是广而告之，向社会广大公众告知某件事物。 2.广告的分类：非经济类（公益广告）和经济类（商业广告）	
商业广告词收集栏	公益广告词收集栏
方法笔记	广告词创作

续 表

你最喜欢的参赛广告词及理由

阅读一

阅读以下材料，完成相关问题。

材料一：2021年长江江豚保护暨科普宣传主题活动在珠海举行，60头“水中大熊猫”畅游长隆海洋王国。

5月9日，2021年长江江豚保护暨科普宣传主题活动在珠海长隆海洋王国举行，呼吁共同关注长江江豚生存环境。

长江江豚是我国特有的珍稀淡水哺乳动物，被誉为“水中大熊猫”，因外表憨态可掬也被形象地比喻为“微笑天使”。中科院水生生物保护研究所研究员王丁指出，受水污染、非法采砂、航运等人类活动影响，如今长江江豚在长江全域仅存1000余头，是长江仅存的淡水鲸豚类动物。

近年来，国家高度重视以长江江豚等珍稀濒危物种为重点的水生生物保护工作。据农业农村部长江流域渔政监督管理办公室副主任赵依民介绍，目前，社会各方在农业农村部发布的《长江江豚拯救行动计划（2016—2025）》指导下，重点开展江豚保护救助与人工繁育工作，并取得初步成果。一是不断加强栖息地保护，已建立9处长江江豚自然保护区。二是不断强化迁地保护，目前迁地种群数量接近150头，年均出生幼豚数量超过10头。同时，在武汉白暨豚馆、珠海长隆海洋王国、上海海昌海洋公园以及长江故道网栏建立了多个人工保护群体，群体总量近20头。三是加快人工繁育技术等科研攻关，调查掌握长江江豚迁地群体遗传家谱，建立长江江豚微生物检测技术，已多次实现人工繁育成功案例。四是动员社会力量共护长江江豚，推动成立了长江江豚拯救联盟、长江江豚协助巡护队、地方长江江豚保护协会等组织。

——选自《中国珠海网》，有所删减

材料二：迁地到海洋馆圈养繁殖，真的能保护江豚？

今年最大的江豚迁地保护行动涉及的19头江豚里，竟有近1/3被送去了圈养场馆。迁去海洋馆，真的有用吗？反对者的顾虑则在于，“迁地”长江江豚（和其他鲸豚）去海洋馆繁殖，对野外种群、圈养个体、公众教育，都很难有实际的帮助。理由如下——

1. 此次迁地意味着，6头个体的基因多样性将永远从长江中消失。2.鲸豚圈养产业已经有大半个世纪的历史了，迄今依然没有可以维持种群的圈养个体。3.圈养下出生的鲸豚，几乎无法被放归。倘若野生动物不被放归，人工繁殖就只是场馆增加盈利的工具。4.已有的圈养鲸豚，没有哪个物种的出生率和死亡率优于野外同类。这至少说明，“有吃有喝很安全”也无法弥补圈养给动物造成的伤害——甚至比“被捕食、食物匮乏、极端天气、环境污染……”还要严重。5.圈养环境无法反映自然栖息地。无论在生物学、生态学还是行为上，圈养鲸豚都备受压抑。由此来看，圈养有可能让人们忽略野生动物实际面临的困难和栖息地问题。

——选自果壳网，有所删减

1. 根据上述材料，为宣传江豚保护创作一则广告词。

参考答案：（1）保护好江豚，地球生态存；（2）怎么做，真正保护江豚？

2. 每年的6月8日为世界海洋日，为了增强大家对海洋生物的保护意识，请设计两个可行的活动。

参考答案：（1）海洋生物保护简报宣传；（2）海洋生物保护主题演讲；（3）海洋生物保护宣传海报设计；（4）观看主题纪录片

阅读二

阅读以下材料，完成相关问题。

材料一：珠江口水域是中华白海豚分布最密集和拥有资源数量最多的区域，珠海自然成为了白海豚保护的桥头堡。此前，珠江口中华白海豚国家级自然保护区管理基地就已落户在珠海淇澳岛，开展专业的白海豚保护与救助工作。

材料二：2020年7月15日，国内首个中华白海豚大数据展示平台正式启用，中华白海豚救护管理、科研合作、科普宣教迈上新台阶。

据悉，为了提升中华白海豚保护工作智能化、信息化水平，充分利用互联网+新技术，整合保护区管理单位以及相关科研教学机构的数据成果，广东珠江口中华白海豚国家级自然保护区管理局组织相关单位联合攻关，经过一年多的努力，完成中华白海豚种群资源数据库和大数据展示平台建设。

数据库主要包括珠江口中华白海豚个体识别数据库、历年搁浅鲸豚数据库、鲸豚样品数据库、鲸豚标本数据库等。

目前，平台已实现功能包括白海豚搁浅信息一键举报、白海豚信息可视化管理、历年白海豚数据成果整合，以及白海豚相关数据智能化分析。

材料三：中新网广州2020年7月23日电（索有为　蔡伟英　孔建华）记者23日从广东科学技术职业学院（下称“广科院”）获悉，广科院日前联合北理工珠海学院白海豚研究中心，为广东珠江口中华白海豚国家级自然保护区管理局开展保护区日常巡护和资源监测提供科技支撑。

此次巡护发现的中华白海豚大多数身体为粉红色，年龄30多岁；部分白海豚身体为灰黑色，年龄较小，估计10多岁；同时还拍摄到多头中华白海豚“老少”同游的相片，其中一头老年中华白海豚身上尾部伤痕累累……这一系列照片和视频将为后续中华白海豚保护提供重要参考价值。

材料四：2020年12月27日，由广东珠江口中华白海豚国家级自然保护区管理局指导、珠海市华发公益基金会主办、华发体育承办的“2020横琴马拉松中华白海豚保护公益行动”在横琴举行。

活动现场还设有白海豚知识科普的宣传展板、派发了相关的宣传折页。许多跑者和现场观众聚集在此，聆听志愿者们讲解中华白海豚的知识，深入了解中华白海豚的成长故事与生存情况，保护白海豚、爱护海洋环境的意识已在他们心中悄然滋长。此外，被展位人气吸引而来的现场观众，还领取到了海豚明信片等可爱的海豚纪念品，纷纷拿起手机拍照打卡。

综合以上材料，一句话概括你的浏览收获。

____

____

参考答案：中华白海豚保护靠大家共同参与

阅读三

阅读以下材料，完成相关问题。

材料一：珠海云洲智能再次成为行业标准体系“探路者”

由珠海云洲智能科技有限公司自主研发生产的“海豚1号”水面救生机器人，凭借过硬的技术标准与产品性能，获得中国船级社（CCS）型式认可证书，这体现了中国船舶业最高规范标准机构对新兴智能救生产品的充分肯定。

“海豚1号”可以说是“小身材有大能量”，其有效浮力达到32公斤，相当于两个传统救生圈可提供的浮力，最大承载力超过150公斤，可同时搭载2—3人，能够广泛应用于泳池、水库、河流、海滩、游艇、轮渡等场所的落水救援。

“救生人员将这款装备抛到水面即可自动启动航行，并能在500米距离内远程遥控，迅速、精准航行至落水者附近。落水者就像抓住救生圈一样，迅速被拖带到安全区域。”据云洲智能负责人介绍，“海豚1号”具有易操控、高效率、低风险等优势，续航时间可达30分钟，即便被水浪打翻也能正常运行，可以大大节省宝贵的救援时间，增加落水者生还几率，降低施救人员的安全风险。

材料二：“在抗洪抢险中，云洲智能系列无人船艇产品以其智能、高效、精准、安全的特点，可替代人力工作，降低作业风险，提高工作效率。”云洲防汛救援技术保障小组负责人介绍，云洲水下探测无人船可进行堤坝管涌、沟槽、滑塌等风险点排查；水情监测无人船为大坝、河床做水下地形地貌、流速流量及库容的测量分析；“海豚1号”水面救生机器人和移动救生担架床则成为水上救援的保障力量，可对落水人员实施快速机动救援，并可运送急救物资，充分保护人民群众生命财产安全。

材料三：中国无人船艇产业领军企业——珠海云洲智能科技有限公司在2020年海博会现场发布两款多用途海洋无人艇新品，同时展示了多款拥有自主关键技术的明星无人船艇产品和解决方案，以科技创新推动国产化替代，受到业内外广泛关注。

此次云洲智能发布的新品包括全新一代L25海洋调查无人艇和M40P多用途水面自主测量无人艇，分别在续航、通信、航行姿态、测量能力、安全性、易维护性六大维度取得重大突破，自主攻克了绞车自主收放、减震降噪等技术难题，模块化程度更高，稳定性更好，并采用“油电混合”模式，实现长续航功能，动力性更强。

“海洋装备作为海洋强国战略的重要支撑，必须解决‘卡脖子’的难题。”云洲智能董事长张云飞表示，此次发布的国产海洋无人艇新品，拥有多项自主关键技术，实现了从船体、导航、环境感知、载荷等关键设备的国产化替代。

海博会上，云洲智能展位面积超过400平方米，除发布全新一代L25海洋调查无人艇和M40P多用途水面自主测量无人艇外，现场还展出了M80“极行者”海洋探测无人艇、M40“听风者”海洋调查无人艇、M75安防救援无人艇等自主产品，以及海上风电运维、一体化岛礁测量、桥隧巡检养护等海洋应用解决方案，充分展示云洲智能在海洋领域的自主技术研发、产品创新与应用实力。

1. 根据以上材料，概括珠海云洲智能科技有限公司的无人船有哪些用途。

（1）落水救援；（2）抗洪抢险；（3）海洋探索；（4）桥隧养护

2. 根据“材料三”，为突出无人船的特点，创作一条广告词。

参考答案：（1）不是每一种无人船都称得上是云洲智能；（2）云洲智能，领航无人能胜

【教学反思】

《义务教育语文课程标准（2021年版）》对初中生的综合性活动做了明确的要求：“能从书刊或其他媒体中获取有关资料，讨论分析问题，独立或合作写出简单的研究报告。关心学校、本地区和国内外大事，就共同关注的热点问题，搜集资料，调查访问，相互讨论，能用文字、图表、图画、照片等展示学习成果。掌握查找资料、引用资料的基本方法，分清原始资料与间接资料的主要差别，学会注明所援引资料的出处。”[1]为了落实这一要求，部编教材初中语文教科书的综合性学习为学生提供了生活背景和学习任务，但从实际的课程实施来看，教材本身的设计较为宽泛，对教师课程实施指导不够具体，同时，学生认为综合性学习与考试关系不大，积极性不高。为解决以上问题，本课在设计和实施时做出了一些探索。

1. 始终明确综合性学习的目标

在语文综合性学习的设计中，确定清晰的学习目标至关重要。在教学设计的时候，首先以大单元视野，为培养学生核心素养设定本课教学目标。避免以活动为中心的综合性学习设计，热闹而无所得，正如《语文综合性学习教什么》一书中提到的：“我们始终应该把学习目标作为活动设计的逻辑起点和归

宿。这就是说，尽管我们组织语文综合性学习的很多灵感来源于对某种活动的形式或内容的兴趣，但一旦确定将它设计为语文活动，则必须首先考虑我们为什么要开展这个活动，开展这个活动能够让学生得到什么。”[2]目标的明确使得整个课的实施有了方向，不管是在备课阶段，还是课前调整、预习阶段，课中教授时，如何把握目标和活动之间的度，对于学生来说是很难的，因此教师更要把握住目标，这样，活动的设计和铺开才变得有效。

教师除了自己把握好目标，还要将此外化给学生。俗话说，“行内看门道，行外看热闹”，大部分七年级的学生确实仍在“行外”，如何让他们不仅在“热闹”中激发学习兴趣，又能看出“门道”来，就需要教师给学生明确了。譬如，本课由社团社长引入教学内容后，教师通过课题的板书和解释，向全体学生明确本课目标，开头由教师做提点，更容易被学生所重视，如果能够让学生自己把题目写在自己的学习记录表上就更好了。此外，每个环节的小结就显得尤为重要了，这样有助于学生从“热闹”中缓过来，进入到思考当中。

2. 关注综合性学习的全过程

课上知识点的传授往往是安排一个或两个课时，但是，如何搜集、获取、整理、呈现资料，如何进行调查访问等，这不仅仅是一两个课时可以解决的。这也是很多老师学生不太愿意开展综合性学习的原因之一——太费时了。那如何解决这个问题呢？预留充足的时间进行课前指导和课后延展，关注学生学习的全过程。

当代学生的资料搜集往往是线上线下结合的，其中涉及到其他课程学习和手机使用问题，因此一般都会安排在周末，那么综合性学习就会安排在周三或周四、周五，至少要有两天的碎片时间（如早读、课前预备的3分钟）能够了解学生的搜集情况、疑惑点、兴趣点等，并对课程的基本活动进行调查，让学生参与到活动形式的设计中来。本课课前，还分小组进行了跟踪指导。如生物社团负责导入和评选广告词两个环节，那么就以社长为首，连同班上生物社团的全部社员组成一个专责小组，向教师汇报各项内容进展，导入PPT内容精选、海报的设计、内容的讲解、评选方法等都是师生间讨论、修整的成果。正是有充分的沟通交流，教师才能够从中发现学生对本土资源了解的匮乏、对于讲解汇报的渴望与害怕、学生使用电子产品的差异等，比起单单看他们是否会写广告词、评价广告词，这才是综合性学习的魅力。

课后延展对于综合性学习来说，也是不可或缺的。没有课后延展的综合性学习，很容易变成浮光掠影，稍纵即逝。在本次课中，有两个课后延展的处理，我觉得是很有必要的，第一个是广告创作的创意培养，课上大部分学生都能够掌握“写”的能力，但只有极少的学生能够做到“创作”。这和平日的应试大有关系，考试中只要求“对”，而不要求“新”，但综合性学习就是要关注学生的综合发展，因此创新是我们不能丢的。第二个是对课堂中所提到的新事物进行深入的了解、汇报。综合性学习当中的“练”“评”环节绝不仅仅是实用性文本的阅读题，它更像是为学生打开视野的一扇窗。因此，要引导学生进一步的学习，并给学生在课堂上自由选择呈现方式的机会。

3. 注重综合性学习本土化

综合性学习应贴近现实生活，应在活动中帮助学生在现实生活中挖掘语文知识。本课的一大亮点就在于将课堂内容放在本土化的背景、材料中去落实。而这些本土化的信息并非由教师一个人去灌输，而是提供一个思路，一个大框架，让学生去探索、挖掘，让学生带动学生，从而全体共同探索来实现的。那么如何找到学生感兴趣的切入点。首先是要走到学生当中去，查看本校所有学生社团，找到班级大多数同学的爱好点，结合本班班主任是生物老师的特点，很快就确定了以中华白海豚这个大家既熟悉又陌生的海洋生物作为切入点，非常符合珠海本地特色，进而引到江豚等海洋生物的保护中。另外，课前调查也是很有必要的，大多学生的本土视野其实是很窄的，因此需要教师给他抛出“诱饵”——新闻关键词，从中找到学生的兴趣点，和他们共同深入学习。

4. 本课的不足点

综合性学习的过程性评价如何做到体现学生的个性化，一直是我努力探寻的。在课堂实施中，我们的评价主题尽可能地做到多元化，但很难做到照顾到每一个学生。因此，课堂学习的反馈就被放到课后了。但事实是，很多学生认为上完课就是结束了，颇有“捡了芝麻丢西瓜”的意味。本次做的尝试是批阅每一位学生的学习记录表，确实能够抓起一部分“偷工减料”的学生，但往往就变成了“题没做完”，“这题漏了”。没有就每个孩子的学习全过程，针对综合性学习的特点进行评价。这必然是接下来要继续努力的重要方向。另一方面，学生的创新、自主性的培养，也会是下一步重点培养的，我也充分信任他们。

参考文献

[1] 中华人民共和国教育部. 义务教育语文课程标准（2011年版）[M]. 北京：北京师范大学出版社，2012.

[2] 王荣生. 语文综合性学习教什么 [M]. 上海：华东师范大学出版社，2014.